詳解 新しい
国際課税の枠組み

BEPS
の導入と各国の税制対応

― 企業への影響と留意点 ―

EY税理士法人　編

第一法規

はじめに

　グローバル企業や富裕層による目に余る課税逃れ行為を食い止めようと、世界の主要国が動き出したのは 2012 年、経済協力開発機構（以下「OECD」という）が BEPS（税源浸食と利益移転）プロジェクトを立ち上げた年です。その後、租税委員会で議論を重ね、2015 年 10 月に最終報告書を発表し、具体的指針を打ち出しました。

　OECD は、このプロジェクトを国際租税政策の「100 年に一度の変革」と位置づけています。しかし、BEPS プロジェクトは、租税の歴史上最も重要な変革といっても過言ではありません。国際連盟の主導で租税条約が締結されるようになってから約 1 世紀、BEPS による変革は租税の「ルール」のみならず、税の「機能」そのものを変えることになります。

　BEPS 対応をめぐっては不確定な部分が多く、今のところ様子見の姿勢を取る企業が国内外に多いのも事実です。しかし、必要に迫られるまで状況を見守るのみというスタンスは、企業にとって最善の税務戦略とはいえません。BEPS 対応により企業に求められる対応は広範囲に及び、その多くは準備に相応の時間と労力を要します。短期間で大規模な変更をしようとすると、社内の税務体制に不備が生じ、結果的に税務リスクが増大するおそれがあります。新たな環境に順応するには BEPS 対応の影響を十分に分析し、その対応を考えた戦略的アプローチを取る必要があります。

　実際、早期の準備をはじめた企業は、BEPS 対応で先手を打つことの有効性と重要性を説いています。その一例が BEPS プロジェクトの目玉の 1 つである国別報告書です。国別報告書は、多国籍企業グループの親会社に提出が求められる、収入や法人税額等の基本的情報が記された文書で、その情報は BEPS 参加各国で自動的情報交換の仕組みを通して共有されます。売上高 7 億 5 千万ユーロ（日本では連結総収入が 1 千億円）以上の多国籍企業は国別報告書の提出が義務化されますが、既に準備に着手した企業の多くは、その作成に莫大な時間とリソースが求められています。

OECDは多国籍企業に対して、報告書用データの予行演習の実施を勧めており、その演習の結果を、世界各国の税務当局が用いるであろう評価基準に照らしながら、税務戦略や税務紛争の観点から検証するように助言しています。

　国別報告書はBEPS対応のほんの一例でしかありません。BEPS対応の税務インパクトは、サプライチェーンから無形資産の評価方法まで多国籍企業の事業のほぼ全ての分野にわたる可能性があります。

　最も注目すべき分野の1つが移転価格です。グローバル企業はグループ内の利益配分がBEPS対応で示された新たなガイドラインに準拠しているかを見極め、齟齬がある場合には、課題となるリスクを評価する必要があります。さらに、BEPS対応により加速する各国税務当局の情報共有を念頭に置き、移転価格をグローバルな視点に立って検討する必要があります。

　製品や市場の違いが移転価格の相違を正当化する場合もありますが、このような相違は（当局の）目に止まるようになり、それを正当化するプレッシャーは今後増していくと考えられます。しかし、ガイドラインには様々な解釈が考えられるため、基準との整合性は企業が求めるほど容易に得られなくなります。

　BEPSプロジェクトは、そもそも国際租税における一貫性を高めることを意図していますが、技術的な面については各国が選択できるオプションメニューとして構成されているため、BEPS対応自体が国際税務に不整合を生み出す可能性を内包しています。

　その不整合性は、BEPS対応が各国の国内法に落とし込まれ、企業が法律に従って行動する際に顕在化します。グローバル企業は今後の対応策として、OECDの行動計画の内容を十分に把握し、日々刻々と変化する状況にタイムリーに対応できるよう、動向に常に気を配り、臨機応変に税務体制を構築することが重要となります。

　世界各国の租税当局が企業の税務情報に、これまでに比べ容易にアクセスできることにより、税務紛争が増える可能性があります。BEPS対応後

の環境では、税務部門をいかに強固にするかが重要となります。

　効率的な情報収集・管理の自動化には組織的なアプローチが必要であるという理由から、税務機能を一元化する必要性も増加しています。BEPSプロジェクトの透明性の要求に応えるためには情報の共有が肝要であり、今後、税務紛争が複数の場所で同時発生するリスクを鑑みると、一元化はますます避けてとおれない可能性があります。

　税務当局は、入手する情報が増え、それぞれのデータポイントがどのように関連し合っているのか理解しようとする結果、疑問を持ちはじめます。その際、税務当局の理解と企業の解釈が一致することが重要です。一致すればするほど、税務紛争の可能性は低くなるので、こうした一致を生むために慎重かつ十分に情報戦略を検討することが必要となります。

　BEPS対応が各国で本格化していますが、グローバル企業が様々な課題を効果的に予測、克服、管理するためには、積極的かつ戦略的なアプローチが不可欠です。税務リーダーには、経営陣や現場の人間とコミュニケーションと連携を密にし、税務戦略を組み立て、BEPSの時代に対応できる能力が求められています。

　本書が、日本企業におけるBEPS対応の一助となれば幸いです。最後に、本書の発刊にあたり、ご支援、ご指導等いただきました関係者の皆様に深く感謝を申し上げます。

2017年1月

EYグローバル
インターナショナルタックスサービス　グローバルリーダー
アレックス　ポストマ

EY税理士法人
国際税務部　リーダー
ジョナサン　スチュアート スミス

移転価格部　リーダー
須藤　一郎

凡　例

本書において用いられている主な略語及びその正式名称を以下に記す。

本書における略語	正式名称
【法令等】	
措置法	租税特別措置法
措置法施行令	租税特別措置法施行令
措置法施行規則（措規）	租税特別措置法施行規則
措通	租税特別措置法関係通達
法法	法人税法
消法	消費税法
財務諸表等規則	財務諸表等の用語、様式及び作成方法に関する規則
【機関・組織等】	
ASEAN	東南アジア諸国連合 (Association of South-East Asian Nations)
EU	欧州連合 (European Union)
FTA	OECD 税務長官会議 (Forum on Tax Administration)
G20	The Group of Twenty
OECD	経済協力開発機構 (Organisation for Economic Co-operation and Development)
【その他用語等】	
APA	事前確認制度 (Advance Pricing Arrangement)
BEPS	税源浸食と利益移転 (Base Erosion and Profit Shifting)
CbCR	国別報告書 (Country by Country Report)
CFC 税制	外国子会社合算（controlled foreign corporation）税制
GAAR	一般租税回避防止規定 (General Anti-Avoidance Rule)
LOB	特典制限条項 (Limitation-on-benefits)
OECD 移転価格ガイドライン	多国籍企業と税務当局のための移転価格算定に関する指針 (Transfer Pricing Guidelines for Multinational Enterprises and Tax Administrations)
PE	恒久的施設 (Permanent Estblishment)

目 次

はじめに

凡例

| 第1章 | 多国籍企業の国境を越えた節税への対応・・・・・・・P.2 |

1．BEPS プロジェクトの背景と概要・・・・・・・・・・・P.2
2．BEPS とその問題点・・・・・・・・・・・・・・・・・P.4
3．BEPS の実態
　　～多国籍企業のタックス・プランニングの例（BEPS 事例）～・・P.5
　（1） Double Irish with a Dutch Sandwich・・・・・・・・・P.6
　（2） Swiss Trading Company ・・・・・・・・・・・・・P.9
4．BEPS プロジェクトの分類・・・・・・・・・・・・・P.11
　（1）一貫性（coherence）・・・・・・・・・・・・・・P.14
　（2）実体性（substance）・・・・・・・・・・・・・・P.14
　（3）透明性と確実性（transparency and certainty）・・・・P.14
5．BEPS 最終報告書の勧告と規範性・・・・・・・・・・P.15
　（1）ミニマム・スタンダード（minimum standard）・・・・P.15
　（2）既存の国際税務原則の改訂（reinforced international standards）
　　　・・・・・・・・・・・・・・・・・・・・・・・P.16
　（3）共通アプローチ（common approaches）と
　　　ベストプラクティス（best practice）・・・・・・・・P.16
6．BEPS プロジェクトの参加メンバーと
　　BEPS 最終報告書発表後の BEPS プロジェクトについて・・・・P.17

| 第2章 | BEPS 行動計画・・・・・・・・・・・・・・・・・P.22 |

【行動1】電子経済に係る課税上の課題への対応・・・・P.24
1．趣旨・目的・・・・・・・・・・・・・・・・・・・・P.24
2．BEPS 最終報告書の概要・・・・・・・・・・・・・・P.24

i

（1）課税の原則・・・・・・・・・・・・・・・　P.24
　　　（2）ICT及び新ビジネスモデルの創出・・・・・・　P.24
　　　（3）電子経済におけるBEPS問題・・・・・・・・　P.25
　　　（4）クロスボーダー電子経済に係る課税上の課題及び
　　　　　想定される対処方法・・・・・・・・・・・・　P.29
　　　（5）PE概念の改訂（ネクサスの導入）・・・・・・　P.30
　　　（6）電子取引に係る源泉税等の導入・・・・・・・　P.32
　　　（7）VAT制度の改正・・・・・・・・・・・・・・　P.33
　３．納税者への影響・・・・・・・・・・・・・・・・・・　P.34
　　　（1）直接税に関する影響・・・・・・・・・・・・　P.34
　　　（2）間接税に関する影響・・・・・・・・・・・・　P.35

【行動2】ハイブリッド・ミスマッチに係る
　　　　　　　取決めの効果の無効化・・・・・・・・・・　P.36
　１．趣旨・目的・・・・・・・・・・・・・・・・・・・・　P.36
　２．BEPS最終報告書の概要・・・・・・・・・・・・・・・　P.38
　　　（1）本報告書が取り扱うハイブリッド・ミスマッチ・・　P.38
　　　（2）報告書の構成・・・・・・・・・・・・・・・　P.42
　３．納税者への影響・・・・・・・・・・・・・・・・・・　P.47

【行動3】外国子会社合算税制（CFC税制）の強化・・・　P.50
　１．趣旨・目的・・・・・・・・・・・・・・・・・・・・　P.50
　　　（1）OECDにおけるCFCに関する議論・・・・・・・　P.50
　　　（2）BEPSプロジェクト（行動3）における検討課題・・　P.50
　２．BEPS最終報告書の概要・・・・・・・・・・・・・・・　P.51
　　　（1）CFCの定義・・・・・・・・・・・・・・・・　P.51
　　　（2）CFCの適用除外と基準要件・・・・・・・・・　P.54
　　　（3）CFC所得の定義・・・・・・・・・・・・・・　P.55
　　　（4）所得計算・・・・・・・・・・・・・・・・・　P.59
　　　（5）CFC所得の帰属・・・・・・・・・・・・・・　P.60
　　　（6）二重課税の防止及び排除・・・・・・・・・・　P.60
　３．納税者への影響・・・・・・・・・・・・・・・・・・　P.61

【行動4】利子損金算入や他の金融取引の支払いを通じた税源浸食の制限　　P.64

1. 趣旨・目的　　P.64
2. BEPS最終報告書の概要　　P.64
   - （1）最終報告書において問題視されているスキーム　　P.64
   - （2）ベストプラクティス・アプローチ　　P.65
   - （3）固定比率ルール　　P.67
   - （4）グループ比率ルール（固定比率ルールを補完するオプション）　　P.69
   - （5）損金算入限度超過利子並びに、損金算入限度額の繰越及びその他の基本的枠組の検討事項　　P.69
   - （6）特定のリスクに対処することを目的としたルール　　P.70
   - （7）銀行や保険業界に生じる問題に対処するためのルール　　P.70
3. 納税者への影響　　P.71
   - （1）日本における行動4の対応状況　　P.71
   - （2）今後の動向　　P.73

【行動5】有害税制への対抗　　P.75

1. 趣旨・目的　　P.75
   - （1）OECDにおける有害税制に関する議論　　P.75
   - （2）BEPSプロジェクト（行動5）における検討課題　　P.75
2. BEPS最終報告書の概要　　P.76
   - （1）経済活動の実質性に関する判断基準（実質性基準）　　P.76
   - （2）制度の透明性の向上をめざすフレームワーク（透明性基準）　　P.78
   - （3）OECD加盟国及びBEPSアソシエート諸国の税制の審査結果の公表　　P.78
3. 納税者への影響　　P.79

【行動6】租税条約の濫用防止　　P.80

1. 趣旨・目的　　P.80
   - （1）OECDにおける条約濫用に関する議論　　P.80
   - （2）BEPSプロジェクト（行動6）における検討課題　　P.80
2. BEPS最終報告書の概要　　P.80
   - （1）概略　　P.80

（2）不適切な状況下での条約特典付与防止のための租税条約及び
　　　国内法の規定（セクションA）・・・・・・・・・・・・・・P.81
　（3）租税条約は二重非課税を生じさせるために利用されることを
　　　意図していないことの表明（セクションB）・・・・・・P.86
　（4）他国と租税条約を締結する前に締結国が検討すべき租税政策の
　　　考慮事項の特定（セクションC）・・・・・・・・・・・P.86
 3．納税者への影響・・・・・・・・・・・・・・・・・・・・・P.87

【行動7】恒久的施設（PE）認定の人為的回避の防止・・P.89
 1．趣旨・目的・・・・・・・・・・・・・・・・・・・・・・・P.89
　（1）OECDにおけるPE課税に関する議論・・・・・・・・P.89
　（2）BEPSプロジェクト（行動7）における検討課題・・P.89
 2．BEPS最終報告書の概要・・・・・・・・・・・・・・・・P.90
　（1）コミッショネア・アレンジメント及び類似のアレンジメント
　　　・・・・・・・・・・・・・・・・・・・・・・・・・・P.90
　（2）特定の活動に係る例外規定（第5条第4項に対する改訂案）・・P.93
　（3）契約の分割・・・・・・・・・・・・・・・・・・・・P.98
　（4）保険・・・・・・・・・・・・・・・・・・・・・・・P.98
　（5）PEへの利益帰属と移転価格・・・・・・・・・・・・P.98
 3．納税者への影響・・・・・・・・・・・・・・・・・・・・P.99

【行動8】無形資産取引に係る移転価格ルール・・・・P.100
 1．行動8-10の報告書・・・・・・・・・・・・・・・・・P.100
 2．行動8の趣旨・目的・・・・・・・・・・・・・・・・・P.101
 3．BEPS最終報告書の概要・・・・・・・・・・・・・・・P.101
　（1）無形資産に対する特別の配慮・・・・・・・・・・・P.101
　（2）費用分担契約・・・・・・・・・・・・・・・・・・P.107
 4．納税者への影響・・・・・・・・・・・・・・・・・・・P.109

【行動9】リスクと資本に係る移転価格ルール・・・・P.111
 1．趣旨・目的・・・・・・・・・・・・・・・・・・・・・P.111
 2．BEPS最終報告書の概要・・・・・・・・・・・・・・・P.111
　（1）商業上又は資金上の関係の特定とリスク分析に基づく
　　　適切な利益配分・・・・・・・・・・・・・・・・・P.112

（2）キャッシュ・ボックス（単に資金だけを提供している
　　　　　実態のない関連者）に対する利益配分の考え方・・・・P.113
　　　（3）関連者間取引の否認に関する適用の明確化・・・・・・P.114
　3．納税者への影響・・・・・・・・・・・・・・・・・・・・P.114

【行動10】他の租税回避の可能性の高い取引に係る
　　　　　移転価格ルール・・・・・・・・・　P.115
　1．趣旨・目的・・・・・・・・・・・・・・・・・・・・・・P.115
　2．BEPS最終報告書の概要・・・・・・・・・・・・・・・・P.115
　　　（1）低付加価値役務提供・・・・・・・・・・・・・・・・P.115
　　　（2）コモディティ取引・・・・・・・・・・・・・・・・・P.121
　　　（3）取引単位利益分割法・・・・・・・・・・・・・・・・P.123
　3．納税者への影響・・・・・・・・・・・・・・・・・・・・P.125

【行動11】BEPSの規模・経済的効果の分析方法の策定・　P.127
　1．趣旨・目的・・・・・・・・・・・・・・・・・・・・・・P.127
　2．BEPS最終報告書の概要・・・・・・・・・・・・・・・・P.128
　　　（1）BEPS分析用データの有効性・・・・・・・・・・・P.128
　　　（2）BEPSの兆候（BEPS Indicators）・・・・・・・・P.129
　3．今後の対応と測定方法改善への提案・・・・・・・・・・・P.132
　4．将来のBEPSモニタリングの改善に向けて・・・・・・・・P.135
　5．納税者への影響・・・・・・・・・・・・・・・・・・・・P.135

【行動12】義務的開示制度・・・・・・・・・・・・・P.137
　1．趣旨・目的・・・・・・・・・・・・・・・・・・・・・・P.137
　2．BEPS最終報告書の概要・・・・・・・・・・・・・・・・P.137
　　　（1）義務的開示制度の目的と基本原則・・・・・・・・・・P.137
　　　（2）義務的開示制度の内容（モジュール）・・・・・・・・P.137
　　　（3）国際的租税スキームに係る開示義務制度・・・・・・・P.140
　　　（4）各国税務当局間における開示情報の共有・・・・・・・P.140
　3．納税者への影響・・・・・・・・・・・・・・・・・・・・P.140

【行動 13】 多国籍企業の企業情報の文書化　・・・・・　P.142
1. 趣旨・目的・・・・・・・・・・・・・・・・・・・・・・・　P.142
   （1）国別報告書・・・・・・・・・・・・・・・・・・・・　P.142
   （2）マスターファイル・・・・・・・・・・・・・・・・・　P.143
   （3）ローカルファイル・・・・・・・・・・・・・・・・・　P.143
2. BEPS 最終報告書の概要・・・・・・・・・・・・・・・・・　P.144
   （1）国別報告書・・・・・・・・・・・・・・・・・・・・　P.145
   （2）マスターファイル・・・・・・・・・・・・・・・・・　P.149
   （3）ローカルファイル・・・・・・・・・・・・・・・・・　P.151
3. 納税者への影響・・・・・・・・・・・・・・・・・・・・　P.153

【行動 14】 相互協議の効果的実施　・・・・・・・・・　P.155
1. 趣旨・目的・・・・・・・・・・・・・・・・・・・・・・・　P.155
2. BEPS 最終報告書の概要・・・・・・・・・・・・・・・・・　P.155
   （1）ミニマム・スタンダード・・・・・・・・・・・・・・　P.155
   （2）ベストプラクティス・・・・・・・・・・・・・・・・　P.158
   （3）モニタリング・メカニズムの枠組み・・・・・・・・・　P.165
   （4）強制的・拘束的仲裁制度への参加・・・・・・・・・・　P.166
3. 納税者への影響・・・・・・・・・・・・・・・・・・・・　P.167

【行動 15】 多数国間協定の策定　・・・・・・・・・・　P.169
1. 趣旨・目的・・・・・・・・・・・・・・・・・・・・・・・　P.169
2. BEPS 最終報告書の概要・・・・・・・・・・・・・・・・・　P.170
   （1）行動 15 に係る経緯・・・・・・・・・・・・・・・・　P.170
   （2）最終報告書の内容・・・・・・・・・・・・・・・・・　P.170
3. 納税者への影響・・・・・・・・・・・・・・・・・・・・　P.171

第3章　BEPS プロジェクトの議論に対する日本の対応・・・　P.174

1. BEPS プロジェクトに対する日本の対応・・・・・・・・・・　P.174
2. 平成 27 年度税制改正における対応・・・・・・・・・・・・　P.176
   （1）国境を越えた電気通信利用役務提供に対する
   　　　消費税の課税方式の見直し・・・・・・・・・・・・・　P.176
   （2）外国子会社配当益金不算入制度の見直し・・・・・・・　P.180

3．BEPS 最終報告書に基づく本邦移転価格税制の改正とその対応・ P.182
　（1）新しい移転価格文書化制度・・・・・・・・・・・・・ P.182
　（2）国別報告事項（国別報告書）・・・・・・・・・・・・ P.184
　（3）事業概況報告事項（マスターファイル）・・・・・・・ P.192
　（4）ローカルファイル・・・・・・・・・・・・・・・・・ P.197
　（5）まとめ・・・・・・・・・・・・・・・・・・・・・・ P.204
4．外国子会社合算税制（タックス・ヘイブン対策税制）の改正
　（平成 29 年度改正）・・・・・・・・・・・・・・・・・・ P.206
　（1）トリガー税率の廃止・・・・・・・・・・・・・・・・ P.206
　（2）ペーパーカンパニー等の所得に対する合算課税の強化・ P.206
　（3）受動的所得に対する合算課税の強化・・・・・・・・・ P.207
　（4）その他の見直し・・・・・・・・・・・・・・・・・・ P.208
　（5）適用時期・・・・・・・・・・・・・・・・・・・・・ P.208
　（6）留意点・・・・・・・・・・・・・・・・・・・・・・ P.208
5．国内法の改正に向けた今後の検討課題・・・・・・・・・・ P.209
　（1）行動 4（利子損金算入制限）に関連する改正の検討・・・ P.209
　（2）行動 8-10（移転価格税制と価値創造の一致）に関連する
　　　改正の検討・・・・・・・・・・・・・・・・・・・・ P.210
　（3）行動 12（義務的開示制度）に関連する改正の検討・・・・ P.210
　（4）おわりに・・・・・・・・・・・・・・・・・・・・・ P.211

第4章　BEPS における各国の対応・・・・・・・・・・・・ P.214

【ASEAN】・・・・・・・・・・・・・・・・・・・・・ P.215
1．概要・・・・・・・・・・・・・・・・・・・・・・・・ P.215
2．シンガポールの主要対応策・・・・・・・・・・・・・・ P.216
　（1）行動 5　有害税制への対抗・・・・・・・・・・・・・ P.217
　（2）行動 6　租税条約の濫用防止・・・・・・・・・・・・ P.217
　（3）行動 13　多国籍企業の企業情報の文書化・・・・・・・ P.217
　（4）行動 14　相互協議の効果的実施・・・・・・・・・・・ P.218
3．マレーシアの主要対応策・・・・・・・・・・・・・・・ P.218

【オーストラリア】・・・・・・・・・・・・・・・・・ P.220
1．概要・・・・・・・・・・・・・・・・・・・・・・・・ P.220

2．オーストラリアの主要対応策・・・・・・・・・・・・・・・P.221
　（1）行動8-10　移転価格税制と価値創造の一致・・・・・・P.221
　（2）行動13　多国籍企業の企業情報の文書化・・・・・・・P.222
　（3）行動7　恒久的施設（PE）認定の人為的回避の防止・・・P.226
　（4）その他・・・・・・・・・・・・・・・・・・・・・・P.227
　（5）まとめ・・・・・・・・・・・・・・・・・・・・・・P.228

【中国】・・・・・・・・・・・・・・・・・・・・・・・P.229
1．概要・・・・・・・・・・・・・・・・・・・・・・・・P.229
2．中国の主要対応策・・・・・・・・・・・・・・・・・・P.231
　（1）行動1　電子経済に係る課税上の課題への対処・・・・P.231
　（2）行動4　利子損金算入や他の金融取引の支払いを通じた
　　　　　　　税源浸食の制限・・・・・・・・・・・・・・P.232
　（3）行動6　租税条約の濫用防止・・・・・・・・・・・・P.234
　（4）行動7　恒久的施設（PE）認定の人為的回避の防止・・・P.237
　（5）行動8-10　移転価格税制と価値創造の一致・・・・・・P.242
　（6）行動12　義務的開示制度・・・・・・・・・・・・・・P.251
　（7）行動13　多国籍企業の企業情報の文書化・・・・・・・P.254

【韓国】・・・・・・・・・・・・・・・・・・・・・・・P.258
1．概要・・・・・・・・・・・・・・・・・・・・・・・・P.258
2．韓国の主要対応策・・・・・・・・・・・・・・・・・・P.258
　（1）行動1　電子経済―電子的役務を供給する国外事業者の
　　　　　　　役務供給と事業者登録に関する特例
　　　　　　　（付加価値税法第53条の2）・・・・・・・・・P.258
　（2）行動4　利子損金算入制限
　　　　　　　―過少資本税制（Thin-cap）適用基準の強化・・・・・P.260
　（3）行動13　企業情報の文書化―国際取引情報統合報告書の
　　　　　　　提出義務及び未提出に対する過料規定の導入・・・・・・P.261

【米国】・・・・・・・・・・・・・・・・・・・・・・・P.264
1．概要・・・・・・・・・・・・・・・・・・・・・・・・P.264
2．米国の主要対応策・・・・・・・・・・・・・・・・・・P.265
　（1）行動4　利子損金算入や他の金融取引の支払いを通じた
　　　　　　　税源浸食の制限・・・・・・・・・・・・・・P.265

（2）行動 6　　租税条約の濫用防止・・・・・・・・・・・・P.266
　　　（3）行動 8-10　移転価格税制と価値創造の一致・・・・・・P.266
　　　（4）行動 13　 多国籍企業の企業情報の文書化・・・・・・・P.267

【ブラジル】・・・・・・・・・・・・・・・・・・・・・P.268
1．概要・・・・・・・・・・・・・・・・・・・・・・・・P.268
2．ブラジルの主要対応策・・・・・・・・・・・・・・・・P.269
　　　（1）行動 2　　ハイブリッド・ミスマッチに係る取決めの
　　　　　　　　　　効果の無効化・・・・・・・・・・・・・・P.269
　　　（2）行動 3　　外国子会社合算税制（CFC 税制）の強化・・・P.269
　　　（3）行動 5　　有害税制への対抗・・・・・・・・・・・・P.269
　　　（4）行動 6　　租税条約の濫用防止・・・・・・・・・・・P.270
　　　（5）行動 8-10　移転価格税制と価値創造の一致・・・・・・P.270
　　　（6）行動 12　 義務的開示制度・・・・・・・・・・・・・P.270
　　　（7）行動 13　 多国籍企業の企業情報の文書化・・・・・・・P.270

【コロンビア】・・・・・・・・・・・・・・・・・・・・P.271
1．概要・・・・・・・・・・・・・・・・・・・・・・・・P.271
2．コロンビアの主要対応策・・・・・・・・・・・・・・・P.271
　　　（1）行動 3　　外国子会社合算税制（CFC 税制）の強化・・・P.271
　　　（2）行動 6　　租税条約の濫用防止・・・・・・・・・・・P.271
　　　（3）行動 13　 多国籍企業の企業情報の文書化・・・・・・・P.272

【チリ】・・・・・・・・・・・・・・・・・・・・・・・P.273
1．概要・・・・・・・・・・・・・・・・・・・・・・・・P.273
2．チリの主要対応策・・・・・・・・・・・・・・・・・・P.273
　　　（1）行動 3　　外国子会社合算税制（CFC 税制）の強化・・・P.273
　　　（2）行動 4　　利子損金算入や他の金融取引の支払いを通じた
　　　　　　　　　　税源浸食の制限・・・・・・・・・・・・・P.273
　　　（3）行動 6　　租税条約の濫用防止・・・・・・・・・・・P.274
　　　（4）行動 8-10　移転価格税制と価値創造の一致・・・・・・P.274
　　　（5）行動 13　 多国籍企業の企業情報の文書化・・・・・・・P.274

【メキシコ】・・・・・・・・・・・・・・・・・・・・・P.275
1．概要・・・・・・・・・・・・・・・・・・・・・・・・P.275

2．メキシコの主要対応策・・・・・・・・・・・・・・・・・・P.276
　（1）行動2　ハイブリッド・ミスマッチに係る取決めの
　　　　　　　効果の無効化・・・・・・・・・・・・・・・・P.276
　（2）行動4　利子損金算入や他の金融取引の支払いを通じた
　　　　　　　税源浸食の制限・・・・・・・・・・・・・・・P.277
　（3）行動6　租税条約の濫用防止・・・・・・・・・・・・・P.278
　（4）行動7　恒久的施設（PE）認定の人為的回避の防止・・・P.279
　（5）行動8-10　移転価格税制と価値創造の一致・・・・・・・P.279
　（6）行動12　義務的開示制度・・・・・・・・・・・・・・・P.281
　（7）行動13　多国籍企業の企業情報の文書化・・・・・・・・P.281

【インド】・・・・・・・・・・・・・・・・・・・・・P.283
1．概要・・・・・・・・・・・・・・・・・・・・・・・・・P.283
2．インドの主要対応策・・・・・・・・・・・・・・・・・・P.284
　（1）行動1　電子経済に係る課税上の課題への対処・・・・・P.284
　（2）行動3　外国子会社合算税制（CFC税制）の強化・・・P.284
　（3）行動4　利子損金算入や他の金融取引の支払いを通じた
　　　　　　　税源浸食の制限・・・・・・・・・・・・・・・P.285
　（4）行動6　租税条約の濫用防止・・・・・・・・・・・・・P.285
　（5）行動7　恒久的施設（PE）認定の人為的回避の防止・・・P.286
　（6）行動8-10　移転価格税制と価値創造の一致・・・・・・・P.287
　（7）行動13　多国籍企業の企業情報の文書化・・・・・・・・P.288
　（8）行動15　多数国間協定の策定・・・・・・・・・・・・・P.288
　（9）総括・・・・・・・・・・・・・・・・・・・・・・・・P.288

【欧州連合（EU）及び英国・オランダ・ドイツ】・・・P.290
1．概要・・・・・・・・・・・・・・・・・・・・・・・・・P.290
　（1）欧州委員会（European Commission）・・・・・・・・・P.294
　（2）理事会（Council）・・・・・・・・・・・・・・・・・P.295
　（3）欧州議会（European Parliament）・・・・・・・・・・P.297
　（4）欧州理事会（European Council）・・・・・・・・・・・P.298
2．EUの主要対策・・・・・・・・・・・・・・・・・・・・P.298
　（1）BEPSに対するEUの取組み ― 政策課題・・・・・・・P.298
　（2）BEPSに関連するEUのこれまでの実績
　　　― OECDのBEPS行動との対応関係・・・・・・・・・P.301

x

第5章　経営上の課題としての BEPS ・・・・・・・・・・・ P.318

1．ファイナンス及び財務に対する BEPS の影響 ・・・・・・・ P.318
　（1）移転価格ガイドライン ― 行動 8-10 の影響 ・・・・・・ P.319
　（2）租税条約 ― 行動 6 及び 15 の影響 ・・・・・・・・・・ P.320
　（3）行動 2 の影響 ・・・・・・・・・・・・・・・・・・・ P.321
　（4）行動 4 の影響 ・・・・・・・・・・・・・・・・・・・ P.322
　（5）行動 5 の影響 ・・・・・・・・・・・・・・・・・・・ P.322
　（6）行動 13 の影響 ・・・・・・・・・・・・・・・・・・・ P.323
2．オペレーティング・モデルに対する BEPS 行動 7 の影響 ・・ P.323
　（1）中央集権型のオペレーティング・モデルの特徴 ・・・・ P.324
　（2）中央集権型のオペレーティング・モデルに関連する
　　　 PE の課題 ・・・・・・・・・・・・・・・・・・・・・ P.324
3．M&A 取引における BEPS の影響 ・・・・・・・・・・・・ P.330
　（1）BEPS が M&A 取引に及ぼす影響 ・・・・・・・・・・ P.331
　（2）BEPS が M&A 取引主体に及ぼす影響 ・・・・・・・・ P.332
　（3）BEPS 以後の M&A に対するアプローチ ・・・・・・・ P.332

巻末資料　平成 29 年度税制改正大綱抜粋（BEPS 関係） ・・ P.336

編集・執筆者紹介

法人紹介

第1章

多国籍企業の国境を越えた節税への対応

多国籍企業の国境を越えた節税への対応

1．BEPS プロジェクトの背景と概要

　2008 年に端を発する金融危機（リーマン・ショック）は、1929 年の世界恐慌以来の経済不況を引き起こしたといわれている。未曾有の経済不況に対応するため各国は大規模な財政出動を行い、その結果、各国の財政状態へ大きな負担を与えることとなった[※1]。積み上がる政府の債務残高に対し、各国政府は消費税や個人所得税の増税を行っており、経済協力開発機構（以下「OECD」という）加盟国 34 か国のうち、2006 年から 2012 年にかけて 16 か国が消費税率（付加価値税率）を引き上げており[※2]、2007 年から 2013 年にかけて 21 か国が個人所得税の最高税率を引き上げている[※3]。

　個人への増税が行われるなか、巨大な多国籍企業や富裕層は不当に税負担を免れているのではないかといった報道が行われるようになった。最初に注目を集めたのは、オフショアのタックス・ヘイブンを利用した脱税スキームであり、オフショアの銀行口座を利用した富裕層による脱税等が報じられ、非難された。これらの報道は政治的にも注目され、G20 は、2009 年 4 月のロンドン・サミットで秘密銀行時代の終わりを宣言した。米国では、米国外金融機関に米国人の銀行口座の報告義務を課す FATCA（Foreign Account Tax Compliance Act、外国口座税務コンプライアンス法）が成立することとなり、また、OECD では、税の透明性及び税務目的の情報交換に関するグローバル・フォーラム（Global Forum

---

※1　OECD（経済力開発機構）各国の政府の債務残高の GDP 比は、2007 年では 74％ であったが、2013 年には 112％ まで上昇している。（OECD, Economic Outlook No 93, June 2013、http://stats.oecd.org/index.aspx?queryid=48126）
※2　OECD, CONSUMPTION TAX TRENDS 2012, pages 68-69
※3　OECD, Table I.7. top statutory personal income tax rate and top marginal tax rates for employees （http://stats.oecd.org/index.aspx?DataSetCode=TABLE_I7）

on Transparency and Exchange of Information for Tax Purposes）が発足した[※4]。

　続いて、巨大な多国籍企業による税務プランニング・スキームが報道等により明らかとなった[※5]。例えば、スターバックス、アマゾン、グーグルといった著名な多国籍企業が、英国国内で大きな売上げを上げているにもかかわらず複雑な税務プランニング・スキームを利用して英国で不当に法人税を逃れているとして、その代表者らが下院決算委員会に召喚されたことなどが報道されている[※6]。このような報道等を通じて、多国籍企業がタックス・プランニングにより、各国間の租税ルールの隙間やミスマッチを利用して、経済的活動がほとんど行われていない無税国や軽課税国に所得を移すことにより税負担を免れる手法（Base Erosion and Profit Shifting、又は税源浸食と利益移転。以下「BEPS」という）が問題視されることとなった[※7]。

　OECD は 2013 年までに行った試算により、BEPS による税収の損失は、控えめに見積もっても年間 1,000 ～ 2,400 億米ドル、世界全体の法人税収の 4 ～ 10% に達すると推計しており、開発途上国では税収のより多くの部分を法人税収に依存していることを考えると、BEPS が開発途上国に与える影響は特に大きいと発表している[※8]。

　BEPS 問題に対する政治的な議論の高まりを受けて、G20 は、2012 年 11 月の G20 財務大臣会合において OECD に対し BEPS に関する研究報告を要求し、G20 の要請を受けて、OECD は 2013 年 2 月に「Addressing

---

※4　グローバル・フォーラムには 2016 年 7 月時点で 134 か国が参加している。
※5　多国籍企業による BEPS についての報道は、例えば、Bloomberg の "The Great Corporate Tax Dodge"、the New York Times の "But Nobody Pays That"、The Times の "Secrets of Tax Avoiders" 又は the Guardian の "Tax Gap" など。
※6　BBC News, "Starbucks, Google and Amazon grilled over tax avoidance", November 12, 2012 (http://www.bbc.com/news/business-20288077)
※7　なお、脱税と税務プランニング・スキームによる過度な節税は本来別次元の問題であり、その対処法も異なるのであるが、富裕層や多国籍企業は、一般層や国内中小企業には利用できない手法を通じて税負担を免れているという認識が広がり、政治的には相互に関連して議論されることになったと考えられる。
※8　OECD, OECD/G20 Base Erosion and Profit Shifting Project, 2015 Final Reports, Information Brief, page 3

Base Erosion and Profit Shifting」（税源浸食と利益移転への対応）を発表、2013年7月には「Action Plan on Base Erosion and Profit Shifting」（BEPS行動計画）を公表し、同最終報告書はG20サミット（2013年9月5、6日、サンクトペテルブルグ）に報告され、G20諸国から全面的な支持を受けた。こうしてOECD租税委員会を中心としたBEPSプロジェクトが発足することとなった。

OECDは2014年9月に中間報告書としてBEPS報告書（第1弾）を発表、2015年10月にBEPS最終報告書（以下「BEPS最終報告書」又は「BEPS Final Reports」という）を公表し、BEPS最終報告書は2016年11月のG20サミットで承認された。

2．BEPSとその問題点

BEPSとは、各国の租税のルール間の隙間やミスマッチを利用して、税務上の所得を消滅させることにより、又は経済的活動がほとんど行われていない無税国や軽課税国に所得を移すことにより法人税の支払いを発生させないタックス・プランニング戦略を指す[9]。

BEPSが生じる原因としては、法人税が各国の国内レベルで課せられていることが挙げられる。すなわち、各国の租税ルールは各国の国内法に基づいており、各国の国内法はそれぞれ独立して適用されている。各国の国内法がそれぞれ独立して適用されていることにより、国境を越えた取引について二重課税が発生することがある一方で（なお、各国間の租税条約はそのような二重課税を排除する国際税務の仕組みである）、同時に二重非課税の余地も存在することとなる。BEPSは、そのような各国間の租税ルールに存在する隙間やミスマッチを利用して二重非課税などの状況を人為的に作り出し、法人税の負担を軽減するものである。

また、現行の各国の租税ルールや国際課税原則が、今日のグローバル化

---

[9] OECD, Top 10 FAQs about BEPS

されたデジタル経済や知的財産などの無形資産をベースとした経済環境ではなく、かつて店舗販売型の経済環境（ブリック＆モルタル）を前提として作られていること、さらに各国の税務当局が多国籍企業の行うタックス・プランニング戦略についての情報を持ち合わせていないことも、BEPSを生んだ要因と考えられる。

　なお、ほとんどのBEPSは税法を無視した違法なものではなく、租税ルールに従ったタックス・プランニングであり、合法的なものといわれている。合法的なタックス・プランニングであってもBEPSはなお問題視されており、OECDはその理由として、①BEPSを利用することができるのは多国籍企業に限られ、BEPSを利用できない国内企業は競争上不利な立場に置かれること、②BEPSが税引前利益率は低いが税引後利益率は高い事業活動などへの投資の意思決定を生むインセンティブとなり、歪められた、非効率な資源配分をもたらす可能性があること、③さらに多国籍企業だけがBEPSを通じて税負担を免れている事態を納税者が知った場合に、納税者の租税システムに対する信頼性ひいては自発的な申告納税意識を損ねてしまうこと、などを挙げている[※10]。

　BEPSは各国間の租税ルールのずれやミスマッチを利用したものであるため、各国が各々に対応するのには限界があり、また、各国が各々独立してBEPSに対応するために租税ルールを改訂した場合には、新たな二重課税の問題を引き起こす可能性があることから、OECDを通じた国際的に協調のとれた形での各国の租税ルールの改訂というアプローチで、BEPSは対応されることとなった。

3．BEPSの実態
～多国籍企業のタックス・プランニングの例（BEPS事例）～

　ここでは、多国籍企業が採用していると報道された具体的な手法につい

※10　OECD, Frequently Asked Questions, Questions 120 & 122 (http://www.oecd.org/ctp/beps-frequentlyaskedquestions.htm)

て整理する[※11]。

(1) Double Irish with a Dutch Sandwich

グーグルが採用したと報告されている Double Irish with a Dutch Sandwich という手法は、下記の4点の手法から構成されている。

①コストシェアリング
②ダブルアイリッシュ
③ダッチサンドイッチ
④チェック・ザ・ボックス・ルール

①コストシェアリング

コストシェアリングとは、図表1の米国本社とアイルランド子会社Aがお互いに資金や人員などのリソースを提供して、新規の無形資産の開発を分担して共有する仕組みのことである。開発された無形資産の経済的所

■図表1　Double Irish with a Dutch Sandwich

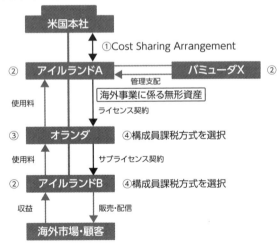

出典：2013年10月24日税制調査会 DG 配布資料等に基づき EY 税理士法人で作成
※組織図はイメージであり、実際の資本関係とは異なる場合がある。

[※11] EY 税理士法人『BEPS への対応と我が国企業への影響に関する調査　平成25年度アジア拠点化立地推進調査等事業』（経済産業省、2014年3月）

有権は両法人が保有することとなるが、通常は、米国本社は米国での使用権利を獲得し、アイルランド子会社Aは米国外での使用権利を獲得することとなる。そのため、コストシェアリングの手法を用いることで、海外事業に関する無形資産（グーグルの場合には、検索技術の海外における使用権等）がアイルランド子会社Aに移転する（切り出される）こととなる。

②ダブルアイリッシュ

　海外事業に関する無形資産を有するアイルランド子会社Aとは別に、アイルランドにおいて、海外事業の拠点としてアイルランド子会社Bを設立する。アイルランド子会社Aは、後述するオランダ子会社を介して、所有する無形資産をアイルランド子会社Bに供与（ライセンス契約）し、アイルランド子会社Bは、供与を受けた無形資産を利用して、海外事業（グーグルの場合には、販売・配信）を実施する。このように、2つのアイルランド子会社を使う手法をダブルアイリッシュという。

　なお、ダブルアイリッシュの手法では、あわせてアイルランド子会社Aを管理支配する拠点Xをアイルランド子会社Aの支店として英領バミューダ等の軽課税国に設けることとなる。アイルランドの租税法では、法人の居住地判定について管理支配地基準[12]が採用されているため、拠点Xがアイルランド子会社Aの管理支配を行うことで、アイルランド子会社Aは、アイルランドの会社法上はアイルランド法人でありながらも、租税法上は英領バミューダの居住法人（つまり、アイルランドの租税法上は非居住法人）として取り扱われることとなる。

③ダッチサンドイッチ

　アイルランド子会社Bは、海外事業の実施により稼得した利益の大部分を、無形資産の使用料として、オランダ子会社を通じてアイルランド子会社Aに支払う。このとき、アイルランド子会社Bがバミューダの居住

---

[12] 事業の指揮管理を行う場所を基準にして法人の居住地を決める考え方のことを管理支配地基準という。日本の法人税法のように、本店所在地を基準として税法上の居住者（内国法人）に該当するか否かを判断する考え方は、本店所在地基準という。

法人であるアイルランド子会社 A に対して直接に使用料を支払うと、アイルランドにおいて源泉税が生じる可能性がある。このような源泉税を回避するために、アイルランド子会社 A とアイルランド子会社 B の間にオランダ法人を介在させ、使用料の支払いをアイルランド子会社 B からオランダ法人へ、さらにオランダ法人からアイルランド子会社 A へとオランダ法人経由で行うことにより、アイルランド―オランダ租税条約を利用して源泉税の回避を行う手法をダッチサンドイッチという。

以上の結果として、アイルランド子会社 B が海外事業で稼得した利益は、その大部分がアイルランド子会社 A で認識・蓄積されることとなるところ、前述のとおり、アイルランド租税法においてアイルランド子会社 A は、英領バミューダの居住法人に該当するため、当該受取使用料はアイルランドでは課税対象とならず、また英領バミューダは無税国のため、英領バミューダでも課税が発生しないこととなる。

なお、アイルランド子会社 B は、海外の顧客に対して直接にサービスを提供（販売・配信）して収益を得ることとなるが、顧客の所在地国における法人税等の納税義務を回避するため、その顧客の所在地国において恒久的施設（Permanent Establishment、以下「PE」という）に該当することがないよう、顧客との契約はアイルランド子会社 B が直接に締結しているものと想定される。

この点、顧客の所在地国に子会社を有している場合もあるが、この場合には当該子会社は直接当該事業にかかわっていないと整理することで、さらなる節税が図られていると考えられる。例えば、英国下院決算委員会報告書によれば、グーグルは、「(a) 英国の顧客に対する広告スペースの販売はアイルランド子会社が行っており、英国子会社は販売行為を行っていない、(b) 英国子会社のスタッフは当該事業に関し、法人を代表して契約を締結し取引を行う権限を有していないとの理由から、英国子会社はアイルランド子会社 B の PE には該当しない」との主張を行っている。

④チェック・ザ・ボックス・ルール

　チェック・ザ・ボックス・ルールとは、米国の国内法に定められた制度であり、一定の事業体に限り、その事業体の課税方式について、法人の段階で課税する方式か構成員の段階で課税する方式かのいずれかを、納税者が選択できるルールのことをいう[13]。

　上述①〜③の結果、アイルランド子会社 A に移転された利益に対しては、それが無形資産の使用料であるため、本来であれば本社が所在する米国において、サブパート F 条項[14]の適用による合算課税が想定される。しかしながら、米国におけるチェック・ザ・ボックス・ルールを利用し、アイルランド子会社 B 及びオランダ子会社の事業体の課税方式について、構成員課税方式を選択すれば、両法人はアイルランド法人 A の一部（支店）としてみなされることとなる。その結果として、アイルランド法人 A の受取使用料とオランダ子会社の支払使用料、オランダ子会社の受取使用料とアイルランド子会社 B の支払使用料がそれぞれ内部取引として相殺されることとなり、アイルランド法人 A には、サブパート F 条項による合算課税の対象となる受動的所得が残らないこととなるため、実質的に合算課税を回避することが可能となる。

（2）Swiss Trading Company

　スターバックスが採用したと報告されているこの手法は、主として下記の2つの手法から構成されている。

　①スイスのトレーディングカンパニー

　②オランダへの無形資産の移転

①スイスのトレーディングカンパニー

　スイスの "Trading company" であるコーヒー豆輸入販売会社 C は、コーヒー豆を輸入し、オランダの焙煎会社 B に当該コーヒー豆の焙煎業務を委託するとともに、焙煎済コーヒー豆を英国販社 A に対して 20％マーク

※13　増井良啓・宮崎裕子『国際租税法　第2版』（東京大学出版会、2011年）
※14　米国における外国子会社合算税制（CFC税制）である。

■図表2　Swiss Trading Company

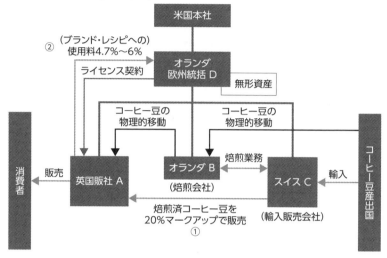

出典：2013年10月24日税制調査会DG配布資料等に基づきEY税理士法人で作成
※組織図はイメージであり、実際の資本関係とは異なる場合がある。

アップで販売している。

　スイスの"Trading company"とは、スイス国外の会社が製造した製品を、スイス国外の市場でスイス国外の顧客に販売する会社のことをいい、これを利用した場合には、スイスにおいて、カントン（州）レベルで優遇税制の適用を申請することが可能となり、コーヒー豆のような国際取引商品の売買から上がる利益に係る所得に対しては低税率で法人所得税が課されることとなる。そのため、スイスを介在させることで、英国販社Aで生じるはずの利益の一部を、商品原価を通じて、英国よりも低税率であるスイスに移転させていることとなる。

②オランダへの無形資産の移転

　コーヒー製法に係る知的財産権や商標権等の無形資産は、米国本社からオランダの欧州統括会社Dに移転されており、このオランダ欧州統括会社Dは、所有する無形資産を英国販社Aなどの他の関連会社に供与（ラ

イセンス契約）する見返りとして、6％[※15]の無形資産の使用料を回収している。同社は当該受取使用料についてオランダにてルーリングを申請しており、オランダの欧州統括会社Dが低税率で課税される旨をオランダ税務当局と合意している。そのため、英国販社Aで生じるはずの利益の一部を、無形資産の使用料を通じて、英国よりも低税率であるオランダに移転させていることとなる。

なお、オランダによって回収された使用料の約半分は、歴史的に開発されたブランド、製品の革新、店舗デザインに係るものとして、最終的には米国本社に支払われている。

以上の結果として、英国販社Aが英国で稼得するはずの利益及び米国本社が米国で稼得するはずの使用料相当額の利益は、原価と使用料を通じてスイスとオランダに移転することとなり、英国販社Aは過去15年間のうち14年間もの間、課税されるべき所得が発生していないと報告されている[※16]。また、同様にフランスやドイツでも過去10年間税金が発生していないとされている。

なお、スターバックスは、この件について英国で厳しい批判を浴び、英国一般市民による不買運動に発展したため、2012年12月7日に、英国の新聞に広告を掲載し、顧客との信頼関係を再構築するため、2013年からの2年間にわたり、法の求めを超えて自主的に合計2,000万ポンドの法人税を支払う旨が発表されている。

4．BEPSプロジェクトの分類

OECDが2013年7月に発表したBEPS行動計画では、15の行動計画（Action Plan）に沿ってBEPSプロジェクトを進めることとしており、2015年10月に公表されたBEPS最終報告書では15の行動計画に対し13

※15 2006年において、英国税務当局（HMRC）との交渉により、4.7％に下がっている。本庄資『国際課税における重要な課税原則の再検討』「租税研究」2016年8月
※16 HRMC, Annual Report and Accounts 2011-12, November 2012

のレポートを公表している。行動計画の数とレポートの数が一致しないのは、行動8から10に関して1つのレポートにまとめられているためである。

15の行動計画とそれぞれの勧告についての概要は次のとおりである。

■図表3　BEPS最終報告書の概要

行動計画		最終報告書	規範性
1	電子経済に係る課税上の課題への対処	電子経済が提示するBEPS問題については、他の行動計画（PE、移転価格、CFCなど）を通じて対応することとした。電子商取引に係る付加価値税について提言を行っている	―
2	ハイブリッド・ミスマッチに係る取決めの効果の無効化	ハイブリッド・ミスマッチ・アレンジメントに対処するための詳細な推奨事項が記載され、これらの課題について合意に達した内容が反映されている	共通アプローチ
3	外国子会社合算税制（CFC税制）の強化	有効なCFC税制に必要な構成要素について、CFC税制の「基本構成要素（ビルディング・ブロック）」を示す形で推奨	ベストプラクティス
4	利子損金算入や他の金融取引の支払いを通じた税源浸食の制限	特定の事業体（entity）（又は同じ国のなかで事業を行う事業体のグループ）による純支払利子の損金算入を、利払い、税金、減価償却控除前利益（EBITDA）に特定の率を乗じて算出された金額に制限する「固定比率ルール」の導入を推奨	共通アプローチ
5	有害税制への対抗	税制が有害か否かの判断において適用する、「実質的な活動」の判断基準の定義付けを行い、さらに一定の税務ルーリングについての自動的情報交換を勧告	ミニマム・スタンダード
6	租税条約の濫用防止	不適切な租税条約の特典の供与、及び租税条約の濫用のケースに対処するために策定されたOECDモデル租税条約及びOECDモデル・コメンタリー改正案を提示	ミニマム・スタンダード
7	恒久的施設（PE）認定の人為的回避の防止	外国企業が他国でPEを構成せずに事業を遂行可能にすると考えられているアレンジメントや戦略の使用を防止するため、OECDモデル租税条約第5条におけるPEの定義の変更を勧告	既存の国際税務原則の改訂
8	移転価格税制と価値創造の一致	行動8-10をまとめた1つのレポートで、次のような移転価格ガイダンスの改訂を取り上げている：独立企業原則の適用に関する改訂ガイダンス、移転価格における比較可能性の要素に関するガイダンス、コモディティ取引の移転価格に関する新ガイダンス、コモディティ取引の移転価格に関する新ガイダンス、移転価格ガイドライン第6章の改訂版、低付加価値グループ内役務提供に関する新ガイダンス、移転価格ガイドライン第8章の全面改訂版	既存の国際税務原則の改訂
9			
10			

第1章　多国籍企業の国境を越えた節税への対応

	行動計画	最終報告書	規範性
11	BEPSの規模・経済的効果の分析方法の策定	BEPSの対処策ではなく、BEPS行動評価に係るもので、他のBEPS行動計画とは異なる。BEPSの規模の推測、その測定指標の特定、及びBEPS評価の向上に向けた推奨事項の提供を意図している	—
12	義務的開示制度	義務的情報開示制度の設計について数々の推奨事項を列挙。義務的情報開示制度の導入の否応については、各国の選択に委ねており、最低基準（ミニマム・スタンダード）にはあたらない	ベストプラクティス
13	多国籍企業の企業情報の文書化	三層構造（「マスターファイル」、「ローカルファイル」、「国別報告書様式」）から成る移転価格文書化及び国別報告書を勧告	ミニマム・スタンダード
14	相互協議の効果的実施	紛争解決のアプローチの大幅な変更を実施するという参加国のコミットメントを反映しており、相互協議手続（MAP）のメカニズムの実効性と効率性を高めることを目指した措置を含んでいる	ミニマム・スタンダード
15	多数国間協定の策定	BEPSプロジェクトにおいて展開されることになる租税条約関係の措置の実施や二国間租税条約の改訂に向けて、多国間協定のテクニカル上の可能性を検討している	—

　BEPSプロジェクトでは15の行動計画は主に3つの柱に分類されている。

■図表4　BEPSプロジェクトの三本柱

一貫性 coherence	実体性 substance	透明性と確実性 transparency and certainty
行動2 ハイブリッド・ミスマッチ	行動6 租税条約濫用防止	行動11 BEPS分析方法
行動3 CFC税制	行動7 PE	行動12 義務的開示制度
行動4 利子損金算入制限	行動8-10 移転価格税制と価値創造の一致	行動13 企業情報の文書化
行動5 有害税制		行動14 相互協議
Horizontal Actions		
行動1 電子経済		
行動15 多数国間協定		

13

(1) 一貫性 (coherence)

　一貫性 (coherence) とは、クロスボーダー取引に係る各国国内税法間の一貫性である。BEPS は各国の租税ルールに存在する隙間やミスマッチを利用したものであるため、各国国内税法間の隙間やミスマッチを利用した二重非課税スキームなどの防止を目的とするものである。一貫性 (coherence) に含まれる行動計画は、行動 2 （ハイブリッド・ミスマッチ）のほか、行動 3 （CFC 税制）、行動 4 （利子損金算入制限）、行動 5 （有害税制）である。

(2) 実体性 (substance)

　実体性 (substance) とは、法人課税と実体（又は価値の創造）との結び付きを指している。すなわち、法人の活動実体に基づいた法人課税、又は法人の価値創造に結び付く事業活動に基づいた法人課税を意図したものであり、法人の事業活動や価値創造活動によって生じた所得が、移転価格の恣意的な操作や条約濫用によって他の国（特に無税国や低税率国）に移転することを防ぐための勧告を行っている。

　実体性 (substance) に含まれる行動計画は、行動 6 （租税条約濫用防止）、行動 7 （PE）、行動 8-10 （移転価格税制と価値創造の一致）である。

(3) 透明性と確実性 (transparency and certainty)

　透明性と確実性 (transparency and certainty) は、多国籍企業の事業活動、タックス・プランニングについての情報公開（透明性）と企業にとっての二重課税排除のメカニズムの確実性を確保するものである。

　透明性と確実性 (transparency and certainty) に含まれる行動計画は、行動 11 （BEPS 分析方法）、行動 12 （義務的開示制度）、行動 13 （企業情報の文書化）、行動 14 （相互協議）である。

　上記のほか、行動 1 （電子経済）及び行動 15 （多数国間協定）は全ての行動計画に横断的に係るものとされている。

　なお、上記の 3 つの分類はお互いが排他的に分類されているわけではなく、例えば行動 5 （有害税制）は一貫性 (coherence) に分類されているが、

実体性や透明性の確保を目的とした勧告も含まれている[※17]。

5．BEPS 最終報告書の勧告と規範性

BEPS 最終報告書に含まれる勧告は、BEPS に対処するための手法として、公正な競争条件の確立（level playing field）という理念のもと、BEPS プロジェクトの参加国のコンセンサスをまとめたものである（ただし、BEPS 最終報告書に含まれる勧告の全てについて参加国のコンセンサスが得られたわけではない）。BEPS 最終報告書に含まれる勧告には法的拘束力はなく（ソフトロー）、勧告の内容は、各国の国内租税法の改正、租税条約の改訂（行動 15 の多数国間協定含む）、又は移転価格ガイドラインなどの改訂を通じて実行されることとなる。

BEPS 最終報告書は、全て同レベルで勧告を行っているわけではなく、BEPS プロジェクト参加国間のコンセンサスの程度と BEPS 最終報告書がどのように実行されるかにより、その規範性のレベルが次のとおり区別されている。

（1）ミニマム・スタンダード（minimum standard）

ミニマム・スタンダードに含まれる勧告は、BEPS プロジェクト参加国間で最も強いコミットメントが求められているものであり、参加国は BEPS 最終報告書における勧告に従い、各国の国内税法の改正、ガイドラインや租税条約などの国際課税原則の改訂が要請される。ミニマム・スタンダードとされている勧告は 4 つであり、行動 5（有害税制）、行動 6（租税条約濫用防止）、行動 13（企業情報の文書化）、行動 14（相互協議）が該当する。

このような強いコミットメントが求められる理由は、これらの勧告に従わない国があった場合には、その勧告に従わない国だけでなく、その他の国へ悪影響が及び（いわゆる negative spill overs）税源浸食と利益移転の

[※17] OECD, BEPS Final Reports, Action 5, pages 23 & 47

■ミニマム・スタンダード

行動計画		ミニマムスタンダードの内容
5	有害税制への対抗	税務上有害とされる特徴を持つパテントボックスなどの、有害な税制への対応と継続モニタリング。ユニラテラル APA や個別事案に係る税務照会についての自動的情報交換規定も含む
6	租税条約の濫用防止	導管法人を利用した条約漁りなどの租税条約の濫用を防止するためのモデル防止規定
13	多国籍企業の企業情報の文書化	多国籍企業の利益及び税金がどこで発生し経済的活動が行われているかを示す標準化された国別報告書。国別報告書によりもたらされる情報により、税務当局は移転価格を通じた BEPS リスクを把握し、より効率的な税務調査の実施が見込まれる
14	相互協議の効果的実施	相互協議を通じた二重課税などの紛争解決メカニズムの有効性向上

おそれがあるためである。また、行動 14（相互協議）は、BEPS 最終報告書の勧告が実行され、それにより予期しなかった二重課税が新たに発生した場合でも、相互協議による二重課税排除のメカニズムを確保することにより、国際貿易と国際投資が萎縮することがないようにするものである。

　これらのミニマム・スタンダードに含まれている勧告については、OECD は、公平性を確保するため、各国における進捗状況が継続モニタリングの対象となると発表している。

（2）既存の国際税務原則の改訂（reinforced international standards）

　既存の国際税務原則の改訂は、租税条約の改訂や移転価格ガイドラインの改訂を含むものであるが、BEPS プロジェクト参加国の全てのコンセンサスが得られなかったものも含まれている。行動 7（PE）及び行動 8-10（移転価格税制と価値創造の一致）の勧告が該当する。行動 7（PE）は OECD モデル租税条約の改訂を通じて実施され、行動 8-10（移転価格税制と価値創造の一致）は移転価格ガイドラインの改訂を通じて実施されることとなる。

（3）共通アプローチ（common approaches）と
　　ベストプラクティス（best practice）

　共通アプローチは、参加国で今後の課税原則の方向性について概ねコンセンサスが得られたものであり、行動 2（ハイブリッド・ミスマッチ）、

行動4（利子損金算入制限）における勧告が該当する。OECDは、今後の各国におけるBEPS対応の進捗具合をモニタリングしながら、共通アプローチに含まれる勧告が将来ミニマム・スタンダードとなるべきか判断していくとしている。

ベストプラクティスは行動3（CFC税制）、行動12（義務的開示制度）における勧告が該当する。これらは、参加国のうち、BEPSに対処するため国内法にこれらの対応策を取り入れたいとする国をサポートする目的で勧告されたものである。

なお、ミニマム・スタンダードやベストプラクティスといったものも、各行動計画に含まれている勧告が全て画一的に上記のように区別されているわけではなく、例えば、行動14（相互協議）の勧告の一部はミニマム・スタンダードであるが、同時に、コミットメントを強制しない11のベストプラクティスも提示している（相互協議のプロセスについての勧告など[※18]）。

6．BEPSプロジェクトの参加メンバーとBEPS最終報告書発表後のBEPSプロジェクトについて

BEPSプロジェクトはOECD加盟国（34か国）とG20が中心となってその作業が進められたが[※19]、OECDによると、OECD加盟国（34か国）とG20以外の国も参加し、60か国以上がテクニカル・グループへ直接参加したとしている[※20]。その他の国も、ATAF（African Tax Administration Forum）、CREDAF（Centre de rencontre des administrations fiscales）、そしてCIAT（Centro Interamericano de Administraciones Tributarias）といった税務関係の地域間組織を通じて、又は国際通貨基金（IMF）、世界銀行（WB）、そして国連（UN）といった国際機関を通じて作業に貢献

※18 OECD, BEPS Final Reports, Action 14, pages 28-37
※19 G20でOECD非加盟国は中国、インド、南アフリカ、ブラジル、ロシア、アルゼンチン、サウジアラビア、インドネシアの8か国であり、これら8か国もBEPSプロジェクトの参加国である。
※20 OECD, OECD/G20 Base Erosion and Profit Shifting Project Explanatory Statement, page 4

したと発表している。

　また、各国の政府機関に加えて、OECD は産業界や市民社会からもその意見を募っており、OECD が公表した 23 のディスカッション・ドラフトには、民間から 12,000 ページを超えるコメントを受領したと OECD は発表している。さらに OECD は、11 のパブリック・コンサルテーションで議論を行い、OECD が発表した BEPS に関するウェブキャストは 4 万以上の閲覧件数があったとしている。なお、特に関心が高かったのは移転価格についてであり、行動 13（企業情報の文書化）には 183 のコメントが寄せられ、行動 8-10（移転価格税制と価値創造の一致）には 400 を超えるコメントが寄せられた。

　OECD は、2015 年 10 月の BEPS 最終報告書の発表後、G20 の要請を受けて、包摂的枠組み（inclusive framework、以下「BEPS 包摂的枠組み」という）を立ち上げ、OECD 加盟国と G20 以外の国について、対等の立場での BEPS プロジェクトへの参加を呼びかけている。

　BEPS 包摂的枠組みは、2016 年 2 月 26 〜 27 日に上海で行われた G20 財務大臣会合で承認され、その第 1 回目の会議は 2016 年 6 月 29 〜 30 日に京都で行われ、80 以上の国・地域の代表が参加した[21]。さらに、BEPS 最終報告書の勧告のモニタリングや積み残し事項の追加的な検討も BEPS 包摂的枠組みのなかで行われることとなっている。

※ 21　OECD は 2016 年 7 月 16 日時点で 85 か国が BEPS 包摂的枠組みに参加していると発表している。

第1章　多国籍企業の国境を越えた節税への対応

■ BEPS プロジェクトの主な経緯

年月	イベント
2012年6月	G20 サミット（メキシコ、ロスカボス）で BEPS 防止の必要性を明記
2012年11月	G20 財務大臣会合（メキシコ、メキシコシティ）で BEPS に関する OECD の作業を歓迎すると声明
2013年2月	「Addressing Base Erosion and Profit Shifting」（税源浸食と利益移転への対応）を発表
2013年6月	G8 サミット（イギリス、ロックアーン）で、BEPS プロジェクトを支持
2013年7月	「Action Plan on Base Erosion and Profit Shifting」（BEPS 行動計画）を公表、9月の G20 サミット（ロシア、サンクトペテルブルグ）に報告
2014年9月	BEPS 報告書（第1弾）を公表。11月の G20 サミット（オーストラリア、ブリスベン）に報告
2015年10月	BEPS 最終報告書を公表。10月の G20 財務大臣会合（ペルー、リマ）、11月の G20 サミット（トルコ、アンタルヤ）へ報告し、承認される。

19

第2章

BEPS 行動計画

BEPS 行動計画

　国際課税制度は、企業の国際的経済活動を阻害することのないよう設計されている。この趣旨のもと、源泉地国と居住地国の課税権について整理し、そのうえで源泉地国と居住地国の二重課税を排除すべく構築されている。しかし、国際的な企業活動から生じた所得がどの国から生じたかを明確に区別することは難しいという現実があり、各国税法や租税条約は、一定の割り切りをもって所得の源泉地について規定している。内国法人が米国法人に資金を貸し付けて、利子を稼ぐケースを考えてみよう。内国法人は、その利子を稼ぐために貸付のための資金調達、リスク管理、借入人との条件交渉等、様々な活動をすることになるが、利子の支払者が米国法人である場合等、一定の場合には、米国で利子所得が生じたものとみたてて、米国の租税当局は、源泉地国としてこの利子に課税をする。一方、日本は居住地国として、この所得に課税をする。ここで、米国と日本による二重課税が問題となるが、源泉地国と居住地国との二重課税は、外国税額控除や租税条約といった制度を通じて解消される。

　国際課税制度の基礎となるのは、この源泉地国課税、居住国課税、二重課税の排除の構造である。これをベースに、移転価格税制や外国子会社合算税制、過少資本税制、過大支払利子税制等の租税回避防止策によって構成されている。

　企業の国際的な経済活動を阻害することなく二重課税の弊害を除去するために以上のような制度が用意されているが、グローバリゼーション、IT の発達、無形資産価値の増大といった現状に既存の租税フレームワークが十分に対応できていないといった諸事情が、多国籍企業の過度の国際タックス・プランニングを許すことになったと OECD は一連の BEPS 関連報告書において分析している。

第 2 章　BEPS行動計画

　本章では、BEPS 行動計画 1 〜 15 について、**1．趣旨・目的、2．BEPS 最終報告書の概要、3．納税者への影響**という観点から、それぞれの行動計画を解説する。15 の行動計画における項目は以下のとおりである。

BEPS 行動計画	項目	略称
行動 1	電子経済に係る課税上の課題への対処	電子経済
行動 2	ハイブリッド・ミスマッチに係る取決めの効果の無効化	ハイブリッド・ミスマッチ
行動 3	外国子会社合算税制（CFC 税制）の強化	CFC 税制
行動 4	利子損金算入や他の金融取引の支払いを通じた税源浸食の制限	利子損金算入制限
行動 5	有害税制への対抗	有害税制
行動 6	租税条約の濫用防止	租税条約濫用防止
行動 7	恒久的施設（PE）認定の人為的回避の防止	PE
行動 8	無形資産取引に係る移転価格ルール	無形資産に係る移転価格
行動 9	リスクと資本に係る移転価格ルール	リスクと資本に係る移転価格
行動 10	他の租税回避の可能性の高い取引に係る移転価格ルール	他の移転価格ルール
行動 11	BEPS の規模・経済的効果の分析方法の策定	BEPS 分析方法
行動 12	義務的開示制度	義務的開示制度
行動 13	多国籍企業の企業情報の文書化	企業情報の文書化
行動 14	相互協議の効果的実施	相互協議
行動 15	多数国間協定の策定	多数国間協定

◆ 行動 1　電子経済に係る課税上の課題への対応

1. 趣旨・目的

　行動1は、電子経済における新たなビジネスモデルの特徴がグローバル経済に与える税務上の問題点についてまとめたものである。電子経済は情報通信技術（以下「ICT」という）によってもたらされた転換可能なプロセスの集積であるが、比較的低コストである。他方で、広範かつ堅固に標準化されたものであるため、ビジネスプロセスの改善及び全ての経済分野における創造性を増強するものといえる。このように、電子経済が経済の中心になりつつあるため、行動1では全ての他の行動計画に関する論点について、横断的に電子経済上のBEPS問題を検討している。つまり、行動1において、電子経済固有のBEPS論点はなく、他の行動計画の提案等によって電子経済上のBEPSについても実質的に対応可能であるため、特別な提言を行う目的はないとされている。

2. BEPS最終報告書の概要
（1）課税の原則

　行動1は、まず、従来から存在する税制の方向性をまとめている包括的な税制政策の枠組みを検討している。当該最終報告書では、オタワ会議における基本的枠組み[※1]における「公正かつ公平で、効率的」の原則の重要性が強調されている。

（2）ICT及び新ビジネスモデルの創出

　行動1では、経済全体に係るICTの発展及び拡大、当該発展によって生じた新規ビジネスモデル、及び経済への影響に関する議論が含まれる。この議論を通じて、行動1はいくつかの主要傾向、及び電子経済に係る

※1　OECD,1998 Ottawa Ministerial Conference on Electronic Commerce where Ministers welcomed the 1998 CFA Report "Electronic Commerce: Taxation Framework Conditions" 2001

BEPSにつながるものとみられるICT発展及び新規ビジネスモデルを特定している。ICTの発展によって生じた新規ビジネスモデルの例として、Eコマース（B2B取引、B2C取引、及びC2C取引を含む）、アプリケーションストア、オンライン広告、クラウドコンピューティング、支払いサービス、超高速トレーディング、及び参加型ネットワークプラットフォームが挙げられる。

（3）電子経済におけるBEPS問題

　行動1は、ICT発展によって生じるグローバルバリューチェーンの拡大及び新規ビジネスは電子経済におけるBEPS機会の主要な論点となると述べている。この点、当該最終報告書は、BEPSプロジェクトの他の専門分野において検討される多数の方策が電子経済に関連する要素についても包含すると判断している。当該最終報告書はBEPS問題を引き起こす共通の特徴を列挙することによって、直接税及び間接税におけるBEPSに対処すべき中心的要素を特定し、他のBEPS行動計画において考案されるべき措置が効率的に電子経済に係るBEPS問題に対処できることを確保するために考慮するべき一定の電子経済の性質を強調している。

①直接税に係るBEPS問題

　具体的には、直接税に関して、以下の4つのBEPS問題を伴う主要なパターンが挙げられている(27頁図表1参照)。なお、以下のパターンには、電子経済に限らず他の分野においても生じ得る問題も含まれるが、本章においては電子経済を前提とするパターンであることに留意されたい。

(i)市場国（源泉地国）における租税の最小化

　外国法人は、ウェブサイト若しくは電子的手段を通じて、顧客と遠隔的に取引できるため、課税対象となる物理的拠点（恒久的施設（以下「PE」という）等）を源泉地国において保有する必要はなく、その結果、その国における租税を回避することが可能となる。

　また、多国籍企業における各国での電子経済に係る業務に関連する機能、資産及びリスクを軽課税国のグループ法人に契約等の取決めによって

移転させる場合、当該多国籍企業全体の税金を最小化できる。さらに、当該多国籍企業は、特定の源泉地国から他国へのロイヤルティ及びサービスフィー等の支払いを行うことによって、当該源泉地国での損金算入額を増加させて課税所得及び税金を減少させることができる。

(ⅱ)源泉税の削減若しくは回避

　法人は利子、及びロイヤルティ等の特定の支払いを他国から受ける場合、原則として当該他国において源泉税が課されるが、租税条約上の規定によって源泉税の軽減若しくは免税を受けることができる。例えば、法人に有利な租税条約上の免税規定等の恩典を得ることを意図して、当該法人の居住地国及び源泉地国の間に第三国の別の法人（中間会社）を介在させる場合、関連諸国における租税条約濫用防止規定が充分に整備されていなければ、源泉税の削減及び回避が可能となり、BEPS問題を引き起こすと考えられる。

(ⅲ)第三国における中間会社を利用した租税回避若しくは削減

　市場国及び最終親会社の間の第三国（中間国）に所在するグループ法人（中間会社）を介在させ、納税者に有利な税制、ハイブリッド・ミスマッチ・アレンジメント、若しくは税源浸食を伴う支払スキームを利用する租税回避行為が想定される。例えば、電子経済では、多国籍企業が無形資産を他国のグループ法人に（しばしば独立企業間価格以下の価格でもって）譲渡する場合、当該他国における納税者に有利な税制の適用によって当該無形資産から生じる所得に対する課税を著しく軽減若しくは非課税とすることができる。

　また、高税率国に所在する中間会社（以下「中間会社１」という）が軽課税国に所在する他の中間会社（以下「中間会社２」という）が有する無形資産を利用する場合、中間会社１による中間会社２へのロイヤルティの支払いは、高税率国である中間会社１の課税所得を効果的に削減できる。さらに、上述パターン(ⅱ)の源泉税回避のスキームを合わせて利用する場合、さらなる租税回避が可能となる。

(iv)最終親会社における租税回避若しくは削減

　上述パターン(i)における例示のような市場国（源泉地国）での租税を削減する手法は、最終親会社若しくは本社所在地の国における租税を削減するためにも利用し得ると考えられる。例えば、親会社が、その有するリスク及び無形資産に係る法的所有権を軽課税国に所在するグループ法人に移転させる場合、当該リスク及び無形資産に係る重要な機能に関して当該親会社が受領すべき報酬を適切な対価（独立企業間価格）よりも過少に算定することによって、当該親会社国での租税を削減できる可能性がある。

　また、CFC合算税制（タックス・ヘイブン対策税制）が存在しない国、若しくは当該制度があってもその適用の回避が容易な国に親会社が存在する場合が想定される。その場合、軽課税国（無税若しくは低税率である国）に所在する子会社に時価評価の困難な無形資産を移転させる際の適切な対価を受領せず、かつ当該軽課税国の子会社において当該無形資産から生じる所得に関して、当該親会社の所在地国におけるCFC合算税制による課

■図表1　電子経済における直接税に係るBEPSプランニングのパターン[※2]

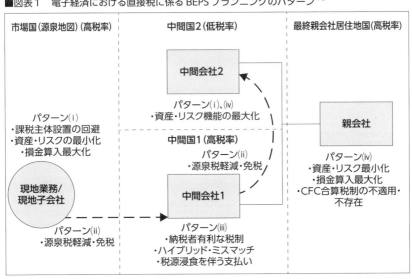

※2　行動1最終報告書、79項、「Figure 5.1. BEPS planning in the context of income tax」

税を回避することによって、当該親会社国での租税を削減することができる可能性がある。

②間接税に係るBEPS問題

また、行動計画書は、間接税に関して、間接税（Value Added Tax、以下「VAT」という）に係る以下のBEPS問題を取り上げている。

(i)国外顧客に対する電子上の物品及びサービス提供

VATは原則として事業者に対して課されるが、他方で当該事業者は支払った仮払VATの控除若しくは還付請求をすることができる。大部分のVAT導入国は、B2B取引に係るVATに関して仕向地主義を採用している。しかしながら、現在、いくつかの国において、事業者が非居住者から受けるサービス及び無形資産の取得に係るVATの当該非居住者による自主申告は要求されていないため、これらの取引にはVATが課されないことになる。よって、例えば、サービス等の供給者の居住地国においてデータプロセッシングサービスにVATが課税されない場合、BEPS問題が生じることになる。

(ii)複数国にPEを有する法人内における電子上の物品及びサービス提供

複数国にPEを有する法人では、電子上の物品及びサービス提供等に係るVATの免税の機会を有する余地がある。例えば、ある多国籍企業である銀行がデータプロセッシングサービスの提供を他社から受ける場合、一般的には、これらの第三者から受けたサービスの対価にはVATは課されるが、その多国籍銀行においては当該サービスの受取はVAT非課税売上に対応する取引に該当するため、VATの控除はできないとされている。ここで、当該サービスを当該多国籍銀行の各国のPEを通じて受領し、特定の国のPEから他国のPEに対してこれらの対価の付替えを行う場合、一般的に同一法人内部での取引であるこれらのPE間の付替えはVAT対象外となる。よって、当該多国籍銀行が最初に第三者からサービス提供を受けるPEがVAT税制の存在しない国に所在するのであれば、当該多国籍銀行は全世界でのVAT課税を回避できることが想定される。

（4）クロスボーダー電子経済に係る課税上の課題及び想定される対処方法

　当該報告書によると、電子経済に係るBEPS問題（例えば前述（3）のパターン）は、行動2（ハイブリッド・ミスマッチ）、行動3（CFC税制）、行動4（利子損金算入制限）、行動5（有害税制）、行動6（租税条約濫用防止）、行動7（PE）、及び行動8-10（移転価格税制と価値創造の一致）によって対処できると整理されている。そのため、当該最終報告書は、電子経済固有のBEPS問題に係る提言は行っていない。

　ただし、行動1では、電子経済によるBEPS問題の特定及び対処方法に加えて、電子経済に関するより体系的な直接税及び間接税に係る租税回避行為及びそれらに対処するための複数の潜在的な選択肢について議論している。電子経済に係るBEPSに対処する際に課題となる現行税制上の主要な問題点をまとめると下記のとおりである。

①ネクサス（直接税）

　電子経済において、重要な経済主体となり得る能力があるにもかかわらず現行税制上課税されないものを、課税主体であるネクサスとしてどのように定義付けるかについて明確にされていない。

②データ（直接税）

　電子上の製品及びサービスを通じて生成される種々の電子データの価値の測定方法及びネクサスに対する帰属所得の決定方法が明確にされていない。

③所得区分（直接税）

　電子経済での新ビジネスモデル（例えば、クラウドコンピューティング）における所得区分が明確にされていない。

④VAT徴収（間接税）

　VAT徴収に係る効率的な国際フレームワークが欠如しているため、国際間の電子経済取引においてVAT徴収漏れが生じている。

　なお、前述のとおり、当該報告書は電子経済のみに特定した対策についての提言はしていないが、潜在的なオプションとして複数の対策の選択肢

を提示している。例えば、PE概念の改訂（ネクサスの導入）、電子取引に係る源泉税等の導入、及び現行の間接税（VAT）制度の改訂である。以下、これら選択肢について説明する。

（5）PE概念の改訂（ネクサスの導入）

①ネクサスの概要

　行動1では、潜在的に導入し得る選択肢の1つとしてPE概念に係る判断基準の多様性への対応のための新たなルールを提案している。事業者である外国法人が他国で行う電子経済に係る活動に一定の基準となる要素を有し、当該他国において「重要な経済主体」(significant economic presence) が存在すると判断される場合、課税主体となる「ネクサス」を認識するものである。また、この新ルールの目的は、重要な経済主体に係るもののみを対象とすることを確保すること、納税者のコンプライアンスコストを制限することを規定することにある。この基準となる要素は以下のとおり3つに要約される。

(i)所得基準要素

　一般的に各国において一定の電子経済から生じる所得は、重要な経済主体の判断要素の1つとなり得ると考えられる。そこで、基準所得要素として、事業者の電子プラットフォームを通じて国内における顧客と締結する電子取引から生じる所得のみを対象とすることが提案されている。基準となるべき所得の金額は、一定の期間において生じる額であり、かつ現地通貨で測定されるものであるべきと考えられる。他方、正確な所得の把握を期すためには事業者に対して重要な経済主体の登録義務を課すことも想定されるが、納税者及び課税当局における事務負担等を考慮する必要がある。

(ii)デジタル基準要素

　従来型経済と異なり電子経済では、特定の国における顧客とのオンライン拠点を通じた取引が可能であるため、重要な経済主体の判断基準を構成するであろうデジタル要素は多岐にわたる。現在の電子経済において、例えば、各国の顧客を引き付けるために事業者はローカルドメインネームを

取得する傾向があるため、当該ドメインネームがデジタル要素になり得る。同様に、ローカルデジタルプラットフォームは現地顧客の商品への興味を引き付けるために利用されるローカルウェブサイトであるため、当該要素になり得る。

(iii)ユーザー基準要素

　電子経済におけるネットワーク効果の重要性に鑑みると、ユーザー数及び関連データは、重要な経済主体の指標になり得ると考えられる。例えば、各国経済への参加者数の程度を測る要素として、月別アクティブユーザー（monthly active users、以下「MAU」という）の数が挙げられる。MAUとは、その測定日までの30日間にデジタルプラットフォームにログインした登録ユーザーのことを指す。また、デジタルプラットフォームを通じて締結された契約数をユーザー基準とする方法も提案されている。現行のOECDモデル租税条約では、従属代理人PEは外国法人の代理で契約する者（法人若しくは個人）を指すが、電子経済においてはそのような代理人等が介在することなく、外国法人は顧客とウェブサイトにおいて契約を頻繁に締結することが可能となるため、当該契約数は重要な要素になり得る。

②ネクサスに帰属する所得

　さらに、行動1は上述の3要素によって認識された重要な経済主体に基づくネクサスに帰属する所得の認識方法について検討している。まず、現行のルールでは、重要な経済実体のある他国における無形資産及び人員等の物理的拠点に重要な機能は認められないであろうと考えられるため、現行の所得配分ルールでは新ネクサスに帰属する所得を効果的に認識できない可能性がある。したがって、現行のルールを改訂するいくつかの方策を提案している。

(i)現行ルールの一部改訂

　物理的拠点が（ほとんど）伴うことがない他国における外国法人の電子経済活動では、従来のルールに照らして判断すると、重要な経済主体に係る外国法人の機能の活用状況を見出すことが困難である。そこで、現行の

ルールに一定の調整を行う必要がある。例えば、自動システムを通じて海外から遠隔操作でもって活用可能な事業上の機能を、重要な経済主体に配分する方法を導入することが想定される。いずれにしても、現行のPE帰属所得の概念から大幅な改訂が必要とされる。

(ii)配分係数による所得の割当

外国法人の全体に係る所得を、一定の算式等を基準に重要な経済主体に割り当てる方法が考えられる。つまり、分割すべき課税所得の全体に対して、一定の配分係数(allocation keys)を乗じることによって、重要な経済主体に帰属する所得を決定する方法が提案されている。しかしながら、配分係数の定義及び具体例についてはケースバイケースであるため、行動1において明確にされていない。多数の国においてPEを別エンティティーに見立て帰属所得を認識する方法を採用していることからすると、現行の国際税務の基本ルールから著しく異なるものである。よって、従来のPE概念及びネクサスのどちらに該当するかによって、課税関係が著しく変わる可能性があるため、この手法の導入には検討課題が残る。

(iii)みなし所得による方法

電子経済によって稼得する収益に対して高い比率で費用が発生すると見込まれる場合、収益に一定率を乗じることによって重要な経済主体に帰属する所得を計算する方法が考えられる。この一定率とは、業種、及びサービスの内容等によるもので、種々の要素を考慮するべきものである。固定資産、売上及び従業員等の要素によって、ある程度の幅を有する一定分類も必要とされている。特に、電子経済では、従来のビジネスモデルとは異なるコスト構造があるため、実際の導入にはさらなる検討が必要である。

(6) 電子取引に係る源泉税等の導入

行動1で議論されているもう1つのオプションとして、電子商品及びサービスに係る特定の支払いに対して源泉税を課して課税関係を終了させる方法がある。若しくは、前述のネクサスに係る直接税を補完する方法として、当該源泉税の導入をすることも提案されている。

さらに、ネクサスに帰属する所得配分ルール導入については実務的な困難が伴うが、平衡税（equalization levy）は、この問題を回避しつつ、電子経済に係る直接税の BEPS に対処できるとしている。平衡税は既にいくつかの国で導入されているもので、国内と外国におけるサプライヤーに係る税の取扱いを同等にするものである。例えば、保険業界では、外国保険会社に支払う保険料の総額に対して課される物品税（excise tax）がある。当該物品税は、全世界所得で課税される保険業を営む内国法人、及び所得に課税されないで保険商品を販売できる外国法人との間における格差を是正する趣旨で設けられている。電子経済における平衡税は、最終的には各国の政策等によって様々な制度になり得るものであるが、基本的に非居住者である事業者が各国に有する重要な経済主体に課税すべきものであると考えられる。

（7） VAT 制度の改正

行動 1 は、間接税の制度及びデジタル商品及びサービスのクロスボーダー取引に関する間接税（VAT 及び Goods & Services Tax（以下「GST」という））等の効率的な徴収について対処することの必要性を挙げている。この点、行動 1 は、VAT 課税標準が少額な商品及び顧客に対して遠隔で行われる電子取引についての免税制度の問題を取り上げているが、これらは各国の政策等に委ねられる。

この点、2015 年 12 月に公表された OECD ガイダンスである International VAT/GST Guidelines[3] は、間接税に関して、当該報告書を補完するものである。当該ガイダンスで述べられている「仕向地主義」の主たる目的は、商品、サービス及び無形資産の消費が行われる管轄地域において VAT を課すことによって、VAT 制度における中立性を確保することである。特に、クロスボーダー B2B 取引及び B2C 取引については異なる課税ルールを構築することが提案されている。

※ 3　OECD, International VAT/GST Guidelines, 6 November 2015

クロスボーダー B2B 取引の課税地ルールは、他の事業者から提供された物品等を消費する場所に着目して、当該場所において課税するものである。さらに、最終消費者に対して VAT を負担させるため、VAT の中立性を確保すべきことが説明されている。

　他方、B2C 取引は、課税ルールの目的はその消費が行われた場所をもって最終消費者に課税することであるから、実務上の制約を踏まえた上で、合理的かつ正確にサービス等が消費される場所を測定できることが重要である。

3．納税者への影響

　冒頭で述べたとおり、行動 1 は全ての行動計画に横断的に関するものとされているため、現時点では行動 1 についての対応は各国で様々であり、具体的制度改正等の対応を取っていない国も多い。特に、欧州連合（EU）は、特別の行動が必要とされていないということに合意するが、一般的租税回避防止に関する諸施策（general anti-avoidance measures）がデジタル経済上のリスクに対応するのに十分であるかどうかをモニタリングしていくことになっている。

（1）直接税に関する影響

　インドでは、2016 年度インド政府予算案において提案された平衡税が、2016 年 5 月 27 日に、2016 年度財政法の一部として制定された。インドに PE を保有しない非居住者が、特定のデジタルサービスの対価として受領した総額に対して、6％の平衡税が課される。なお、平衡税は 2016 年 6 月 1 日に施行された。

　インドネシアは、PE 認定基準の引下げに関する提言を導入する可能性が高く、租税条約上の義務に反していない条項を国内法で制定することも検討する模様である。

　なお、現時点では日本国内ではこのような税制の導入の予定はないが、今後の動向に留意する必要があると考える。

（2）間接税に関する影響

　日本の間接税である消費税に関して、平成27年度税制改正によって、平成27年10月1日より、国外の事業者が国境を越えて行う電子書籍・音楽・広告の配信等の電子商取引を含む電子通信利用役務の提供に対して、新たに消費税を課税することとなった。

　オーストラリアでは、2017年7月1日以降、非居住者による無形資産やデジタル商品のオーストラリア国内消費者への供給はオーストラリアの消費税GSTの課税対象となった。他方、消費者によりネット上で購入、及び輸入された少額商品のGST免除を廃止することが2016/2017年度連邦予算案にて発表されている。

　中国では、一定の条件を満たすクロスボーダー電子商取引の小売輸入商品について、2016年4月8日より、関税、増値税、及び消費税を課税することを明確にされた。

　韓国において、2015年7月1日以後から国内事業場のない非居住者又は外国法人が情報通信網を通して国内に電子的役務を供給する場合、韓国の国税情報通信網にアクセスして事業者登録をするよう付加価値税法で義務化することが決定した。

◆ 行動2　　ハイブリッド・ミスマッチに係る取決めの効果の無効化

1．趣旨・目的

　行動2におけるハイブリッド・ミスマッチに係る取決めとは、各国での税務上の取扱いの差異を利用して、二重非課税あるいは長期課税繰延という効果をもたらすクロスボーダーの取決めのことである。ここでいう税務上の取扱いには、租税法上の規定のほか、国によっては当該租税法との関係で民事法上の規定・解釈が関連するケースもある点に留意する必要がある（例えば、法人性の判定、資産の所有者の判定、負債と資本の区別など）。

　ハイブリッド・ミスマッチに係る取決めの効果の無効化に関する議論は、BEPSプロジェクトが開始された2012年6月より前から、OECDの次の報告書で取り扱われていた。

- 2010年9月「Addressing Tax Risks Involving Bank Losses」（銀行の損失をめぐる税務リスクへの対応）[※1]
- 2011年8月「Corporate Loss Utilisation through Aggressive Tax Planning」（アグレッシブなタックス・プランニングを通じた企業損失の利用）[※2]
- 2012年3月「Hybrid Mismatch Arrangements: Tax Policy and Compliance Issues」（ハイブリッド・ミスマッチに係る取決め：租税政策とコンプライアンス上の論点、以下「ハイブリッド・レポート」という）[※3]

　また、ハイブリッド・ミスマッチを利用した節税手法として、DIDSスキーム（Double Irish with a Dutch Sandwich）におけるハイブリッド・

[※1] 銀行における問題を強調しており、国によって税務上の欠損金の取扱いが異なることや、同一の欠損金が2か国以上で使用されている状況について言及されている。
[※2] 法人の欠損金を利用したアグレッシブなタックス・プランニングに対処するための租税政策上のオプションが検討・整理されている。
[※3] ハイブリッド・ミスマッチの仕組みやその利用に対する租税政策上の課題等が検討されている。

エンティティを絡めた低税率国での課税や、豪州法人からの Mandatory Redeemable Preference Share（MRPS）の配当に関する豪州と日本間でのミスマッチ（二重非課税）の例[※4]がみられる。

　各国単独の税制においては二重非課税や長期課税繰延という両国の課税を免れる結果は想定されていない一方、多国籍企業ではグループ会社全体の納税額を極小化するために、クロスボーダーでの取決めを通じてハイブリッド・ミスマッチを活用するケースが存在しており、各国の税制を機械的に適用することによって課税国での課税ベースが浸食される事態が生じていた。つまり、経済活動はグローバル化するなかで、税制は依然としてローカルベース、各国の制度によっていることで、各国の税制の組合せ次第によっては、このようなミスマッチによる課税ベースの浸食が生じる温床となっていたのである。

　そのため、OECD は法人所得課税のあり方について、国際レベルでの一貫性（coherence）を確立することを念頭に議論を進め、グローバル化が進む多国籍企業の経済実態に対応した課税を行い、租税回避を防止する観点から、各国が協調して国内税制の国際的調和を図るための必要な措置として、CFC 税制（行動 3）や利子損金算入制限（行動 4）、有害税制（行動 5）とともに、BEPS プロジェクトへハイブリッド・ミスマッチに係る取決めの効果の無効化を組み込んだ。

　その後、OECD は 2014 年 3 月 19 日に「ハイブリッド・ミスマッチ・アレンジメントに係る取決めの効果の無効化」と題するディスカッション・ドラフトを公表し、パブリック・コメントの受付及びパブリック・コンサルテーションの実施後、2014 年 9 月 16 日に第一次提言として「ハイブリッド・ミスマッチに関する報告書」を公表した。OECD はこれらの内容を踏襲しつつ、国内法に関する勧告事項に関して追加的なガイダンス及び

※4　日本では、平成 27 年度税制改正により、外国子会社（持株割合 25% 以上等の要件を満たす外国法人）から受ける配当等について、当該外国子会社の本店所在地国の税制上損金算入される場合には、その配当等の金額は益金不算入の対象から除外される取扱いへ変更されている。

ルール内容を解説するための幅広い詳細な事例を加えた形で 2015 年 10 月 5 日に最終報告書を公表し、国内法のルールに関する勧告と OECD モデル租税条約の改訂案に関する提言を行っている。

2．BEPS 最終報告書の概要
（1）本報告書が取り扱うハイブリッド・ミスマッチ

ハイブリッド・ミスマッチは、既述のとおり、各国の税制の組合せ次第で多様なケースが考えられるが、本報告書では、金融商品（Instruments）と事業体（Entity）を対象とし、ハイブリッド・ミスマッチの効果のタイプ（D/NI、DD、間接的 D/NI）[5]と関連付けて、以下に代表されるようなアレンジメント（取決め）を取り扱っている。

①ハイブリッド金融商品（D/NI）

これらのハイブリッド・ミスマッチは金融商品に対する各国での取扱いの違いにより、異なる複数の性質（資本と負債など）が付与されることによる不整合である。

例えば、ある金融商品に関して、各国での税務上の取扱いの結果、支払者は所得控除可能な支払いとして取り扱い、一方受取者は課税所得として取り扱わないことにより、同一の支払いに対して D/NI を生じさせるケースがあり、具体的には、豪州法人から受ける MRPS の損金算入配当、ブラジル法人から受ける損金算入配当、株券貸借取引における配当代わり金をめぐる取扱いの不整合などが挙げられる。

②ハイブリッド事業体による支払い（D/NI 又は DD）

このハイブリッド・ミスマッチは事業体や取決めに関する各国の税務上の取扱いの違いにより、法人課税主体と課税上の透明体の双方の性質が付与されることによる不整合である。ここで、最終報告書におけるハイブリッド事業体は、一方の国において課税上の透明体と取り扱われ、他方の国で

※5　D/NI は Deduction/No Inclusion の略。支払者損金算入、受領者益金不算入となる。
　　DD は Dual Deduction の略。同一取引から生じる支払に対する二重損金算入である。

■図表1　ハイブリッド金融商品の例

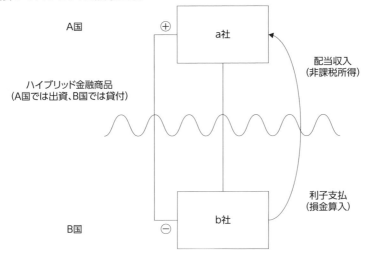

出典：Action2：2015 Final Reportを参考に基づき筆者らが作成

は課税主体（法人）として取り扱われる事業体を、その一方の課税上の透明体として取り扱う国の立場から見た場合の表現である。

　例えば、A国親法人のB国子法人が銀行へ借入利子を支払っており、B国子法人について、A国の税務上は課税上の透明体として取り扱われ、B国の税務上課税主体として取り扱われる場合に、当該借入利子の支払いについて、A国親法人の所得計算上B国子法人をルックスルーし損金として取り込み、B国子法人の所得計算上も損金算入されることにより、同一の支払いについて二重で損金算入される結果となるケースである（ハイブリッド事業体による損金算入可能な支払い）。また、A国親法人がB国子法人へ資金を貸し付け、利子を受領している場合には、A国親会社では資金貸借取引はないものと取り扱われる（無視される）ため、所得計算には影響しない一方、B国子法人では所得計算上借入利子が損金算入されるため、同一の支払いについてD/NIとなる（ハイブリッド事業体による支払いの無視）。

■図表2　ハイブリッド事業体の例

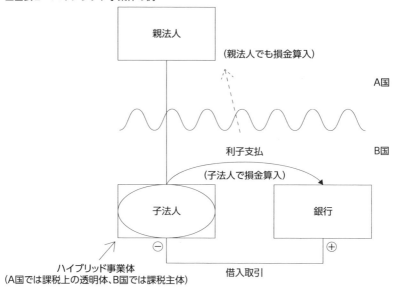

出典：Action2：2015 Final Report を参考に筆者らが作成

　なお、具体的な例としては、米国のチェック・ザ・ボックスルールが挙げられる。

③リバース・ハイブリッド事業体への支払い

　これは、第三国からの支払いと各国間での事業体に関する税務上の取扱いの不整合により、同一の支払いについて D/NI となるものである。

　例えば、A国親法人のB国子法人がC国法人へ貸付を行って利子を受領しており、B国子法人について、A国の税務上は課税主体として取り扱われ、B国の課税上の透明体として取り扱われる場合に、B国子法人が受領した利子はC国法人では損金算入する一方、B国子法人はB国では課税上の透明体であるため所得にカウントされず、A国ではB国子法人を課税主体としているため、A国親法人の所得にもカウントされない結果、同一の支払いについて D/NI となる。

　なお、最終報告書におけるリバース・ハイブリッド事業体は、ハイブリッ

■図表３　リバース・ハイブリッド事業体の例

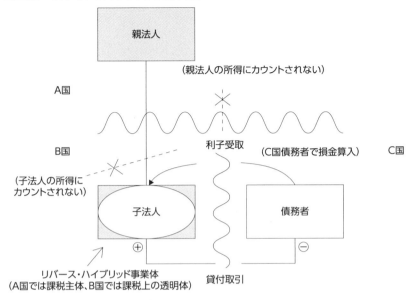

出典：Action2：2015 Final Report を参考に筆者らが作成

ド事業体との対比から、課税主体として取り扱う課税国の立場から見た場合の表現である。

④ミスマッチの輸入（imported mismatches）

　これは、第三国への支払いとハイブリッド金融商品を組み合わせた結果、同一の支払いについてD/NIとなるものである。

　例えば、Ａ国親法人のＢ国子法人がハイブリッド金融商品によりＡ国親法人より資金調達を行い、Ｃ国法人へ通常の貸付を行って利子を受領している場合、Ｃ国法人は支払利子を損金計上し、Ｂ国子法人は受取利子とＡ国親法人への支払利子を相殺する。一方、Ａ国親法人はＢ国子法人からの支払いは益金不算入という取扱いのため非課税となる。その結果、Ａ国とＣ国でD/NIが発生することとなる。

■図表4　ミスマッチの輸入の例

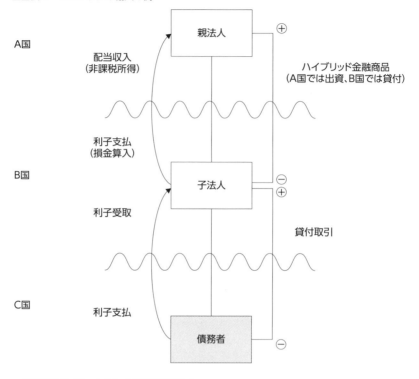

出典：BEPS Final Reports, Action2 を参考に筆者らが作成

（2）報告書の構成

　そして、ハイブリッド・ミスマッチに係る取決めを利用した税負担の軽減に対処するため、パート1として国内法の改正に関する勧告、パート2としてOECDモデル租税条約の改正案が提示されており、以下の内容が含まれている。

- ハイブリッド金融商品やハイブリッド事業体（二重居住事業体を含む）が過度な租税条約上の恩典を享受するために使用されることを防止するOECDモデル租税条約の変更
- 支払者が損金算入可能な支払いに関する免税又は非課税措置を防止する国内法の手当

- 他方の国で受取者が益金不算入となる支払いに関して、一方の国で損金算入を否認する国内法の手当（行動3のCFCルール及び類似のルールにより合算課税が適用される場合は対象外）
- 他方の国で損金算入される支払いに関して、一方の国で益金不算入を否認する国内法の手当
- 必要であれば、複数の国がミスマッチ無効化に関するルールを適用する際の調整又はタイブレーカー・ルール[※6]に関するガイダンス

　なお、金融規制上の適格自己資本に分類されるグループ内向けハイブリッド証券へのハイブリッド・ミスマッチ・ルールの適用に関しては、2014年9月の第一次提言と同様に、各国の選択に委ねることとされている。

　最終報告書では、各国が最終報告書で勧告されている規則を導入し、これらの規則が一貫性を持って効果的に国内法への導入（implement）及び適用が確実になされるよう、協調して対処するべきであると勧告している。

①国内法に関する勧告

　最終報告書では、まずハイブリッド・ミスマッチのタイプと取決めごとに、国内法の改正に関する勧告が示されており、同一の取決めに対して二重課税が回避されるように、リンキング・ルール（相手国の取扱いを自国の取扱いにリンクさせるルール）の適用が勧告されている。

　リンキング・ルールは一次対応（primary response）と防御ルール（defensive rule）に分かれており、適用対象となるハイブリッド・ミスマッチが生じた場合にはまず一次対応が機械的に適用されるが、相手国にハイブリッド・ミスマッチ防止ルールがない、又は、問題となっている特定の事業体やアレンジメントに当該規定の適用がない場合には防御ルールが適用されることになっている。

　このリンキング・ルールを適用する対象範囲については、2014年9月

[※6] 二重居住者について実質的な管理機構の所在地に基づき租税条約上の居住地を判定するルール

の第一次提言と同様に、他の行動計画(特に行動３から行動５まで)との棲み分けの観点も踏まえ、最初から対象範囲を限定するボトムアップ・アプローチ[7]に基づき、関連者間の取決め及びミスマッチが仕組まれた取決め(structured arrangement)を中心に、ハイブリッド・ミスマッチの類型とタイプごとに対象範囲が示されている。

　ハイブリッド・ミスマッチのタイプと類型ごとに勧告されたルールの概要は以下のとおりである。

■図表５

ミスマッチ	取決め	国内法改正に関する勧告	勧告されたハイブリッド・ミスマッチルール			対象範囲
^	^	^	一次対応 (Primary Response)	防御ルール (Defensive rule)	^
D/NI 支払者損金算入／受領者益金不算入	ハイブリッド金融商品	・支払者で損金算入される配当については受領者の益金不算入を制限 ・源泉税に係る税額控除を制限	支払者が損金算入を否認	受領者が益金算入	関連者(資本関係25％以上等)間取引、(ミスマッチが)仕組まれた取決め
^	ハイブリッド事業体による支払いの無視	−	支払者が損金算入を否認	受領者が益金算入	支配グループ(資本関係50％以上等)、(ミスマッチが)仕組まれた取決め
^	リバース・ハイブリッド事業体による支払い	・オフショア投資税制[8]の整備 ・非居住者の投資家が中間介在者を不透明体(opaque)と取り扱う場合、中間介在者(Intermediate entity)の課税上の透明体扱いを制限	支払者が損金算入を否認	−	支配グループ、(ミスマッチが)仕組まれた取決め
DD 二重損金算入	ハイブリッド事業体による損金算入可能な支払い	−	親会社において損金算入否認	支払者が損金算入を否認	一次対応では限定なし、防御ルールは支配グループ、(ミスマッチが)仕組まれた取決めに限定
^	二重居住者による損金算入可能な支払い	−	両居住者国で損金算入を否認	−	限定なし
Indirect D/NI	ミスマッチの(第三国への)輸入	−	支払者が損金算入を否認	−	支配グループ(ミスマッチが)仕組まれた取決め

出典：BEPS Final Reports, Action2, page 20 に基づき筆者らが作成

※７　2014年３月のディスカッションドラフトでは、ボトムアップ・アプローチのほか、原則として全てを対象範囲とし、執行上の負担が過度に大きい場合に適用除外とするトップダウン・アプローチが示されていた。
※８　CFCルールや外国投資ファンド税制、その他、投資家の居住国の税法により、投資家の収益を発生ベースで取り込むことを要請するルールが含まれる。

なお、2014 年の第一次提言で課題とされていた事項（例えば、株式の貸借・条件付売買の取扱い、無利子貸付の取扱い、及び支店形態の取扱いなど、ハイブリッド金融商品を用いたハイブリッド・ミスマッチ・アレンジメント）や CFC 税制において取り込まれる支払いの取扱い、ミスマッチの輸入を防止する規定についても、上述のパターンに関する解説や事例の詳細なガイダンスが追加される形で取り上げられている。

　上述の勧告内容を踏まえ、ハイブリッド・ミスマッチ・ルールに関する国内法改正の立案に際しては、以下の 9 つの成果が最大限もたらされるように設計されるべきと提言されている。

- ルールは課税国の租税法のもとで生じる税収の逸失ではなく、ミスマッチの無効化をターゲットとすべきである。
- ルールは包括的（comprehensive）であるべきである。
- ルールは機械的（automatically）に適用されるべきである。
- ルールは相互調整（co-ordination）を通じて二重課税を回避するものであるべきである。
- ルールは現行の国内法に対する混乱（disruption）を最小限にすべきである。
- ルールはその運用上、課税上の明瞭性及び透明性を備えるべきである。
- ルールは課税国の税制へ組み込むに当たり十分な柔軟性を提供すべきである。
- ルールは納税者にとって実行可能（workable）なものであり、コンプライアンス・コストを最小限に維持するものである。
- ルールは税務当局の執行コストを最小限にとどめるべきものである。

　そのうえで、上述の勧告内容が首尾一貫して、有効的に施行されていることを確かめるために、各国が協調して、勧告内容の策定や、相互調整、実施状況のレビュー、課税国間の情報交換、行動 3 及び行動 4 を含む他の行動計画との関係性の検討等を行い評価すべきとしている。

② OECD モデル租税条約の改訂案

　OECD モデル租税条約の改訂案は、国内法の改正に関する勧告を補完する位置付けで、過度に租税条約上の恩典を享受することを防止するものであり、国内法の改正に関する勧告との相互の影響について特に注意を払うべきと示されている。

　最終報告書で勧告された内容は以下のとおりであり、2014 年 9 月の第一次提言とほぼ同様の内容となっている。

(i) 二重居住性のある事業体への対処

　OECD モデル租税条約第 4 条の振分けルールにより二重居住者となる場合には、国内法上の居住者としての有利な取扱いと租税条約の非居住者としての特典のいずれも享受し得ることとなる。このような過度な恩典の享受については、国内法の変更（租税条約の適用上相手国の居住者とされる者は、国内法の適用上非居住者とみなす）により対応が可能であるとされている。

(ii) 両国の国内法で取扱いが異なる課税上の透明体（Fiscally transparent entities）への対処

　課税上の透明体を通じて取得される所得について生じる二重非課税及び不当な特典の享受を防止するため、所得の源泉地国が事業体の居住地国の取扱いに合わせて、相手国で居住者とされる者の所得として取り扱われる部分に対して租税条約の特典付与の有無を決定する規定を、OECD モデル租税条約第 1 条に追加するとされている。

(iii) 勧告された国内法の改正により生じる租税条約上の課題への対処

　国内法の改正に関して勧告された損金算入を否認する対応について、OECD モデル租税条約第 7 条（事業利得）の規定には反しないこと（PE 帰属利得に対する具体的な課税方法（損金算入の範囲等）は各国の国内法に委ねられているため）、そして OECD モデル租税条約第 24 条（無差別条項）の規定にも反しないこと（国内法の改正が適切に行われる限り、所得の取扱いの差異に基づくルールであって、居住者・非居住者の区分等に

基づく差別的取扱いではないため）が説明されている。

　また、国内法上、受取配当益金不算入制度の適用を停止する措置は、租税条約で国外所得免税方式が採用されている場合には、国内法で課税対象とされた国外所得である受取配当金が、租税条約が優先適用されることによって免税扱いとされることとなり、当該停止措置が無効化される結果を招くため、租税条約では外国税額控除方式を採用すべきとされている。

　さらに、租税条約に関する他の行動計画との関係では、まず、行動6の租税条約の濫用防止を踏まえたOECDモデル租税条約に対する手当は、ハイブリッド・ミスマッチが過度な租税条約上の恩典を享受することを防止するうえで重要な役割を果たすであろう、としており、具体的には行動6における以下の手当が特に関連するものとされている。

- 特典制限条項に関するルール
- 取決めの主要目的の1つが租税条約の特典を享受する場合のルール
- 配当移転取引に関するルール
- 締約国の居住者に対する課税権に関するルール
- 第三国に設立された恒久的施設の濫用防止ルール

　また、行動15の多数国間協定の策定において記載されているとおり、租税条約関連のBEPS対抗措置を提言する行動計画の1つとして、行動2についても多数国間協定の対象に含まれ、今後、議論が進められていくことが想定されている。

3．納税者への影響

　行動2は法人所得課税の国際レベルでの一貫性の確保を目的とした計画であるが、実際のルールを作成するに当たって、納税者の立場からは、投資等の意思決定を行うために必要な予見可能性を担保するものでなければならない。

　この点、行動2に関する報告書の勧告内容の大部分は、2014年の第一次提言で公表されており、日本では平成27年度税制改正で外国子会社配

当益金不算入制度の見直しが行われ、内国法人が外国子会社から受ける配当等について、リンキング・ルールの考え方に基づき、当該外国子会社の本店所在地の法令上、損金算入配当の取扱いの場合には、当該益金不算入制度の適用から除外する措置が講じられている。また、シンガポールでは2014年にハイブリッド取引の分類に関する税務当局のガイドラインを導入、EUでは、2014年以降、ハイブリッド・ローン取決めに係るリンキング・ルールやEU内ハイブリッド事業体、ハイブリッドPEの取決めに関するガイダンスが導入され、2016年7月にはハイブリッド・ミスマッチに関する条項を含む租税回避防止指令が採択されるなど、当該勧告内容を受けて具体的に動き出している税務当局もみられるが、グローバルで足並みが揃うまでには、時間を要する可能性がある。

　したがって、勧告されているリンキング・ルールの導入に際しては、例えば、一次対応としての支払者での控除否認規定の導入の有無を受取者がいつどのように把握するか、受取者は支払者がいつまでに控除否認しなかったときに防御ルールの適用があるか（所得算入できるか）という点を常時念頭に置きながら実務対応する必要があり、課税国間での情報の非対称性により、納税者の予見可能性としては不安定な要素が内在していると考えられる。さらに、相手国の情報（税制、相手国に居住する事業体の所得・源泉徴収税額等の金額など）を逐次確認する手続や、それに基づく課税上の取扱いについて納税者が税務当局へ説明する手続が追加的に発生することにより、納税者に追加的な事務負荷やコストを強いる可能性がある。

　次に、テクニカルな側面では、勧告内容で使用される用語について各国内法で具体化する場合の解釈の問題が挙げられる。

　最終報告書では、ボトムアップ・アプローチを採用しており、今後、関連者（related party）や仕組まれた取決め（structured arrangement）、支払（payment）の概念等の定義をめぐる概念整理や事実認定などの課題が出てくる可能性がある。これらの用語の解釈によっては、さらに課税国間で解釈の違いが生じることにより、さらなるミスマッチが生じる事態も

想定され、納税者の予見可能性が損なわれるという意味で影響を与える可能性がある。

　行動2の報告書の勧告を受けて、納税者の立場から、今後、各国の税制上どのように具体化されるのか、そしてOECDモデル租税条約の改訂及び多数国間協定の策定等の国際的動向を注視していくことが重要である。

◆ 行動 3　外国子会社合算税制（CFC 税制）の強化

1．趣旨・目的
（1）OECD における CFC に関する議論

　企業グループが、軽課税国・地域に子会社等（Controlled Foreign Company、以下「CFC」という）を設立し、当該子会社等に所得を移転することによって、課税を逃れることが可能となる。多くの国においては、このような軽課税国に設立された CFC に意図的に所得を移転することによる租税回避に対抗するため、CFC の所得を親会社の所得として課税する CFC ルールを導入している。しかしながら、CFC ルールを導入している国の間でも、CFC ルールが厳しい国と CFC ルールが緩い国があり、そもそも CFC ルールを導入していない国もある。このように、CFC ルールが厳しい国、緩い国、CFC ルールがない国がある状況下においては、事業や企業が CFC ルールのない国又は緩い国に流出してしまうという BEPS の状況を生み出す懸念がある。このような BEPS の状況に対して、包括的に対処するために、BEPS プロジェクトにおいて、有効な CFC ルールの設計が議論されてきた。

（2）BEPS プロジェクト（行動 3）における検討課題

　2015 年 10 月に公表された最終報告書において、CFC ルールは、BEPS に対処するように設計されている。BEPS プロジェクトにおいて、CFC ルールの設計に関連する政策的な検討事項は、各国共通の政策的な検討課題と、各国がそれぞれ異なる優先順位を付けることができる特定の政策的な検討課題の 2 つに分けられている。共通の政策的な検討課題には、①抑止効果、②移転価格税制との相互作用、③事務及びコンプライアンスの負担の軽減と租税回避の効果的な防止、④二重課税の回避がある。また、各国がそれぞれ異なる優先順位を付けることができる特定の政策的な検討課題としては、各国の制度が全世界所得課税方式か、又はテリトリアル方式か、欧州

連合（EU）の加盟国かのいずれかによって、大きく異なることになる。

　2015年10月に公表された最終報告書は、各国が国際的な法的義務や国内税制上の政策目的と整合の取れた方法で、BEPSに対抗するCFCルールを設計できるように、十分に柔軟性を与える必要があることを勧告するものである。

2．BEPS 最終報告書の概要

　最終報告書では、効果的なCFCルールの設定のための6つの基本的要素（CFCの定義、CFCの適用除外と基準要件、CFC所得の定義、所得計算、CFC所得の帰属、二重課税の防止及び排除）を取り上げている。

(1) CFCの定義

　CFCの定義においては、①法人とパススルー事業体（パートナーシップと信託）及び恒久的施設（Permanent Establishment、以下「PE」という）の双方にCFCルールを適用できるような広範な定義を採用すること、②少なくとも法的支配基準と経済的支配基準の両方を適用し、どちらか一方の基準を満たすことで、支配が決定されるようにすることを勧告している。

①事業体

　CFCルールについて、法人の所得のみを対象として適用する場合で親会社でパススルー事業体の所得については合算して課税されない場合には、子会社の法的形態を変更することによって、CFCルールの適用を免れることが可能であるため、BEPSの懸念のある所得を稼得しているパススルー事業体について、以下のようにCFCルールを適用することを提言している。

　1つは、CFCの所在地国における事業体に対する取扱いが異なることにより、CFC所得がCFC課税を免れることがないように、CFCルールにおいてパススルー事業体をCFCとみなすことが提言されている。

　もう1つは、CFCが、CFCルールの適用を回避するために所得をパ

ススルー事業体に移転することができないように、CFC ルールにおいて CFC が保有するパススルー事業体の所得を当該 CFC の所得として課税することが提言されている。

また、PE についても、事業体が別の国に PE を有しており、親会社の国が PE の所得を非課税としている状況においては、PE を CFC として取り扱う必要がある。

さらに、最終報告書において、ハイブリッド商品やハイブリッド事業体に対する CFC ルールの問題についても、各国が対処することを勧告している。その方法の１つとして、親会社の CFC 所得を算定する際に、CFC に対するグループ内支払いを考慮に入れることを求める修正ハイブリッド・ミスマッチ・ルールを検討することが考えられている。可能性のあるアプローチとして、次の場合に、CFC へのグループ会社間の支払いを CFC 所得に加算することが考えられている。

(i) グループ会社間の支払いが CFC 所得に含まれない場合
(ii) 親法人所在地国が、事業体及び取決めを支払人又は受取人の所在地国と同一の方法で取り扱った場合には、当該支払いが CFC 所得に含まれていたと考えられる場合

例えば、次頁の図のように親会社の所在地国では孫会社がパススルー事業体として取り扱われ、子会社の所在地国では法人として取り扱われるものとし、子会社は親会社の所在地国では CFC と取り扱われるものとする。このような状況で、子会社から孫会社に貸付を行い、孫会社が子会社に利子を支払う。この場合には、親会社の所在地国における CFC に係る所得の算定上、孫会社からの子会社への利子の支払いは内部取引として無視され、CFC 所得の計算上、子会社である CFC で受取利息を認識しない。一方で、孫会社の所在地国における課税所得の算定上、支払利子を認識する。この結果、支払利息分の所得を減額することが可能となる。

②支配

支配には、(i) 要求される支配の種類と(ii)その支配の程度の２つの要素が

第2章 BEPS行動計画

■図表1　事業体の取扱いの差異による影響

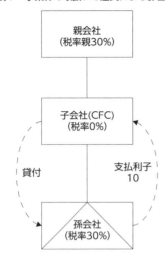

前提
①子会社(CFC)
所得(利子以外)：10
所得(受取利子)：10
税率：30%

②子会社
税率：0%
親会社のCFCルール上、CFCに該当する。

③孫会社
所得(利子以外)：10
所得(支払利子)：−100
税率：30%
親会社所在地国ではパススルー事業体となり、孫会社所在地国では法人として取り扱われる。

	親会社 (子会社の CFC課税)	子会社	孫会社
所得	10	10	10
利子	0	10	− 10
合計	10	20	0
税率	30%	0%	30%
税額	3	0	0
税額合計	3		

ある。支配の種類には、法的支配、経済的支配、実質支配、連結に基づく支配があり、少なくとも法的支配と経済的支配を含めた支配基準が必要とされ、各国は、「事実上の（de facto）」支配基準又は会計上の連結に基づく基準によって補完することができるとしている。

　支配の程度は、居住者（法人、個人その他を含む）が最低でも50％超の支配権を有している場合、そのCFCが支配されているものとして取り扱うが、各国がそれぞれの支配基準をより低い水準に設定することもできるとしている。

また、支配基準の株主の持分の合算方法として、行動一致基準、関連当事者の合算、集中保有基準の３つのアプローチがある。いずれのアプローチのもとでも、非居住者の持分を含めると、支配の規定の複雑さが増すことから、支配の決定において非居住者を考慮に入れることは最終報告書では勧告されていない。

（２）CFC の適用除外と基準要件

　最終報告書では、CFC のうち、BEPS をほとんどもたらさない事業体を CFC の適用除外とし、BEPS リスクが高まっているケースに焦点を当てるため、CFC の適用除外と基準要件を定めることができるとしている。適用除外と基準要件により、CFC ルールの範囲を限定することで、BEPS 対応を有効にし、事務的負担が軽減される。

　最終報告書では、CFC の適用除外と基準要件については、①デ・ミニミス基準、②租税回避防止基準、③税率による基準の３つのアプローチを検討しているが、①デ・ミニミス基準、②租税回避防止基準は推奨していない。また、税率による基準はホワイトリストなどのリストと組み合わせることができるとしている。

　税率による基準とは、親会社の国・地域で適用されている税率と同等の実効税率が課されている事業体を CFC の対象から除外することを認めるものとなる。

　税率による基準のベンチマーク分析としては、CFC の国・地域の税率を、特定の固定税率又は親会社の国・地域の税率の一定割合と比較することとなるが、CFC ルールを採用している親会社の国・地域の税率を有意に下回っているかがベンチマークとなる。

　最終報告書では、ベンチマークの適用については、実効税率（ETR：effective tax rate）を使用することが法定税率を使用するよりも正確な比較になることから、CFC の実効税率の使用を推奨している。ETR 算出の際の対応所得は、CFC 所得が親会社の国・地域で稼得されたとした場合の課税標準又は国際財務報告基準（IFRS）などの国際会計基準に基づ

き計算された課税標準のいずれかを使用することを推奨している。また、ETR は、企業又は国ごとにその国内の所得を合算して計算するか、又は、所得の種類ごとに計算することとしている。

（3）CFC 所得の定義

最終報告書は、CFC ルールにおいて、BEPS における不確定な所得を、親会社の国・地域の支配株主に確実に帰属させる所得の定義を含めるように提言している。また、各国が国内政策と一致した CFC ルールを設計できるように柔軟性を持たせることを認めている。

最終報告書では、CFC 所得のアプローチとして、4つのアプローチ（分類別アプローチ、実体アプローチ、超過利潤アプローチ、取引単位及び企業単位アプローチ）を挙げている。また、これらのアプローチは単独で又は互いに組み合わせて適用し得るとしている。

①分類別アプローチ

最終報告書では、所得の分類は、(i)法的分類、(ii)当事者の関連性、(iii)所得の源泉の要素又は指標のうち各国が最も適切とみなすものに応じて、国ごとに定義するとされている。一般的には、各国は、法的分類に従って、(i)配当、(ii)利子、(iii)保険料所得、(iv)ロイヤルティ及び知的財産による所得、(v)販売又は役務提供所得などに分類するとしている。

(i)配当

配当は受動的所得（経済実態がある事業活動から得られる所得以外の実質的活動のない事業から得られる所得）として取り扱うことになるが、配当が関連会社の能動的所得からの支払いである場合、配当が親会社によって稼得され、親会社の国において非課税扱いとなる場合及び配当が有価証券を売買する CFC の能動的な取引又は事業と結び付いている場合には、CFC 所得から除外される。

(ii)利子

利子及び金融所得が、関連者から稼得されている場合、CFC の資本が過大である場合、利子に貢献する活動が CFC の国・地域外を拠点と

して行われた場合又は当該所得が経済実態がある事業活動である金融業から稼得されたものでない場合において、BEPSの懸念を生じさせる可能性がより高くなる。

(iii)保険料所得

保険料所得については、(a)CFCの資本が過大の場合、(b)保険契約の当事者又は補償対象であるリスクがCFCの国・地域外に所在している場合、(c)保険料所得が関連者との契約又は保険から生じている場合に、BEPSの懸念が生じる可能性がある。

(iv)ロイヤリティ及び知的財産（IP）

ロイヤリティ及び知的財産(IP)による所得(以下「IP所得」という)は、移動性が非常に高く、価値が創出された場所から別の場所へと移転されやすいという懸念があり、IP所得については次のような課題がある。

　(a)IP所得は、多種多様な形態で利用し分配することが可能であるため、特に操作しやすく、しかも、各国のCFCルールのもとで、それぞれの形式的分類が異なる可能性があること。例えば、IPからの所得は、販売からの所得に組み込まれ、その結果、いくつかの国のCFCルールのもとでは、能動的販売所得とみなされる可能性がある。

　(b)正確な比較対象がないことが多いため、IP資産の評価が困難であること

　(c)多くの場合、基礎となるIP資産から直接稼得した所得と関連するサービスや商品から稼得した所得の区別が難しいこと

(v)販売又は役務提供所得

CFCの国で製造された物品の販売又はCFCの国で提供された役務による所得は、一般にBEPSの懸念はないが、物品の販売又は役務の提供による所得について、次の2つの状況において懸念が生じる可能性がある。1つは、企業が関連者から物品・役務を購入し、自身はほとんど付加価値を付けずに販売することによって所得を稼得する場合、もう1

つは、IP が CFC に移転され、CFC による付加価値がほとんどないまま、そのIP から所得が、商品の販売・役務の提供として、稼得される場合である。このような IP からの所得に含まれる場合には、法的分類では CFC 所得に含まれないが、BEPS の懸念のある所得を全て捕捉できない可能性がある。

②実体アプローチ

CFC 所得が基礎となる実体から離れているかどうかを判断するために、人員、施設、資産及びリスクなどの様々な指標を利用することができる。どのような指標を利用するかにかかわらず、CFC がそれ自身で所得を稼得する能力を有しているかどうかが重要となる。

最終報告書では、実体アプローチにおいては、閾値基準又は比例基準のいずれかを利用できるとしている。閾値基準では、一定の活動量があれば、CFC の全ての所得を除外することが認められるとしている。比例基準では、CFC が実施した活動量に比例する所得のみが CFC 所得から除外されるとしている。

さらに実体アプローチについて、複雑性と移転価格税制との相互作用をめぐる懸念を受けて、最終報告書では、実体アプローチについて以下の4つの選択肢を示し、どの所得が CFC 所得に当たるかを判断するに当たっては、CFC が実体のある活動に従事したかどうかに着目されるとしている。

第一の選択肢では、CFC の稼得した所得に対して CFC の従業員が実体のある貢献をしているかどうかを判断するために、関連する事実及び状況を重視する。この選択肢は特定のセーフハーバー、レシオ、その他の機械的な基準を含めるような形で策定できる。

第二の選択肢では、グループ内の企業によって実施される重要な機能全てを検討し、それらの企業が非関連会社の場合、CFC が特定の資産を所有する又は特定のリスクを引き受ける可能性が最も高い企業に当たるかどうかを判定する。この選択肢は、重要な機能に関する一定の閾値を下回っ

た場合にCFCの全ての所得を含める閾値基準として策定する又は稼得するために必要とされる重要な機能をCFCが担っていなかった所得のみを含める比例基準として策定することもできる。

　第三の選択肢では、CFCが実際にその所得を稼得するためにCFCの国において必要な事業所及び施設を有していたかどうか、CFCがその中核的機能の大半を実施するために、CFCの国内において必要な技能を備えた従業員を必要数雇用していたかどうかを評価する。

　第四の選択肢は、第三の選択肢の派生形で、ネクサス・アプローチ（費用と所得のネクサス（結び付き）に関する比例分析である。詳細については、行動5参照）を用いることによって、BEPSプロジェクトの他の分野との整合を図るように設計されている。CFCルールに、実体アプローチとして一種のネクサス・アプローチを織り込むことで、ネクサス・アプローチの要件を満たすCFCによって稼得された所得はCFC所得に含められない一方、当該要件を満たす所得以外の所得はCFC所得として扱われる。この選択肢は、ネクサス・アプローチの対象となるIP資産から生じた所得にのみ適用されるため、最終報告書では、他の種類の所得については別の実体アプローチと組み合わせる必要があるとしている。

③超過利潤アプローチ

　CFCの資本に対する「通常所得」を計算し、「通常所得」を超える所得は、全てCFC所得とされる。「通常所得」は「利益率」に「適格資本」を乗じて計算される。利益率は経済的な概念であり、リスクのない利益率を見積もるところから出発し、資本投資に関連するリスクを反映したプレミアムを加えて、利益率を計算することとなる。「適格資本」は、軽課税国・地域で行われる能動的な取引又は事業で使用される資産に投下された資本とすべきとしている。

④取引単位アプローチ及び企業単位アプローチ

　企業単位アプローチでは、所得の少なくとも一定割合がCFC所得の定義に当てはまるかどうかに応じて、全ての所得をCFC所得とするかしな

いかの判断をすることになる。一方、取引単位のアプローチでは、個々の所得の特徴によってその所得がCFC所得に該当するか否かを決定する。

取引単位のアプローチは、一般に、所得の補足にかけてはより正確であるものの、事務手続の負担とコンプライアンス費用が増大する可能性がある。

（4）所得計算

最終報告書では、CFC所得の計算については、(i)どの国の規定を適用すべきか、(ii)CFC所得の計算に何らかの特別な規定が必要かについて、以下のように提言している。

CFCの所得計算は、親会社の国の規定を使用することになる。これにより、事務手続の負担が軽減される。また、CFCの損失の相殺は、同じ

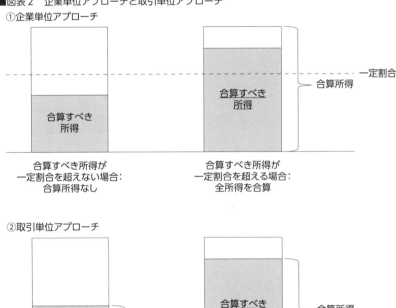

■図表2　企業単位アプローチと取引単位アプローチ
①企業単位アプローチ
②取引単位アプローチ

CFCからの利益又は同じ国の他のCFCからの利益との相殺に限定する特別な規定を各国が導入すべきである。損失の相殺を同じ種類の所得との相殺に限定する規定とともに適用できる。また、損失の移転に関する規定をCFC所得の計算に適用できる。

（5）CFC所得の帰属

CFC所得の株主への帰属は、①所得を帰属させるべき納税者の決定、②帰属させるべき所得金額の算定、③納税者がその所得を申告すべき時期の決定、④その所得の取扱いの決定、⑤その所得に適用される税率の決定、の5段階からなるプロセスによって決定される。

最終報告書では、帰属閾値を最低支配基準と連動させる（つまり、最低支配基準と所得帰属を連動させ、最低支配基準を満たす場合に、所得を帰属させる）ことを推奨しているが、各国はそのCFCルールの根底にある政策的な検討事項に応じて、異なる基準を選択することもできるとしている。

また、最終報告書では、各株主に帰属する所得金額の計算について、CFCに対する株主の持分割合及び当該持分の保有期間若しくは影響に基づいて行うことになるとしている。さらに、法的及び経済的支配を合算すると100%を超える場合に、帰属ルールにおいて、CFCの所得の100%超が帰属することができないことを確保すべきであるとしている。

（6）二重課税の防止及び排除

CFCルールの適用によって、二重課税が起こり得る状況としては、①帰属済みのCFC所得が外国法人税の対象となる場合、②同一のCFC所得について複数の国・地域のCFCルールが適用される場合、③CFCが実質的に、CFCルールによって既に居住者株主に帰属させた所得から配当する又は居住者株主がCFCの持分を処分する場合がある。さらに、二重課税に関する懸念は、2つの国・地域間で移転価格調整が行われた場合や第3の国・地域でCFC費用が生じた場合などの他の状況においても生じ得る。こうした状況やその他の状況が二重課税につながらないように、

CFC ルールを設計する必要がある。

　最終報告書では、上述の①及び②の状況については、中間会社に対して課された CFC 課税を含め、実際に支払われた外国税額について控除することによって対応することとしている。源泉徴収税を含む実際に納付された税は、他の適用除外の対象になっていない所得に対する税を含み、同一の所得に対する親法人所在地国における納税額を超えないものとすべきであるとしている。上述の③の状況については、CFC 所得が既に CFC 課税の対象となっている場合、CFC の持分から生じた受取配当と CFC 課税済みの利益を非課税とすることによって対応することになるとしている。しかしながら、配当と譲渡所得の詳細な取扱いには、国内法との整合性を保つために、各国の決定に委ねられるとしている。また、各国は既存の二重課税救済規定が二重課税のあらゆるケースを救済するのに有効かどうかを検討する必要があるとしている。

3．納税者への影響

　日本においては、既に、CFC ルールが存在し、実体のない軽課税国に所在する子会社の所得に対して課税を行っており、BEPS 対応について一定の機能を果たしているといえる。一方で、BEPS の流れを受けて、より受動的所得に対して、課税を行うという議論がなされている。これは、BEPS の根幹的考えとして、活動が行われた場所、価値が創造された場所で税金を払うべきという大原則があり、この大原則に基づけば、実際の事業活動とは離れた場所で所得が生まれているもの（受動的所得）については、発生している場所で事業活動が行われていないことから、究極的にその所得が帰属すべきところで課税すべきということになる。

　現在の日本の制度は、トリガー税率を基準にセーフハーバーを設けており、会社ごとに、トリガー税率未満である場合において、その会社に実体がない（適用除外要件を充足しない）ときに、全体の所得について合算課税が行われることになり、その会社に実体がある（適用除外要件を充足す

る）場合には、資産性所得（受動的所得）のみに対して合算課税が行われる。一方、トリガー税率を超える子会社の受動的所得については、合算課税は行われていない。このように、トリガー税率未満で実体がない場合には、能動的所得までも課税が行われているのに対して、トリガー税率以上であれば、受動的所得に対して課税が行われない制度となっている。

BEPSの本来的な考え方によれば、能動的所得についてはCFCルールによる合算課税を行う必要はなく、受動的所得に対して課税を行えばよいことになるため、今後、そのままの会社単位ではなく、取引単位でCFCルールを適用するといった制度設計に変更される可能性が考えられる。つまり、現在の日本のCFCルールは、法人税率がトリガー税率未満の国に所在する外国法人を対象としている（事業体アプローチ）が、当該トリガー税率の税率基準をなくし、日本より法人税率が低い国・地域に所在する法人に対して、所得の種類によって課税するかどうか判断する仕組み（取引アプローチ）に変更される可能性が考えられる。

仮に、このような改正が行われれば、これまでCFCルールで課税されていなかった受動的所得に対して課税が行われることになり、場合によっては税負担が大きくなる企業も出てくると考えられ、既存のストラクチャーの見直しが必要になる場合が考えられる。

一方で、海外におけるBEPSに伴うCFCルールの改正にも注視する必要がある。例えば、日本親会社の海外子会社の下に、CFCである孫会社がある場合において、海外子会社の所在地国に、CFCルールがないときは、日本親会社における日本でのCFCルールが適用されるのみであるが、海外子会社の所在地国において、BEPSに伴い、CFCルールが新たに導入されることとなった場合には、日本親会社において、日本でCFCルールが適用され、さらに、海外子会社においても、海外子会社所在地国でCFCルールが適用されることになり、孫会社の所得に対して、日本と海外子会社の所在地国でCFC課税が二重で生ずる可能性がある。

このようなCFCルールによる二重課税を避けるためにも、日本親会社

は、海外子会社の所在地国におけるCFCルールの改正動向を注視し、必要に応じて、組織再編などを行う必要がある。

◆ 行動4　利子損金算入や他の金融取引の支払いを通じた税源浸食の制限

1．趣旨・目的

　行動4の報告書「利子の損金算入及びその他の金融取引の支払いによる税源浸食の制限」は、支払利子が損金算入されることを利用して、相対的に税負担の軽い国外の関連者に過大に利子を支払うことによるBEPSに対処するため、過大に支払われた利子の損金算入の制限について述べられている。特定の事業体（entity）（又は同じ国のなかで事業を行う事業体のグループ）による純支払利子の損金算入を、純支払利子、税金、減価償却費控除前利益（以下「EBITDA」という）に特定の率を乗じて算出された金額を上限とする「固定比率ルール」をベストプラクティス・アプローチとして導入を推奨しているほか、それを補完するオプションとして「グループ比率ルール」等の採用について提言している。

　報告書では、まず、行動2のハイブリッド・ミスマッチ・アレンジメントにおいて生じる利子の損金算入の制限ルールを適用し、次に行動4の利子損金算入の制限ルールを適用すべきであると述べられている。さらに、利子の損金算入に対するその他の制限（各国において独立企業原則又は過少資本税制の適用による制限等）も、行動4のルールより先に適用されるべきであると提案している。加えて、行動4のルールより損金不算入となった利子についても、源泉徴収税の対象となるべきであるとしている。

2．BEPS最終報告書の概要
（1）最終報告書において問題視されているスキーム

　最終報告書では、OECDは多国籍企業が支払利子の損金算入効果を利用して課税所得を減少させる以下のようなスキームを問題視している。
①グループが、第三者からの借入を高税率国に配分することで課税所得を減少させるスキーム

②グループが、グループ内貸付を用いて支払利子の損金算入を生み出し、課税所得を減少させるスキーム

③グループが、グループ内借入を通じて支払利子の損金算入と、資本参加免税や受取配当金益金不算入などの非課税所得を生み出すことにより、課税所得を減少させるスキーム

これらのスキームを利用することにより、多国籍グループではグループ法人の借入の調整やグループ内資金調達による負債の調整をすることが可能となり、結果的に有利な税効果を得られることとなる。

(2) ベストプラクティス・アプローチ

高税率国において過大な支払利子その他金融費用を損金算入することにより生じるBEPSを防止するために、国内制度を設計するうえでのベストプラクティスを推奨している。

ベストプラクティス・アプローチの適用に際して、最終報告書では、以

■図表1　ベストプラクティス・モデル概要

低リスク企業を除外するためのデ・ミニミス基準 オプショナル：ローカルグループの純支払利子額に基づく方法

固定比率ルール 純支払利子／税金、減価償却控除前利益 (EBITDA) の割合まで、純支払利子の損金算入を許容 10%-30%の範囲内で基準比率を確定するための関連要素

グループ比率ルール グループの純支払利子額／EBITDA (グループ比率) ＞固定比率基準⇒グループ比率まで損金算入を許容 企業グループの第三者への純支払利子額の10%を上限として、比率の計算時に上乗せ可 オプショナル：異なるグループ比率ルールを用いることやグループ比率ルールを用いないことも可能

損金不算入利子及び算入限度超過利子の繰越及び損金不算入利子の繰戻 オプショナル

特定のリスクに対処することを目的としたルール

銀行や保険業界に生じる問題に対処するためのルール

出典：OECD, BEPS Final Reports, Action4, page 25 Figure 1.1 日本語訳

下①～⑤に関する勧告も付け加えられている。
①損金算入の制限対象となる利子額は、第三者に対するもの及び関連者を含むグループ内で支払われるものを含む全ての支払利子額であって、当該支払利子額から受取利子額を控除した後の純支払利子額（net interest expense）が対象とされるべきであるとされている。なお、対象となる純支払利子については、支払者の所在地国における受領者に係る課税の有無（課税対象所得への受取利子の算入の有無）とは関係なく計算される。
②行動2のハイブリッド・ミスマッチ・アレンジメントにおいて生じる利子の損金算入の制限ルールを適用し、次に行動4の利子の損金算入の制限ルールを適用すべきであるとされている。負債に係る利子、経済的に利子と同等の支払い、また、資金調達に関連して生じた費用が支払利子に含まれる。

(i)支払利子に含まれる具体例
- ファイナンスリースにおける金融費用
- デリバティブ又は借入のヘッジに係る想定利子
- 借入及び資金調達に関連した金融商品から生じる為替差損益
- 借入のアレンジメント・フィー等
- 転換社債やゼロクーポン債等に内包される金融費用
- 利益参加型ローンにおける利子の支払い及び収益の分配
- イスラム金融等の代替的資金調達における金融費用
- 資産の取得原価に算入された利子及びその償却費
- 移転価格ルールに基づく資金コストに係る支払い
- 資金調達に関する保証料

(ii)支払利子に含まれない具体例
- オペレーティングリースの支払い
- 商品デリバティブ等借入に関連しないデリバティブ又はヘッジに関する支払い

- 資金調達に関連しない債権／債務から生じた為替差損益
- 借入に関連しない費用の割引
- 確定給付型年金に関する未払利子
- ロイヤルティ

③利子の損金算入に対するその他の制限（各国における独立企業原則又は過少資本税制の適用による制限等）も、行動4のルールより先に適用されるべきであるとされている。

④行動4のルールにより損金不算入となった利子も、源泉徴収税の対象とされるべき（源泉徴収税の賦課について、当該損金不算入による影響は受けない）とされている。

⑤ベストプラクティス・アプローチに対する各国の実施状況やその影響については、2020年末までに各国によるレビューを行うこととされている。

（3）固定比率ルール

最終報告書では、基本ルールとして「固定比率ルール」（次頁図表2）が推奨されている。このルールはEBITDAに対する比率が「基準固定比率」を超える場合、超過分の損金算入を制限するものである。各国の対応としては、第三者、関連会社及びグループ会社に対して支払われる利子を対象に、原則として全ての業種について同一の基準固定比率を設定、並びにEBITDAに乗じる比率を10％から30％の間で設定するべきであるとしている[※1]。

ある多国籍企業における固定比率ルールの分析例（次頁図表3参照）では、縦軸は純支払利子をEBITDAで除した比率として、横軸は各国の法定税率として、それぞれ国単位でプロットしている。円の大きさはEBITDAを表している。固定比率ルールを10％と定める国において

※1 最終報告書では、この比率の範囲は、（グロスの総支払利子ではなく）ネットの純支払利子の損金算入に対して上限を定めるよう設計されつつも、大半の多国籍企業が第三者へ支払う利子の全額を損金算入することが可能となる比率であると説明されている。

■図表2　固定比率ルール及びグループ比率ルール

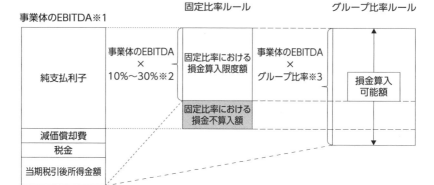

※1　EBITDA＝税引前当期所得＋純支払利子＋減価償却費等＋当期税額
※2　各国が10％～30％の間で設定する基準比率
※3　グループ比率　＝　グループ全体の純支払利子／グループ全体のEBITDA

出典：説明資料〔「BEPSプロジェクト」を踏まえた国際課税の課題〕
　　　（財務省、平成28年5月26日）を基に筆者らが作成

■図表3　固定比率ルールによる BEPS 分析例

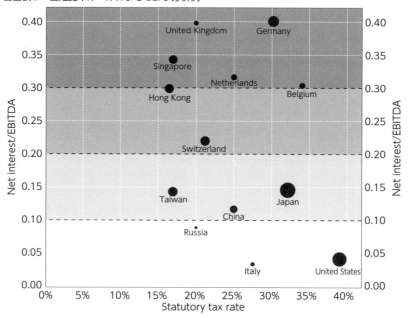

出典：BEPS最終報告書を基に筆者らが分析及び作成

は、10％の点線未満の場合は損金算入額が制限される。固定比率ルールを20％と定める国においては、20％の点線未満の場合は損金算入額が制限される。固定比率ルールを30％と定める国においては、30％の点線未満の場合は損金算入額が制限される。例えば、スイスが固定比率ルールを20％とした場合には、この多国籍企業はスイスにおいて一部の損金算入額が制限されることになる。

（4）グループ比率ルール（固定比率ルールを補完するオプション）

　最終報告書では、固定比率ルールを補完し負債比率の高いグループ又は業種に、さらなる柔軟性をもたらすため「グループ比率ルール」をオプションとして導入することを提言している。グループ比率ルール下では、例えば、ある事業体の純支払利子がその国の固定比率により算定される上限額を超過する場合であっても、その事業体が所属する多国籍企業グループの第三者への純利子支払額をEBITDAで除して算出する比率と同等の比率を上限として、その事業体の純支払利子を損金算入することが認められる。また、各国は二重課税を防止する目的で、10％を上限として、グループ比率に上乗せすることもできるオプションを提言している。さらに、グループ比率ルールの代替案として、「資本逃避（equity escape）」ルールを提示している。このルールは、企業の負債資本比率が、所属する多国籍企業グループ全体で計算した負債資本比率を超えない限り、利子の損金算入を認めるものである。

（5）損金算入限度超過利子並びに、損金算入限度額の繰越及びその他の基本的枠組の検討事項

　最終報告書では、損金算入限度を超過した利子並びに損金算入限度額の繰越、その他の基本的枠組みについて検討している。

①損金算入が否認された純支払利子額や未使用の純支払利子額の損金算入枠については、将来年度において使用できるように、繰越しを認めるルール

②利益の変動（volatility）が利子の損金算入に及ぼす影響を最低限に抑え

るため、当年度及び過年度の平均EBITDAを使用するルール
③一定の条件を充足する公益性のある(インフラストラクチャー)プロジェクトの資金に用いられる貸付について、第三者である資金提供者に対して支払われた利子を除外するルール
④純支払利子額が一定の閾値を下回った場合には、利子等のEBITDAに占める比率とは無関係に、損金算入を認容する除外ルール（デ・ミニミス基準）

（6）特定のリスクに対処することを目的としたルール

　最終報告書では、特定のリスクに対処することを目的としたルール（targeted rule）により、固定比率ルールやグループ比率ルールを補完することを提案している。特定のリスクに対処することを目的としたルールとして、上述のルールを適用後もなおBEPSが行われる可能性が残る場合に、その可能性を排除し、対象を絞ったルールを規定することを推奨している。特定のリスクとして以下の取引が例示されている。

①支払利子が受取利子を上回る可能性のある企業に対し、支払利子を異なる損金算入可能な費用項目として、又は受取利子以外のその他の課税所得を受取利子として認識することにより、固定比率ルールによる上限を超える純支払利子を意図的に減少させる取引
②グループ内のある企業に対し、第三者企業から資金を調達させ、支払利子の額を意図的に増加させることによりグループ比率ルールの基準値を引き上げる取引
③受取利子が支払利子を上回る可能性のある企業に対し、国外のグループ企業若しくは関連会社から資金を調達し、支払利子の額を意図的に増加させることにより、その国で課税純利子所得を軽減させる取引

（7）銀行や保険業界に生じる問題に対処するためのルール

　最終報告書では、銀行や保険業界は、上述の固定比率ルールやグループ比率ルールを適用することが適切ではないとし、BEPSに対処するための業界に適合する個別のルールについて検討する必要があるとしている。

3．納税者への影響
（1）日本における行動4の対応状況
　日本の現行税制における支払利子の控除制限規定を整理するとともに、最終報告書におけるベストプラクティス・アプローチとの比較を行う。
①日本の現行税制
　日本の現行税制においては、下述の(i)〜(iii)の支払利子の控除制限に係る個別的否認規定が導入されている。
　(i)移転価格税制

　　　国外関連者に対する支払利子の利率を過大にすることによる税源浸食を防止するため、支払利子の金額と当該支払利子に係る独立企業間価格との差額を損金不算入とする制度[※2]。なお、金融保証や履行保証、金融派生商品、キャプティブその他の保険契約等の関連者間金融取引は、我が国の移転価格税制の対象となるが、取引別の詳細なガイドラインは存在しない。

　(ii)過少資本税制

　　　国外支配株主等との間において、出資に代えて借入を過大にすることによる税源浸食を防止するため、国外支配株主等の資本持分に比して国外支配株主等からの負債が過大と認められる場合に、支払利子のうち過大と認められる部分に対応する額を損金不算入とする制度[※3][※4]。

　(iii)過大支払利子税制

　　　関連者等に対する支払利子を過大にすることによる税源浸食を防止するため、所得金額に比して関連者等に対する支払利子が過大と認められる場合において、支払利子のうち過大と認められる部分に対応す

※2　租税特別措置法第66条の4
※3　米国では金融取引を通じた支払利子の損金算入を新たに制限する規定としてSec. 385（過少資本税制への取締り）規定の導入が議論されている。
※4　租措法第66条の5

る額を損金不算入とする制度※5。

②日本の現行税制とベストプラクティス・アプローチとの差異

日本の現行税制のうち、ベストプラクティス・アプローチにおいて基本ルールとして提言されている固定比率ルールに相当する制度は、平成24年度税制改正で導入された上述の①(iii)の「過大支払利子税制」である。固定比率ルールにおけるEBITDAに相当する概念が、過大支払利子税制における調整所得金額であると考えられ、当該金額の50％に相当する金額を超える関連者純支払利子等の額は、現行制度下において損金不算入の取扱いとなる。過大支払利子税制と固定比率ルールはその内容が類似しているが、日本の過大支払利子税制と、ベストプラクティス・アプローチには、下述の差異がある。

(i)控除制限の対象となる純支払利子の範囲

日本の過大支払利子税制は、関連者等に対する支払利子等の額のうち、その支払利子等を受ける関連者等の課税対象所得に含まれないもの※6に限定して損金算入の制限を設けている。その一方、固定比率ルールは、グループ内支払利子や関連者に対する支払利子のみならず、第三者に対する支払利子（例えば、金融機関に対する支払利子）も控除制限の対象としている。また、ベストプラクティス・アプローチでは、対象となる純支払利子の計算においては、受け手の（支払いの所在地国における）課税対象所得に含まれる利子を除外していない。

(ii)損金算入限度額の計算に用いる比率（基準固定比率）

日本の過大支払利子税制は、損金算入限度額の比率を50％としている。一方、固定比率ルールにおいて提言されている比率は、10％から30％の間とされている。

※5　租措法第66条の5の2
※6　日本の法人税法又は所得税法では、支払利子等を受ける者が個人又は法人のいずれに該当するかに応じて、それぞれその者の所得税又は法人税の課税対象とすべき所得が規定されている。当該規定に基づけば、非居住者又は外国法人で、日本で生じた所得について源泉所得課税のみを受ける場合には、当該利子の受取額は課税対象所得に含まれず、過大支払利子税制の対象となる。

(ⅲ) グループ比率ルールの未導入

日本の過大支払利子税制は、ベストプラクティス・アプローチのオプションとして提言されているグループ比率に基づく損金算入を認めていない。

■図表4　日本の「過大利子支払利子税制」

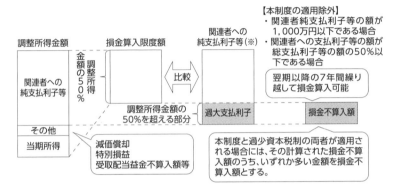

※関連者等(持株割合50％以上又は実質支配・被支配関係にある者及びこれらの者による債務保証を受けた第三者等)への支払利子等の額からこれに対する受取利子等の額を控除した純支払利子等の額を対象とする。

出典：説明資料(「BEPSプロジェクト」を踏まえた国際課税の課題)
(財務省, 平成28年5月26日)を基に筆者らが作成

(2) 今後の動向

最終報告書は、2014年12月に公表されたディスカッション・ドラフト「BEPS行動4：利子損金算入や他の金融取引の支払いを通じた税源浸食の制限」で説明された様々な代替策の長所・短所を検証した後、OECDが選択した案を反映している。とりわけ、最終報告書は、グループ比率ルールよりも固定比率ルールを優先的に位置付けている。純支払利子の損金算入を制限するという基本的枠組みの方向性は、最終報告書のなかで明確に示されているが、グループ比率ルールについては、今後、明確にすべき事項が少なからずある。例えば、最終報告書は、損金不算入の対象となる、又は間接外国税額控除が適用される受取配当金等の所得をグループ

のEBITDAの計算に含めるか否かについてという点や、企業グループのなかに、正の値のEBITDAではなく、損失を計上している法人がある場合にどう対応するかといった点について、取扱いを示していない。また、最終報告書は新ルールの導入のスケジュールを指定していないが、固定比率ルール及びグループ比率ルールを導入する国々は、納税者が現行の資金調達方法を見直すだけの合理的な時間を与えるべきとしている。また、各国は経過措置として適用除外条項を設ける場合には、新たに利子の損金算入が制限される第三者による貸付を中心に検討すべきであると推奨している。

第 2 章　BEPS 行動計画

◆ 行動 5　　有害税制への対抗

1. 趣旨・目的
(1) OECD における有害税制に関する議論

　国内への外資誘致等を目的として創設される優遇税制は、全世界ベースの租税負担率軽減を図ろうとする多国籍企業に利用され、最終的に BEPS を招来するリスクが高い。特に、パテントボックス税制[※1]などの知的財産優遇税制は、当該税制を持たない国から持つ国への知的資産（特許等）の不合理な流出・移転を促進するとして、国家間で問題視されてきた。

　OECD は、1998 年の「有害な税の競争」報告書の公表以降、各国の優遇税制（金融・知的財産・サービス業等から生じる所得に関するもの）を審査してきた。そのなかで一定の要件[※2]にあてはまるものを抽出したうえで適用状況等の実体を分析した結果、有害な税制であると判断されたものについて、「有害税制フォーラム」の場で各国にそのような税制の改廃を要請してきた。

(2) BEPS プロジェクト（行動 5）における検討課題

　現在における有害税制（あるいは有害な税慣行）への主たる懸念も、以前と同様に、BEPS を招くリスクの高い優遇税制に関するものである。特に、金融所得・無形資産関連所得に対する優遇税制（パテントボックス税制等）については、その適用が内外無差別ではない（リングフェンスではない）ことから、従来の審査基準では有害性の判定が困難であった。

　BEPS プロジェクトでは、各国の優遇税制の有害性判定において従来はあまり重視されていなかった「経済活動の実態との適合性（実質性）」や

※1　特許権等の知的財産から生じる所得に対して、通常の法人税率よりも低い税率を適用する税制。英国をはじめとする欧州諸国において広く導入されている。
※2　一定の要件のなかで重要とされた 4 つのキー・ファクターは、①無税あるいは低税率の恩典を与えるもの、②外国企業のみを対象とするもの（いわゆるリングフェンス）、③透明性が欠如しているもの、④有効な情報交換が欠如しているもの、である。

「制度の情報の公開度合い（透明性）」という観点から、有害税制の審査基準をより強化・精緻化する方向で検討が進められた。2015年10月に公表された最終報告書は、各国が自国の税制の有害性を審査する際のミニマム・スタンダードを勧告するものである[※3]。

2. BEPS 最終報告書の概要
(1) 経済活動の実質性に関する判断基準（実質性基準）

パテントボックス税制などの知的財産優遇税制に係る有害性の判断基準として、いわゆる「ネクサス・アプローチ」[※4]が採用された。

ネクサス・アプローチとは、優遇税制において許容される恩典（便益）を納税者自身が支出した研究開発費用と関連付けて測定しようとするものである。このアプローチは、当該優遇税制が恩典を与える所得を生み出すうえで必要となる実質的活動（中核的活動）を納税者が行っている限りにおいて、優遇税制の恩典を与えるというものである。実質的活動を測定する代理指標としてその国における研究開発支出が用いられる。

このアプローチにおいては、知的資産（以下「IP資産」という）の開発費用総額と国内での自社開発費用（適格支出）の割合に基づいて優遇税制を適用する所得の額が算定される。具体的には、以下の算式により「優遇税制が適用される所得」が計算されることになる。

$$(A+B) / (A+B+C+D) \times IP 資産から生じる総所得$$
$$= 優遇税制が適用される所得$$

A：自社が支出した開発費用
B：非関連者への外注支出

[※3] パテントボックス税制等の導入を積極的に勧告するものではない。あくまでも、「有害でない税制」の判定基準を定めたものである。
[※4] 知的財産優遇税制以外の優遇税制（金融サービスや地域統括会社に関する優遇税制等）についても、ネクサス・アプローチの原理は適用できる。この場合、当該税制の恩典を受ける適格性のある所得と、その所得を稼得するのに必要とされる実質的活動との関連性が問題にされる。

　　　　C：IP 資産の他の企業からの取得費用
　　　　D：関連者への外注支出
　　　　A＋B：適格支出（自社開発費用）
　　　　A+B+C+D：総支出（開発費用総額）

（注）C＋D については、適格支出（A＋B）の３割を上限として適格支出に含めることができる[※5]。ただし、適格支出が総支出を超えてはならない。

　ここから算出される所得金額以上の所得に優遇措置を許容する優遇税制、あるいはこのような計算方法によらない形の優遇措置については、有害であるとみなされることになる。このような優遇税制の創設は認められない。

　特筆すべきは、IP 資産の取得費用は原則として適格支出に含まれないということである。したがって、巨額の IP 資産を優遇税制所在地国の会社に移転した場合、上述の割合（A+B）／（A+B+C+D）が小さくなるので、計算される優遇税制適用所得も減少して優遇のメリットが小さくなり、IP 資産の当該国への移転が抑制されることも考えられる。

　ネクサス・アプローチの対象となる知的財産は、特許権及び特許権と同等の機能を有するものとされている。マーケティング関連の知的財産（商標権等）は含まれない。

　パテントボックス税制等の優遇税制保有国は 2015 年中に、当該税制をネクサス・アプローチ（新基準）に対応したものに改正する作業を開始することが求められた。改正後の新制度の発効時、又は 2016 年 6 月 30 日をもって既存の優遇税制の新規適用は停止される。既存の優遇税制の適用を以前から受けている納税者については、2021 年 6 月 30 日までは、その適用が認められる。

※5　ネクサス・アプローチによって、IP 資産取得や関連者への外注が過度に委縮しないようにするための措置である。

（2）制度の透明性の向上をめざすフレームワーク（透明性基準）

　他国の税源に影響し得る個別企業に対するルーリング[※6]に関する情報に関して、ルーリングを提供した税務当局から影響を受ける国の税務当局への当該情報の提供（自発的情報交換）を義務付ける勧告がなされた。多くの場合、ルーリングを伴う優遇税制は不透明な優遇の温床となり、他国の税源浸食を引き起こす可能性がある。税務の透明性を確保し、当局間の情報の非対称性を解消することを目的としている。

　以下に該当するものが提供を義務付けられるルーリング[※7]である。
①優遇税制に関するルーリング[※8]
②一国のみによる移転価格の事前確認（ユニラテラル APA）、又は移転価格に関連した他のクロスボーダー・ユニラテラルルーリング
③課税所得の減額調整を要請するクロスボーダー・ルーリング
④ PE 認定に係るルーリング
⑤関連者間の導管取引に関するルーリング
⑥情報交換の欠如が BEPS を生じさせるとして認定されたルーリング

　最終報告書においては、このフレームワークの開始時期、法的根拠、守秘義務、情報交換の相手国となる国々（対象国）についての問題も扱われている。過去のルーリング[※9]については、2016 年 12 月末までに情報交換手続を完了することになっている。また、2016 年 4 月 1 日以降に発行された新しいルーリングについては、遅くとも 3 か月以内には情報交換手続を完了することが勧告されている。

（3）OECD 加盟国及び BEPS アソシエート諸国の税制の審査結果の公表

　2010 年に、有害税制フォーラムは、OECD 加盟国及び BEPS アソシエート諸国の 43 の優遇税制（うち、16 は知的財産優遇税制）の審査を開始し

※6　個別の納税者の課税関係に関して税務当局が提供する申告時に依拠し得る助言・情報・取決め等。
※7　これらのルーリングが本質的に BEPS を生じさせる優遇税制に相当するものであると述べているわけではない。
※8　例としては、銀行業、保険業等に関するルーリング、統括会社やサービス提供会社を優遇するルーリングなど。
※9　2010 年 1 月 1 日以降に発行されて、2014 年 1 月 1 日においても効力を有していたもの。

た。今回の最終報告書において、16の知的財産優遇税制に対してネクサス・アプローチに基づく審査を行った結果、いずれもネクサス・アプローチには適合しないものである（有害税制である）という報告がなされている[10]。その他の優遇税制についても審査が行われたが、「実際に有害である（actually harmful）」とされたものはない[11]。

3．納税者への影響

OECDは、引き続き、OECD加盟国及びBEPSアソシエート諸国の優遇税制の監視や透明性向上のための取組みを推進していく。また、実体性・透明性以外の観点からの有害税制の審査基準の強化・拡張も検討している。

加えて、非G20、非OECD加盟国に対しても、この最終報告書に示されたフレームワーク（実質性基準と透明性基準）実施を図り、優遇税制審査の拡大を行う方針も打ち出している。これは、公平なグローバル競争の場を確保し、有害税制がもたらすBEPSのリスクを単に新たな第三国に移転することを防止するためにも必要である。

納税者は、このようなOECDの動向を今後も引き続き注視しなければならない。進出国における優遇税制の利用に当たっても、注意が必要である。

日本でも一時期、パテントボックス税制の導入が検討されたことがあるが、結局、導入は見送られた。現在の日本にはパテントボックス税制のような知的財産優遇税制は存在しない。よって、当面は、個別の税制に対してネクサス・アプローチを適用してその有害性を判定するような状況は想定されていない。

---

[10] このなかには、英国・ベルギーのパテントボックス税制も含まれている。英国では、2016年度財政法において、ネクサス・アプローチを加味したパテントボックス税制の改正が行われた。
[11] 日本の研究開発税制も有害税制審査の対象となっていたが、「有害ではない（not harmful）」という結論になっている。

◆ 行動6　租税条約の濫用防止

1．趣旨・目的
（1）OECD における条約濫用に関する議論

　OECD は、1977 年に公表したモデル租税条約コメンタリーにおいて、「租税条約の目的は国際的二重課税を排除することによって財・サービスの取引や資本・人の移動を促進することであって、租税回避や脱税を助長するものではない」との見解を示しており、早くから租税条約の濫用防止の問題に取り組んできた。1986 年 11 月には「租税条約と基地会社の利用報告書」及び「租税条約と導管会社の利用報告書」、1998 年 4 月には「有害な税の競争報告書」、2002 年 11 月には「条約の特典の適用制限報告書」を公表し、租税条約の濫用に対抗するための議論や勧告がなされている。これらの議論・勧告は 1992 年以降の OECD モデル租税条約に反映され、条約の濫用に対応すべく順次改訂が行われてきた。

（2）BEPS プロジェクト（行動6）における検討課題

　OECD は条約濫用に対処すべく勧告やモデル租税条約の改訂等を行ってきたものの、従来の規定では防止できない条約漁りやその他の条約濫用の手法により本来意図されていない状況下で租税条約の特典が利用されることで、各国の税収が奪われる事態が生じている。

　このような事態に対処するため、行動6では、租税条約の濫用防止に資するモデル租税条約の規定の策定及び国内法の設計について検討を行ってきた。

2．BEPS 最終報告書の概要
（1）概略

　行動6では、租税条約の濫用、とりわけ条約漁りが BEPS の最大要因の1つであるとの認識のもと、次の3つの分野についての検討が行われた。

①不適切な状況で租税条約の特典を付与することを防止するためのモデル租税条約の規定の策定及び国内法の設計に関する勧告
②租税条約は二重非課税を生み出すために利用されることを意図していないことの表明
③他国と租税条約を締結する前に締約国が検討すべき租税政策の考慮事項の特定

　これら3つの分野に係る検討結果は、それぞれセクションA、セクションB及びセクションCとして、行動6の最終報告書「不適切な状況における条約の特典付与の防止」を構成している。
　OECDモデル租税条約は、行動6の検討結果を受けて、条約濫用に対抗するために最低限必要な措置（ミニマム・スタンダード）を含んだものとなるよう改訂される予定である。なお、濫用防止規定の導入にあたっては、各国の特殊性や二国間での条約交渉の状況への適合が必要であることを考慮し、ミニマム・スタンダードの実行には一定の柔軟性が認められることが確認された。

（2）不適切な状況下での条約特典付与防止のための租税条約及び国内法の規定（セクションA）

　最終報告書のセクションAでは、条約特典の不適切な付与を防止するための最善な方法を決定するには、①租税条約に規定された制限の適用を回避しようとするケースと②租税条約の特典を利用して国内法の規定を回避しようとするケースとに区別した議論が有用であると認識し、それぞれのケースに対する検討・勧告が行われた。

①租税条約に規定された制限の適用を回避しようとする場合

　まず、条約漁りに対抗するために最低限必要な措置（ミニマム・スタンダード）として、各国は以下の対応を行うことに合意した。
- 租税条約は脱税や租税回避行為（条約漁りを含む）を通じて課税逃れや税負担の軽減を創出することなく国際的二重課税を排除することを意図したものであるということを、租税条約中に明示的な文章で盛り

込むこと（セクションBでの検討事項）
- 租税条約に以下のいずれかの規定を含めること
 (i) 簡素版特典制限条項（LOB rule：Limitation-on-benefits rule）と主要目的テスト（PPT：Principal purposes test）の双方を組み合わせたアプローチ
 (ii) 主要目的テストのみ、又は
 (iii) 厳格版特典制限条項及び導管金融取引に対処するための補助規定

なお、**特典制限条項**[※1]とは、租税条約の特典を受けることができる者を所定の要件を満たす「適格者」に制限する規定であり、第三国の居住者が締約国に設立した法人等を経由して租税条約の特典を不当に享受する事態を防止することを目的としている。最終報告書において示された特典制限条項（OECDモデル租税条約に新たに追加される特典資格条項（Entitlement to Benefits）の一部を構成）の条文草案では、特典を受けるためには、①適格者基準（適格者として個人、上場会社、年金基金等を列挙）、②事業活動基準、③派生的受益者基準又は④権限ある当局の認定のいずれかを満たす必要があると規定している。なお、条文の草案作成に当たっては、米国のモデル条約に規定される特典制限条項が参考とされたが、米国がモデル条約の見直しを行っていたことから[※2]、当該草案も米国モデル条約の最終的な改正を考慮したうえで必要に応じて見直し・修正するとされている。

主要目的テスト[※3]は、特典制限条項ではカバーしきれない濫用手法（例えば導管金融取引等）に対処するための、より概括的な濫用防止規定である。主要目的テストでは、取引やアレンジメントの主たる目的の1つが租

※1 特典制限条項は、日本が現在締結している租税条約では、日米租税条約、日英租税条約、日仏租税条約、日豪租税条約、日瑞租税条約、日蘭租税条約、日乳租税条約、日典租税条約及び日独租税条約に含まれている。
※2 新米国モデル条約（2016年モデル）は、最終報告書公表後の2016年2月17日に米国財務省より公表されている。
※3 主要目的テストは、日本が現在締結している租税条約では、日英租税条約、日仏租税条約、日豪租税条約、日瑞租税条約、日乳租税条約、日典租税条約及び日独租税条約に含まれている。

税条約の特典を享受することである場合には、特典の付与が租税条約の規定の目的に沿ったものであると証明されない限り、条約の特典が与えられない。OECDモデル租税条約に新たに追加される特典資格条項には、この主要目的テストも含められることとなり、特典制限条項に掲げる基準を満たしたとしても、取引やアレンジメントの主要目的次第では条約の特典が与えられない場合がある。

さらに、最終報告書では、次の7つの事例を挙げて、条約漁り以外の形態での条約濫用に対抗するための新たなルール策定に関する提言を行っている。

(i)契約の分割

建設PEの認定を免れるため、OECDモデル租税条約第5条第3項に規定する12か月の期間を超えないように、契約を分割するケースがある。このような問題に関しては、主要目的テストにより対抗することが考えられる。また、行動7でもこの問題への対処が行われるものと考える。

(ii)派遣労働者（hiring out of labor）

OECDモデル租税条約第15条第2項に規定する短期滞在者免税の特典を利用して源泉地国での課税を免れるため、勤務地国以外の居住者から給与が支払われるよう派遣労働者の形態を採るケースがある。このような問題に関しては、現行のOECDモデル租税条約第15条コメンタリー・パラ8.1〜8.28、とりわけパラ8.3[4]で規定されている対抗措置により対応可能であると考える。

※4　OECDモデル租税条約第15条コメンタリー・パラ8.3：契約関係を尊重するアプローチでは、意図しない状況で短期滞在者免税の特典が付与される結果となることを懸念する締約国は、以下のような規定を採用することができる。

　以下の場合、一方の締約国の居住者が他方の締約国における勤務に関して得る報酬で、他方の締約国の居住者でない雇用者又は当該雇用者に代わる者から支払われたものに対しては、第15条第2項（短期滞在者免税規定）は適用しない。
　　a) 報酬の受領者が雇用者以外の者に対して勤務を通じて役務を提供し、当該雇用者以外の者が直接又は間接に当該役務の提供方法を監督、指揮又は管理しており、かつ、
　　b) 当該役務が当該雇用者以外の者が行う事業活動の不可欠な部分を構成している。

⒤配当の性質を回避するための取引

　源泉地国での課税を免れるため、国内法では配当とされるものを、租税条約により免税となる他の所得区分（キャピタルゲイン等）に変更するための取引が行われることがある。このような問題への対処として、国内法の所得区分を適用できるよう租税条約における配当及び利子の定義を修正することが検討されたが、さらなる議論が必要であると結論付けられた。

⒤配当の移転

　租税条約に規定する配当源泉税の減免規定を適用するため、配当支払の直前に持分を増加させる取引が行われることがある。このような濫用手法に関しては、租税条約の特典を享受するための要件に、配当の支払日以前365日間の最低持株保有期間を追加することで対抗することが考えられる。

⒱不動産化体株式のキャピタルゲイン課税回避

　OECDモデル租税条約第13条第4項は、不動産化体株式（法人の有する資産の価値の50％超が、当該法人の所在する国内に存在する不動産により直接又は間接に構成される法人の株式）の譲渡によるキャピタルゲインについて、源泉地国での課税を認めている。最終報告書は、株式以外の形態での持分、例えば、パートナーシップや信託の持分の譲渡についても同様の取扱いがされるよう、第13条第4項を改訂することを提言している。また、譲渡の直前に不動産以外の資産を出資することで資産価値に占める不動産の割合を減少させ、不動産化体株式規定の適用を免れる手法に関しては、50％超要件の判定を株式譲渡時点に代えて一定の期間（例えば、譲渡前365日間）とする規定を追加することで対抗することが考えられる。

⒱個人以外の二重居住者

　OECDモデル租税条約第4条第3項は、個人以外の二重居住者が

租税条約上いずれの国の居住者かに該当するかは、実質的な管理の場所により決定すると規定している。しかしながら、二重居住者の取決めはしばしば租税回避に利用されていることから、最終報告書は、租税条約上の居住地国は実質的な管理の場所、設立された場所その他関連する要素を考慮して両締約国の権限ある当局の合意により個別的に判断されるよう、OECDモデル租税条約第4条第3項を改訂することを提言している。

(vii)第三国のPEを利用した租税条約濫用の防止規定

所得に対する優遇的な取扱いを受けることを目的として、株式、貸付金、権利や財産を第三国に設立したPEに移転させるケースがある。最終報告書は、そのようなPEに帰属する所得に対して居住地国が租税の免除や軽減措置を与えている場合には、源泉地国は当該所得に対して租税条約の特典を与えるべきではないと述べている。最終報告書では、このような三角状況（triangular cases）に対応する特別な濫用防止規定をOECDモデル租税条約に盛り込む必要があるとの結論に達したが、規定の策定にはさらなる検討がなされることとなる。

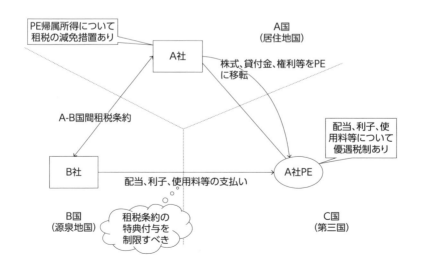

②租税条約の特典を利用して国内法の規定を濫用しようとする場合

　租税条約を利用して国内法の規定の抜け道をみつけようとする租税回避行為に対抗するには、租税条約の濫用防止規定だけでは充分ではなく、国内法の租税回避防止規定による対処が必要となる。最終報告書では、租税条約は国内法の租税回避防止規定（一般的租税回避防止規定（GAAR）、過少資本税制、CFC 税制、出国税等）の適用を妨げるものではないことが確認された。これを明確にするため、いわゆる、セービング条項（自国の居住者に対する課税関係は租税条約の規定の影響を受けることはないとする規定）を OECD モデル租税条約に追加することが提案された。

（3）租税条約は二重非課税を生じさせるために利用されることを意図していないことの表明（セクションB）

　セクションBでは、行動6の要請を表明するため、次の勧告が行われている。

- 租税条約のタイトルに、脱税や租税回避を阻止することは租税条約の目的であることを明示すること
- 租税条約の序文に、租税条約は、脱税や租税回避行為（条約漁りを含む）を通じて課税逃れや税負担の軽減を創出することなく国際的二重課税を排除することを意図したものであることを、明示的な文章で盛り込むこと

（4）他国と租税条約を締結する前に締結国が検討すべき租税政策の考慮事項の特定（セクションC）

　セクションCでは、他国との租税条約を締結するか否かという意思決定、ひいては、状況の変化が生じた場合に改訂（又は、究極的には条約の終了）を行うか否かという意思決定にも関連する、租税政策に係る考慮事項を特定している。考慮事項としては、次のものが挙げられている。

- 両国の課税システムの相互作用によって、クロスボーダーのサービス、取引及び投資から二重課税が生じるリスク
- 源泉地国における源泉徴収税が居住地国で通常課される税額を超えるほ

ど高いことにより、過剰な課税を招くリスク
- 二国間の経済関係を促進するための取決め(無差別条項や相互協議条項)
- 締約相手国の情報交換等の行政上の援助措置を実施する意思と能力

さらに、締約相手国の国内法に関する懸念事項に対応するため、次の提案が行われた。

提案1：スペシャル・タックス・レジームに対する規定の導入

スペシャル・タックス・レジーム（税率や課税ベースの軽減により、一定の所得に対して優遇的な実効税率を供与する法制度）の定義を OECD モデル租税条約第3条（一般的定義）に追加するとともに、スペシャル・タックス・レジームの適用を受ける利子、使用料、その他所得に対しては、租税条約の特典を与えないよう OECD モデル租税条約第11条（利子）、第12条（使用料）及び第21条（その他所得）に新たな規定を追加する。

提案2：将来の国内税法の改正に対応する新規定の導入

租税条約の署名後に、一方の締約国が居住者に対して実質的に全ての国外源泉所得を免税とする改正を行った場合には、その者に対する支払いについては OECD モデル租税条約第10条（配当）、第11条（利子）、第12条（使用料）、第21条（その他所得）の規定を失効させる一般的なルールを導入する。

3．納税者への影響

行動6で勧告されたミニマム・スタンダードを実施するためには、二国間租税条約の改訂が必要となるが、二国間租税条約を個々に改訂するには膨大な時間を要するものと考えられる。そこで、プロセスをより効率的なものとするため、行動15のもと2016年末までに策定される予定の多数国間協定に、行動6の濫用防止措置を盛り込むことが計画されている。各国は、多数国間協定に参加することにより、二国間租税条約を一括して改訂することが可能となる。なお、多数国間協定への参加は必須ではなく、また、各締約国にとって望ましいミニマム・スタンダードへの対応方法はそれぞ

れ異なることも考えられるため、OECDは各国におけるミニマム・スタンダードの実施状況についてモニタリングを行っていくこととなる。

　行動6で求められる租税条約の濫用防止措置については、日本は近年の租税条約改訂を通して既に取り組んでおり、今後は多数国間協定交渉への参加を含め、濫用防止規定を含む租税条約を拡大していく見込みである。

◆ 行動 7　恒久的施設（PE）認定の人為的回避の防止

1．趣旨・目的
（1）OECD における PE 課税に関する議論

　多くの国の国内法及び租税条約には、PE の定義に関する規定が含まれており、自国の企業が相手国で事業を行う場合、相手国内に当該企業のPE に該当する事業活動の拠点が存在しない限り、相手国は当該企業の事業所得に対して課税できないとする、いわゆる「PE なければ課税なし」の原則が規定されている。

　しかしながら、近年、現行の OECD モデル租税条約第5条（PE の定義）の規定による PE 認定を回避する形態で事業活動を行うことにより、事業活動を行う相手国での課税を人為的に免れようとする税源浸食が生じているとの問題が指摘されている。例えば、コミッショネア・アレンジメント及び類似のアレンジメントを用いることにより、企業が PE 認定なしに相手国で自らの商品を販売するケースや、グローバルに事業活動を行うオンライン通信販売企業が、物品販売のための物流拠点として相手国に倉庫を設置し事業活動を行っているにもかかわらず、準備的、補助的性質を有するものとして当該拠点が PE 認定を免れるケースなどが懸念されている。

（2）BEPS プロジェクト（行動7）における検討課題

　BEPS 最終報告書では、多国籍企業の一部による人為的な PE 認定の回避を防止するために、OECD モデル租税条約第5条及び関連するコメンタリーを改訂し、PE の範囲を従来の定義より拡大することを提案している。具体的には、以下のような提言がなされている。

① OECD モデル租税条約第5条第5項及び第6項における「代理人」の範囲を拡大し、「独立代理人」の範囲を縮小する。
② OECD モデル租税条約第5条第4項について、これまで準備的、補助的な活動として列挙され PE の定義から除外されていた活動のうち、準

備的、補助的性質を有するものに限りPEの定義から除外する。
③ OECDモデル租税条約第5条第3項及び第4項について、契約の分割によるPE認定回避を防止するための対応を行う。

今後、最終報告書で提案された新しい規定に基づき、多数国間協定等により租税条約におけるPEの定義が改正されていくことになる。

2．BEPS最終報告書の概要
（1）コミッショネア・アレンジメント及び類似のアレンジメント
①「代理人」の範囲拡大（モデル条約第5条第5項に対する改正案）

コミッショネア・アレンジメントとは、コミッショネア（受託者）が自己の名義で顧客と契約を締結し、商品の所有者であるプリンシパル（委託者）のために販売を行うという形態である（図表1参照）。コミッショネアはプリンシパルの名義ではなく自己の名義で契約を締結するため、現行の代理人に関する規定のもとでは、この形態により企業はPEを有することなく相手国で商品を販売することが可能となると判断されてきた。さらに、販売先である相手国において代理人が顧客との実質的な交渉を行うものの、契約の最終的な締結は当該企業が行うという形式を整えた場合、代理人は契約を締結する権限を行使したことにならないため、現行規定上当該企業はPE認定を免れることが可能となる。これらの問題に対応するため、OECDモデル租税条約第5条第5項の改訂案は、代理人PEの範囲を

■図表1　コミッショネア・アレンジメント及び類似のアレンジメント

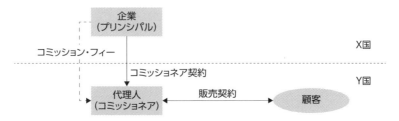

拡大することで、改訂前の規定におけるPE認定の基準を引き下げることを提案している。

改訂前のOECDモデル租税条約第5条第5項においては、企業の代理人が当該企業の名義により常習的に契約を締結する権限を有する場合に、当該代理人は当該企業のPEと認定される。改訂案においては、当該企業の代理人として常習的に契約を締結する場合、又は重要な変更を加えることなく日常的に締結されている契約に関して、その締結に向けて主要な役割を常習的に果たす場合には、その特定の契約が、(a)当該企業の名義による契約、(b)当該企業が有する資産の所有権の譲渡又は資産の使用権の許諾に係る契約、又は (c)当該企業による役務の提供についての契約である場合、当該企業は代理人が活動する相手国にPEを有するものとされる（図表2参照）[※1]。

■図表2　コミッショネア・アレンジメント及び類似のアレンジメント第5条第5項に対する改訂案

現行
当該企業の名義による常習的な契約締結権限を有する場合、当該企業の代理人はPEと認定される

改訂案
当該企業の代理人として常習的に契約を締結する場合、又は、重要な変更を加えることなく日常的に締結されている契約に関してその締結に向けて主要な役割を常習的に果たす場合、当該契約が以下のいずれかの契約に該当するときは、当該企業は代理人が活動する相手国にPEを有するものとされる

(a) 当該企業の名義による契約

(b) 当該企業が有する資産の所有権の譲渡又は資産の使用権の許諾に係る契約

(c) 当該企業による役務の提供についての契約

※1　ただし、以下の場合においてはこれらの活動により当該企業が相手国にPEを有するとみなされることはない。
(a)OECDモデル租税条約第5条第4項における「準備的又は補助的（最終報告書によって修正されたもの（後述））」に限定される活動
(b)OECDモデル租税条約第5条第6項における「独立代理人(最終報告書によって修正されたもの(次項参照))」によって行われる活動
また、企業から販売会社（いわゆる低リスク販売会社を含む）に製品の所有権が移転する限り、販売会社が所有権を有する期間に関係なく、当該企業は販売会社が販売活動を行う国においてPEを有するとみなされることはない。

改訂前の規定においては、企業の代理人に常習的に契約を締結する権限がない場合、一般にPEの存在は認められないと考えられていた。改訂案においては、企業のために相手国で活動を行う代理人[※2]が、常習的に契約を締結する場合、又は重要な変更を加えることなく契約締結に向けて主要な役割を常習的に果たす場合には、最終的な契約締結が相手国の外で当該企業により行われたとしても、当該企業は代理人が活動する相手国にPEを有するとみなされる。

　また、改訂前の規定では、代理人の名義で第三者と締結される契約（コミッショネア・アレンジメントにおける契約を含む）の場合、ほとんどの国において、一般にPEの存在は認められないとされていたが、改訂案においては、代理人[※3]が企業の名義ではなく自己の名義で契約を締結したとしても、当該企業は代理人が活動する相手国にPEを有するとみなされる可能性がある。

② 「独立代理人」の範囲縮小（OECDモデル租税条約第5条第6項に対する改訂案）

　改訂前のOECDモデル租税条約第5条第6項においては、企業が通常の方法でその業務を行う独立の地位を有する代理人（「独立代理人」）を通じて相手国で事業を行う場合、当該企業は相手国にPEを有するとはみなされない。改訂案では、通常の方法で企業のためにその業務を行う独立代理人に対してPEを認定しないとする規定は残すものの、その者が専ら又はほぼ専ら[※4]、密接に関連する（closely related）1つ又は複数の企業に代わって行動している場合には、その者は当該企業の独立代理人とはみなさないと規定している。1つ又は複数の企業の代理として活動する者が独立代理人に該当するかどうかは、全ての関連する事実及び状況を考慮して

※2　当該代理人が独立代理人（次項②参照）に該当する場合を除く。
※3　当該代理人が独立代理人（次項②参照）に該当する場合を除く。
※4　密接に関連する企業のために行う活動のほかに重要な事業活動を行っていない場合には、その者は密接に関連する当該企業の代理として「ほぼ専ら」活動するものと取り扱われる。例示として、販売代理人が関与する売上総額のうち密接に関連する企業以外の企業にかかわる売上が10％未満の場合、当該代理人は密接に関連する企業のために「ほぼ専ら」活動しているとみなされる。

決定しなければならないものとされ、一方が他方を支配する場合、又は両者が同一の者若しくは企業に支配されている場合には、ある者は、ある企業と密接に関連する関係を有するものとされる。一方の者が他方の者の実質的持分（企業の場合には当該企業の株式議決権及び株式価値、若しくは資本持分）の50％超を直接又は間接に保有する場合、又は第三者がある者及びある企業の実質的持分（企業の場合には当該企業の株式議決権及び株式価値、若しくは資本持分）の50％超を直接又は間接に保有する場合には、ある者はある企業と密接に関連する関係を有するものとみなされる。

改訂前の規定においては、事実関係や活動状況によっては、関連する企業のために活動する代理人が独立代理人とみなされ、当該企業が相手国でPE認定されない可能性もあったが、改訂案では、関連する1つ又は複数の企業のために専ら又はほぼ専ら活動する者は、独立代理人とは認められないこととなる。

（2）特定の活動に係る例外規定（第5条第4項に対する改訂案）
①特定の活動の除外

改訂前の規定においては、OECDモデル租税条約第5条第4項に列挙される例外と認められる一定の活動のみを行う場所は、PEの定義から除外されている[※5]（特定の活動に係る例外規定）。

上述の除外規定を適用することによりPE認定を人為的に回避することを防止するために、最終報告書では、改訂前のOECDモデル租税条約第5条第4項の全ての活動について、「準備的又は補助的」なものに限定す

[※5] 改訂前のOECDモデル租税条約第5条第4項において、次のことを行う場合にはPEに該当しない。
　a) 企業に属する物品又は商品の保管、展示又は引渡しのためにのみ施設を使用すること
　b) 企業に属する物品又は商品の在庫を保管、展示又は引渡しのためにのみ保有すること
　c) 企業に属する物品又は商品の在庫を他の企業による加工のためにのみ保有すること
　d) 企業のために物品若しくは商品を購入し又は情報を収集することのみを目的として、事業を行う一定の場所を保有すること
　e) 企業のためにその他の準備的又は補助的な性格の活動を行うことのみを目的として、事業を行う一定の場所を保有すること
　f) a)から e)までに掲げる活動を組み合わせた活動を行うことのみを目的として、事業を行う一定の場所を保有すること。ただし、当該一定の場所におけるこのような組合せによる活動の全体が準備的又は補助的な性格のものである場合に限る。

る提案を行っている。代理人が行う活動が準備的又は補助的であるかどうかは、事業を行う一定の場所の活動それ自体が、企業の全体的な活動の本質的かつ重要な部分を構成するか否かによる[※6]。

最終報告書では、企業が行う活動が準備的又は補助的であるかどうかは、当該企業の事業全体に対する当該活動の役割を考慮して決定されるべきであるとして、OECDモデル租税条約第5条第4項a）からe）に掲げる活動それぞれについて以下のような事例を示して解説を行っている。

a）企業に属する物品又は商品の保管、展示又は引渡しのためにのみ施設を使用すること

- 顧客にオンラインで物品を販売することを主たる事業とする企業が、商品の保管、配送を行うことを主たる目的として、オンライン販売を行う相手国に大規模な倉庫を保有し、相当人数の従業員を雇用、維持している場合、この活動は当該企業の販売及び流通事業において必須のものであり、したがって、準備的又は補助的と考えることができない。

- 顧客に対して機械製品のスペアパーツを配送するとともに、機械の保守修繕を行う目的で、事業を行う一定の場所を相手国に維持している場合、これらのアフターサービス（保守修繕）は当該企業が顧客に提供するサービスの必須かつ重要な部分であり、したがって、準備的又は補助的と考えることができない。

b）企業に属する物品又は商品の在庫を保管、展示又は引渡しのためにのみ保有すること

- 企業の在庫が独立した物流業者の管理する倉庫に保管され、当該物流業者の倉庫に対して当該企業に裁量権がない場合には、当該倉庫は事業を行う一定の場所に該当しない。

[※6] 一般に、企業の全体的な活動の本質的かつ重要な部分を見込んで行われる活動は準備的特性を有し、企業の全体的な活動の本質的かつ重要な部分に属さず、重要な部分を支援するために行われる活動は補助的属性を有する。

- 倉庫に保管されている物品や商品の検査やメンテナンスのために、倉庫のなかの区分された一部の場所への無制限のアクセスが認められている場合には、当該倉庫は事業を行う一定の場所に該当する可能性がある。

c) 企業に属する物品又は商品の在庫を他の企業による加工のためにのみ保有すること

- 企業に属する物品又は商品が他者（加工業者等）の施設に存在するだけでは、当該企業は当該施設内に事業を行う一定の場所を有していることにはならない。
- 倉庫に保管されている物品の検査やメンテナンスのために、企業が加工業者等の施設のなかの別の場所への無制限のアクセスが認められている場合、当該企業は当該施設内に事業を行う一定の場所を有しているものとされる。

d) 企業のために物品若しくは商品を購入し又は情報を収集することのみを目的として、事業を行う一定の場所を保有すること

- 経験豊富で高い報酬を与えられたバイヤーが、相手国の生産者を訪問して、国際基準に従って生産物の種類や質を決定し、企業がその生産物を取得するための異なる種類の契約を結ぶ活動を行う従業員が働く仕入担当事務所はPEに該当するものとされる。
- ある企業が、多数の大型ディスカウントストアを運営するとともに、他の国に市場調査及び当該企業が出店するため政府へロビー活動を行う目的で2年間その国に事務所を維持しており、その間に当該企業の従業員が当該事務所のために時折物品を購入した場合には、当該事務所による購入活動は補助的なものであり、PEに該当しないものとされる。
- ある投資ファンドが、他の国における潜在的な投資機会に関する情報の収集のみを目的としてその国に事務所を開設した場合には、当該事務所は情報収集のみを目的とするものであり、PEに該当しな

いものとされる。
- e）a）からd）までに明示的に列挙されていない活動であって準備的又は補助的な性格を持つ活動
  - 企業が相手国において広告、宣伝、情報提供、科学的研究、特許又はノウハウ契約の管理等のみを行うものについては、PEに該当しないものとされる。
  - 企業が相手国で経営機能を有する事業を行う一定の場所を有する場合、経営活動は事業運営に必須のものであるため、準備的又は補助的な活動を行っているとはみなされない。

なお、最終報告書では、OECDモデル租税条約第5条第4項改訂の代替案として、OECDモデル租税条約第5条第4項のa）からd）に列挙された活動を本質的に「準備的又は補助的」であるとみなし、これらの活動を「準備的又は補助的」活動に限定しないという取扱いを提案している。この取扱いを行う国は、以下に述べる細分化禁止規則を導入する場合に限り、上述の改訂案と異なる第5条第4項を採用することができるとしている[7]。

②密接に関連する当事者間における企業活動の細分化禁止規則の追加

最終報告書は、OECDモデル租税条約第5条に第4.1項を新たに加え、新しい細分化禁止規則を盛り込む提案を行っている。本規則の目的は、事業を行う一定の場所での活動を細分化し、それぞれの活動を準備的又は補助的活動にすぎないとして例外規定を適用することを防止することにある。

細分化禁止規則は、ある企業がある国において事業を行う一定の場所を有する場合で、その企業又は密接に関連する企業が、同一の場所又は同一国内のその他の場所で事業活動を行っており、かつ以下の（a）又は（b）に該当する場合に、当該事業を行う一定の場所にOECDモデル租税条約

※7 最終報告書では、OECDモデル租税条約第5条第4項のPE除外規定を不適切に使用することに対する懸念は、新たな細分化禁止規則によって対応できるとしている。

第5条第4項の準備的又は補助的活動の除外規定を適用しないとしている。

(a) 当該同一の場所又は同一国内のその他の場所がPEを構成する場合
(b) 企業と密接に関連する企業によって同一の場所で行われる全体的な活動、又は当該企業若しくは密接に関連する企業のいずれかによりこれら2か所で行われる全体的な活動が、準備的又は補助的な活動ではない場合

第4.1項の合算規定（aggregation rule）は、一方又は双方の企業によ

■図表3　細分化禁止規則の事例
例えば、以下の事実がある場合、新しい第5条第4.1項のもとではPEが存在するとみなされる。
（事例1）

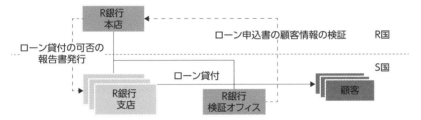

・R銀行がその支店及び検証オフィスにおいて行う事業活動は、統一したまとまりのある事業活動の一部である互いに補完的な機能（すなわち、顧客へのローン貸付）を構成する
・したがって、検証オフィスは検証活動が準備的又は補助的な性格を有する活動であることを根拠に特定の活動に係る例外規定を利用することはできない

（事例2）

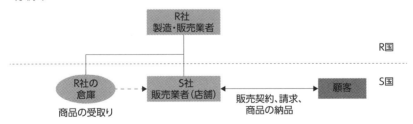

・S社とR社は密接に関連する企業である
・S社はS国法人である
・R社がその倉庫で行う事業活動とS社がその店舗で行う事業活動は統一したまとまりのある事業活動の一部である互いに補完的な機能（すなわち、商品を一か所に保管し、それらを他の場所を通じて販売する）を構成する

り行われる事業活動が、統一したまとまりのある事業において相互補完的機能を果たすものである場合にのみ適用される。どのような場合に「統一したまとまりのある事業において相互補完的機能を持つ」活動とみなされるのかについては、前頁図表3の2つの事例を示している。

（3）契約の分割

　最終報告書では、改訂前のOECDモデル租税条約第5条第3項[※8]におけるPE認定を避けるために、関連者間の契約をいくつかに分割してそれぞれの継続期間を12か月未満とし、それぞれをグループ内の異なる関連会社に帰属させるという懸念にも対応している。契約の分割によるPE認定の回避に対しては、行動6（租税条約濫用防止）で提案された「主要目的テスト」ルールをOECDモデル租税条約に追加するか、あるいは建設プロジェクトに従事する関連者が同一プロジェクトに関連付けられる活動に30日を超える期間従事した場合に、それらの活動に費やされた時間を合算して12か月を計算するかのいずれかにより対応することが適切であるとされている。

（4）保険

　行動7に関する作業の一部として、独占代理店が有する大規模なネットワークが外国の保険会社の保険販売に利用される場合の懸念について検討されているが、これらの懸念についてPE規定を通じて対応することは適切ではなく、当該懸念はOECDモデル租税条約第5条第5項及び第6項の全般的な変更により対応すべきとの結論となっている。

（5）PEへの利益帰属と移転価格

　PE帰属所得に関するOECDモデル租税条約第7条に基づく改訂前の規則及びガイダンスは、上述の変更点によって本質的な修正を必要とするものではないとされた。ただし、これらの変更点を踏まえ、OECDモデル租税条約第7条の規定をどのようにPEに適用するかに関するガイダンス

[※8] 改訂前のOECDモデル租税条約第5条第3項では、建設工事現場、又は建設若しくは据付けのプロジェクトが12か月を超える期間存続する場合に、いわゆる建設PEを構成するとしている。

を追加する必要があるとしている。最終報告書において提言されたPEの定義の拡大は、行動15において検討されている多数国間協定に盛り込まれることとされている。また、多数国間協定の交渉期限である2016年末までに、PEに帰属する所得の計算に関する新たなガイダンスを策定することとされている。

3．納税者への影響

　OECDモデル租税条約第5条を変更する具体的な改訂案に基づき、今後締結する租税条約が当該改訂案に沿った規定に改訂された場合には、現行のビジネスモデルを継続することにより各国で新たなPEが生じる可能性があり、行動7の報告書の改訂案は、企業が、今後、グローバルビジネスをどのように運営していくかの意思決定に影響してくるものと考えられる。新たなPEの認定は、新たな申告義務をもたらし、税務論争が生じる可能性も高まるため、PE認定の問題、及び当該PEへの帰属所得の問題はビジネス上の重要な課題となる。

　企業は、今回の改訂案がもたらすグローバルビジネスへの影響を精査し、特定されたPEリスクを低減する、あるいは将来のPEリスクを最少化するための社内運営ガイドラインや内部統制プロセス等を構築する必要がある。さらに、投資先国の税務当局が指摘するPE認定の実務的な線引きに関する動向、並びにPE帰属所得の問題について継続して取り組んでいるOECDの動向を今後も引き続き注視していく必要がある。

◆ 行動8　無形資産取引に係る移転価格ルール

1．行動8-10の報告書

　OECDは、2015年10月5日に行動8-10に基づく報告書「Aligning Transfer Pricing Outcomes with Value Creation（移転価格税制と価値創造の一致）」を公表した。本最終報告書では、大きく3つの分野に関して、現在の「多国籍企業と税務当局のための移転価格算定に関する指針」（以下「OECD移転価格ガイドライン」という）の改訂を目的とするガイダンスが取りまとめられている。

行動8（無形資産に係る移転価格）
適正な移転価格の算定が困難である無形資産を用いたBEPSへの対応策を検討
行動9（リスクと資本に係る移転価格）
グループ内の関連者に対するリスクの移転、過度な資本の配分等によって生じるBEPSの防止策の検討 ・グループ内の関連者に対するリスクの移転、過度な資本の配分によって生じるBEPSの防止 ・非関連者間では行われない又は滅多に行われることのないような取引によって生じるBEPSの防止
行動10（他の租税回避の可能性の高い取引に係る移転価格ルール）
その他移転価格算定手法の明確化やBEPSへの対応策の検討 ・グループ内役務提供取引に関するBEPS問題への対応 ・コモディティ取引に関する取扱いの明確化 ・取引単位利益分割法の適用の明確化

■ OECD移転価格ガイドラインの改訂

行動8-10の報告書に基づくOECD移転価格ガイドラインの改訂
第1章（独立企業原則）D節の改訂
第2章（移転価格算定方法）へのコモディティ取引に関する取扱いの追加
第6章（無形資産に対する特別の配慮）の改訂
第7章（グループ内役務提供に対する特別の配慮）の改訂
第8章（費用分担取決め）の改訂

　本項では、行動8（無形資産に係る移転価格）に関連して最終報告書で提言されているOECD移転価格ガイドラインの第6章及び第8章の改訂を中心に紹介し、次項以降で行動9（リスクと資本に係る移転価格）に関

連して同ガイドラインの第1章セクションDの改訂、行動10（他の移転価格ルール）に関連して同ガイドラインの第7章の改訂等についてそれぞれ紹介する。なお、OECD移転価格ガイドライン第6章セクションDにおける取引単位利益分割法に関するガイダンスの改訂については、OECDにおいて議論が継続されており、2017年前半を目途にガイダンスが最終化・公表される見込みである。

2．行動8の趣旨・目的

　行動8の議論の背景として、現在の移転価格税制のルールでは、多国籍企業グループが当該企業の経済活動の実態から乖離する形で無形資産の移転等を行い軽課税国に課税所得を移転することが可能となっているなどの問題が生じており、このような問題に対応する必要性がある点が挙げられる。

　このような無形資産の移転等に絡むBEPS問題に対応すべく、行動8では、無形資産の移転及び使用に関連する利益（課税所得）が価値の創造（経済実態）に従った適切な配分状況を実現すること等に焦点を当てたガイダンスが示されるに至っている。具体的には、OECD移転価格ガイドラインの第6章（無形資産に対する特別の配慮）において無形資産の内容や所有者の考え方、無形資産の移転等に伴う対価の算定方法等について見直しが行われている。また、同ガイドラインの第8章（費用分担取決め）において費用分担契約への参加資格、費用分担契約への拠出に係る対価の算定方法等について見直しが行われている。以下では、これらの内容について紹介する。

3．BEPS最終報告書の概要
（1）無形資産に対する特別の配慮

　最終報告書で公表されたOECD移転価格ガイドライン第6章の改訂版では、同章の構成は次頁の表のとおりとなっている。

■第6章(無形資産に対する特別の配慮)の改訂

改訂前	改訂後
A. 序	A. 無形資産の特定
B. 商業上の無形資産	B. 無形資産の所有権、並びに無形資産の開発、改良、維持、保護及び活用を伴う取引
C. 独立企業原則の適用	C. 無形資産の使用又は移転を伴う取引
D. 商標又は商号を有しない企業が行うマーケティング活動	D. 無形資産を伴う事例における独立企業間条件の決定に係る補助的なガイダンス
―	付録:無形資産のガイダンスに関する設例

　上述のOECD移転価格ガイドラインの改訂では、無形資産取引に係るBEPS問題への対応として主に3つのガイダンスが示されており、これらについてその内容を紹介する。

・広範かつ明確な無形資産の定義
・無形資産の移転及び使用に関する利益の価値創造に沿った配分
・評価困難な無形資産に関する移転価格算定ルール(いわゆる「所得相応性基準」)

①広範かつ明確な無形資産の定義

　最終報告書の背景として、無形資産の定義の曖昧さによって、例えば、無形資産の使用又は移転が行われている場合において、独立企業間価格で取引が行われていない可能性や対価の授受が行われていないなどの問題が生じており、このような問題に対応する必要性がある点が挙げられる。

　最終報告書では、移転価格税制上の無形資産について、「有形資産又は金融資産ではないもので、商業活動における使用目的で所有又は管理することができ、比較可能な独立当事者間の取引ではその使用又は移転に際して対価が支払われるような資産」と定義し、あわせてこの定義に該当する無形資産の実例を示している。例えば、次頁の表のとおり、特許、商標、契約上の権利などの法的な権利のほか、ノウハウ、企業秘密なども無形資産に該当するとされている。

　「のれん及び継続企業の価値」については、その定義及び無形資産の該

無形資産に該当するもの（例）	無形資産に該当しないもの（例）
・特許 ・ノウハウ、企業秘密 ・商標、商号、ブランド ・契約上の権利、政府の許認可（免許） ・ライセンス、その他の制限された無形資産の権利 ・のれん及び継続企業の価値	・グループシナジー ・市場固有の特徴

当性を詳細に述べているわけではないものの、状況次第では無形資産を構成し得るものであり、継続企業の資産の一部又は全部が移転される際の移転に係る独立企業間価格算定において考慮され得るとしている。なお、「グループシナジー」及び「市場固有の特徴」（例：低労働コスト）について、これらは所有又は管理することができないため、無形資産に該当しないとしている。

②無形資産の移転及び使用に関する利益の価値創造に沿った配分
〔無形資産の活用から生じる経済的利益の帰属先〕

　最終報告書の背景として、無形資産の法的所有者を軽課税国所在の関連者に集約し、その活用から生じる利益を開発等の経済実態を伴わない当該関連者に移転することが行われているなどの問題が生じており、このような問題に対応する必要性がある点が挙げられる。

　最終報告書では、無形資産の活用から生じる経済的利益を受け取る権利を有する者の考え方が示されている。すなわち、無形資産の法的所有権自体がその活用から生じる経済的利益を受け取る権利を意味するわけではなく、無形資産の開発、改良、維持、保護及び活用（Development、Enhancement、Maintenance、Protection 及び Exploitation、以下「DEMPE」という）という重要な価値創造の各機能を実施及び管理する者が無形資産の活用から生じる経済的利益を稼得することを期待できるとしている。この点、無形資産の DEMPE に関する活動を自ら行わず、他の者に委託することは可能であるが、その場合、無形資産に係る経済的利益を受ける権利を有する者は、受託先が遂行する機能を管理する必要があるとしている。また、DEMPE に関連するリスク（例：資金負担等の財務リスク）を引き

受ける場合、リスクを引き受ける者がその管理活動を行っていれば、そのリスクに見合う利益を稼得することが期待できるとしている。この一例として、グループ内のある関連者が無形資産の開発活動への資金提供を通じて財務リスクを負担しているものの、DEMPEに関する活動を実施又は管理していない場合、自身の資金提供に対するリスク調整後利益を受けることは期待できるものの、無形資産の活用から生じる利益の多く又は全てを受けられるわけではないことが示されている。したがって、今後、無形資産の活用から生じる経済的利益を受ける権利を有する者の検討に当たって、関連者間の開発等に関する活動の実施及び管理といった経済実態がより重視されることになるものと見込まれる。

〔無形資産の対価算定〕

　最終報告書では、無形資産を伴う取引に係る独立企業間価格を算定するに当たり、OECD移転価格ガイドラインの第1章（独立企業原則）から第3章（比較可能性分析）に示されている原則を適用するための指針が示されている。このうち、重要な点は以下のとおりであるが、評価技法（ディスカウント・キャッシュ・フロー法、以下「DCF法」という）が適切に利用できる場合のガイダンスが拡充されており、今後の移転価格分析実務に影響があるものと見込まれる。

- 無形資産の開発等に係るコストと無形資産の活用から生じる利益との間に相関関係があることは稀であり、コストに基づく無形資産の対価算定は一般的に十分な評価結果が得られず、このような場合には、独立価格比準法（以下「CUP法」という）及び利益分割法（以下「PS法」という）の適用が考えられる。また、一面的な移転価格分析（例：取引単位営業利益法、以下「TNMM」という）を用いて取引にかかわる関連者のうち一方の関連者の機能の価値を決定し、無形資産の価値（残余利益）を導き出すことにより無形資産の対価を間接的に算定する方法も考えられる。

- 無形資産を伴う取引の対価算定を行う際、取引にかかわる関連者双方の

視点、これら関連者が利用可能な選択肢などに注意を払う必要があり、これら関連者のうち一方の関連者のみに焦点を合わせた「一面的」な移転価格分析（例：TNMM）は、信頼できる比較対象取引が見出だせない状況において、一般的に十分な評価結果が得られず、このような場合には、CUP法及びPS法の適用が考えられる。
- DCF法に基づく財務価値評価手法は、信頼できる比較対象取引がない場合において有用な無形資産の対価算定方法となり得るが、独立企業原則と一貫した方法で適用する必要があり、特に、他の目的（例：財務会計目的）で作成された財務予測値の使用等、同法適用の基礎となる仮定・前提条件の理解及び検証が必要であると考えられる。

③評価困難な無形資産に関する移転価格算定ルール

　最終報告書の背景として、無形資産の移転等の際に無形資産に係る比較対象取引が存在せず、取引時点において無形資産の活用から将来生じるキャッシュ・フロー等の将来予測及び評価が困難な無形資産について、税務当局と企業の当該無形資産に関する情報の非対称性により無形資産の移転等が独立企業間価格で行われていないなどの問題が生じており、このような問題に対応する必要性がある点が挙げられる。

　このような取引時点において評価困難な無形資産（Hard-To-Value Intangibles、以下「HTVI」という）について、予測と実際の結果とが一定以上乖離した場合に、税務当局が実際の結果に基づいて独立企業間価格を評価することができることが示されており、いわゆる「所得相応性基準」の導入と同基準の適用に関するガイダンスが示されている。

　最終報告書によれば、HTVIは、「無形資産又は無形資産に対する権利であり、その関連者間における移転の時点で、(i)信頼できる比較対象取引が存在せず、(ii)取引時点で移転される無形資産から生じ得ると予想される将来のキャッシュ・フロー若しくは収益の予測、又は当該無形資産の評価において用いられる過程が極めて不確実であるために、移転時点における当該無形資産の最終的な成功の水準の予測が困難になっているもの」

と定義されている。HTVI の移転等を伴う取引は、次のうち1つ以上の特徴を有している場合があるとされている。

- 移転等の時点で部分的に開発されている無形資産
- 取引後数年間において商業利用が予想されていない無形資産
- 移転等の時点でその利用が新しいものであると予想され、かつ、類似の無形資産の開発等に係る情報がないことにより無形資産の活用に係る財務予測が極めて不確実である無形資産
- その無形資産自体は HTVI ではないが、HTVI に該当する無形資産の開発又は改良の際に不可欠である無形資産
- 信頼できる比較対象取引がなく、かつ、無形資産の活用に係る財務予測が極めて不確実な状況下で、一括の対価授受に基づき関連者間で移転等がなされた無形資産
- 費用分担契約又は類似の取決めに関連して使用され又は開発された無形資産

このような HTVI に関して、税務当局が取引時点の予測損益等に代えて取引後の実際の損益等に基づき無形資産を評価することができる、所得相応性基準の適用が示されているが、同時にその適用は一定要件を満たす場合に限るとされ、企業の移転価格課税の予測可能性の確保への手当てもなされている。すなわち、次の要件のうちいずれかを満たす場合には、所得相応性基準は適用されないとされている。

(i) 企業が次の情報を提供する場合

(a) HTVI の価格の取決め時に合理的に予測可能な事象その他のリスクを考慮するために使用した事前の予測及びその実現可能性に関する詳細な説明

(b) 財務上の予測と実際の結果との間に重要な乖離がある場合にその乖離が、取引時点で予測困難であったこと若しくは価格決定後に生じた予測困難な事象によるものであること、又は乖離要因となった事象の実現可能性に関する取引時点での予測が合理的であることに関

する信頼できる証拠の提供
 (ⅱ) HTVI の移転が二国間又は多国間事前確認の確認対象取引である場合
 (ⅲ) 上記(ⅰ)(b)における財務上の予測と実際の結果の乖離が、HTVI の取引時点で設定した対価の 20％を超えて減少又は増加させる効果を持たない場合
 (ⅳ) HTVI に係る非関連者からの収入が初めて計上された年から 5 年の商業期間を経過しており、当該期間において、上記(ⅰ)(b)における財務上の予測と実際の結果の乖離が当該期間における予測の 20％を超過しない場合

（2）費用分担契約

　費用分担契約（Cost Contribution Arrangement、以下「CCA」という）とは、「各参加者のリソース及びスキルのプーリングによる相互便益を期待した無形資産又は有形資産の共同開発、生産又は取得、サービスの取得に関連する拠出及びリスクを共有するための企業間における契約上の取決め」と定義されている。最終報告書の背景として、例えば、無形資産の開発等に係る CCA の参加者を軽課税国に置き、既存の無形資産の当該 CCA への移転等（いわゆるバイ・イン）が行われることなどにより税源浸食の問題が生じており、このような問題に対応する必要性がある点が挙げられる。

　最終報告書で公表された OECD 移転価格ガイドライン第 8 章の改訂版では、同章の構成が次頁の表のとおりとなっている。上述の OECD 移転価格ガイドラインの改訂は、既存の CCA に関するガイダンスに関して、最終報告書における無形資産及びリスクの統制に関するルールと整合させるために行われたものである。以下で紹介するとおり、例えば、CCA への参加者の機能が重視され、参加者の貢献は、費用ではなく価値に基づいて測定されるべきであるとされている。

■第8章(費用分担取決め)の改訂

改訂前	改訂後
A. 序	A. 序
B. CCAの概念 B.1. 総論 B.2. 他章との関係 B.3. CCAの類型	B. CCAの概念 B.1. 総論 B.2. 他章との関係 B.3. CCAの類型
C. 独立企業原則の適用 C.1. 総論 C.2. 参加者の決定 C.3. 各参加者の貢献額 C.4. 配分が適切かどうかの決定 C.5. 貢献及び調整的支払の税務上の取扱い	C. 独立企業原則の適用 C.1. 総論 C.2. 参加者の決定 C.3. CCAから期待される便益 C.4. 各参加者の貢献額 C.5. 調整的支払
D. CCAが独立企業原則に従っていない場合の税務上の取扱い	C.6. 実際の取引の適切な反映 C.7. 貢献及び調整的支払の税務上の取扱い
E. CCAへの参加、脱退、終了	D. CCAへの参加、脱退、終了
F. CCAの構築及び文書化に関する提言	E. CCAの構築及び文書化に関する提言
—	CCAのガイダンスに関する説例

① CCAへの参加資格

　CCAに参加するための要件は、2010年版のOECD移転価格ガイドラインの内容を基礎としているものの、最終報告書を受けて、「コントロール(統制)」も参加者となるための要件として加えられている。すなわち、CCAの全ての参加者は当該CCAのもとで自身が引き受けるリスクをコントロールするための機能上の能力(CCAへの参加によるリスク引き受けに係る意思決定やリスクへの対応に係る継続的意思決定に係る能力)及びそれらのリスクを引き受けるための財務上の能力を有する必要があるとされている。なお、CCAの参加者は、CCAの活動の全部又は一部を自ら実施することに代えて、自らのコントロール下で特定の機能を他の者にアウトソースすることもできるとされている。

② CCAへの各参加者の貢献の価値

　CCAの参加者が行う貢献の価値は、参加者が当該CCAから受けると予想される便益に比例している必要があるという2010年版のOECD移転価格ガイドラインと一貫しているものの、最終報告書では踏み込んだ議論がなされている。すなわち、CCAの参加者によって拠出され又は参加者において発生するコストは、各参加者の貢献の測定になじまない場合があ

り、その場合には、コストではなく価値に基づいて測定されるべきであるとしている。

　価値に基づく各参加者の貢献の測定を行う場合、「既存の貢献」と「現在の貢献」とを区別する必要があるとされている。例えば、無形資産の開発に関するCCAにおいて、ある参加者により拠出される既存の無形資産（例：特許取得済技術）、すなわち「既存の貢献」の価値は、その貢献がCCAの目的である開発活動とあいまって将来生み出すと期待される価値に基づいて評価する必要があるとされている。一方、CCAにおいて、ある参加者によって行われる研究開発活動、すなわち、「現在の貢献」は、CCAの開発活動から将来生み出すと期待される価値ではなく、その果たす機能の価値に基づき評価する必要があるとされている。

　また、OECD移転価格ガイドラインでは、各参加者の貢献の測定をコストではなく価値に基づく必要があるとする一方、実務的にはコストに基づく場合もあり得ることを同時に認めている。例えば、サービスに関するCCAにおいて、類似の性質を有する貢献を基礎にコストに基づき測定することができる場合が挙げられている。ただし、各参加者のCCAに対する貢献の性質が異なっている場合（例：一方の参加者はサービスを拠出し、他方の参加者は無形資産又はその他の資産を拠出する等）、上述のコストに基づく各参加者の貢献の測定は適切ではない可能性がある点も指摘されている。

4．納税者への影響

　行動8-10の報告書によれば、無形資産の活用から生じる経済的利益を受ける権利を有する者の検討に当たり、機能等の実態をより重視するアプローチが採られており、今後、現在の2010年版のOECD移転価格ガイド

ライン※1の改訂、各国での税制改正及び執行面での対応の検討が行われることになると予想される。

　各企業においては、各国の税制改正に注視するとともに、この新たなガイドラインを踏まえて、既存のグループ内の無形資産使用許諾契約の対象としている無形資産の内容確認はもとより、これに含まれていない無形資産の有無の確認など、企業グループが有する無形資産の棚卸作業に取り組む必要があるものと考えられる。また、グループ内の無形資産を特定した後、その活用から生じる経済的利益のグループ内の配分を分析するに当たり、まず、法的な取決めの諸条件（例：ライセンス契約等）を出発点とし、次に、無形資産のDEMPEにおいて遂行する機能・使用する資産・負担するリスクの各関連者間の分担状況が経済的利益を受ける権利の配分状況と合致しているか否かなどを検証していく必要があるものと考えられる。このように各企業においては、無形資産取引等に関する移転価格ポリシーの検討や再検証、及びこれらに基づく関連者間の契約関係の見直しなどが必要になるものと考えられる。

※1　BEPSプロジェクトに参加しているOECD/G20の各国は、既に行動8-10の報告書の内容に合意している。2016年5月23日にOECDの理事会は、当該最終報告書で取りまとめられているOECD移転価格ガイドラインに関する改訂内容を、OECD移転価格ガイドラインに採り入れる勧告を採択する正式な手続を行っている。OECDは、事業再編に係る移転価格の側面に関する第9章（2016年7月4日にOECDはディスカッションドラフト（「Conforming Amendments to Chapter IX of the Transfer Pricing Guidelines」）を公表）を含め、OECD移転価格ガイドラインの他の章との整合性を図る改訂を終了した後に、OECD移転価格ガイドラインの改訂版を公表する予定である。なお、これらの改訂は、各章間の整合性を図るためのもので、既に報告書で公表されている改訂内容を修正するものではなく編集を中心とするものになると見込まれる。

◆ 行動9　リスクと資本に係る移転価格ルール

1．趣旨・目的

　最終報告書の背景として、非関連者間では生じ得ない（又はごく稀にしか生じ得ない）取引、すなわち、商業的合理性に乏しい又は経済活動の実態を伴わないグループ内でのリスクの移転及び過度な資本の配分によって税源浸食の問題が生じており、このような問題に対応する必要性がある点が挙げられる。

　最終報告書では、OECD移転価格ガイドライン第1章D節（独立企業原則の適用のための指針）の改訂が含まれている。これによれば、機能、リスク及び資産のグループ内の契約上の配分（法的形式）に関して、リスク管理を含む関連者の実際の経済活動に基づく契約関係の分析を求めており、グループ内取引が独立企業原則に即しているか否かの検討に当たり、取引の法的形式よりも経済実態に重点が置かれている。

2．BEPS最終報告書の概要

　最終報告書で公表されたOECD移転価格ガイドライン第1章D節の改訂版では、同章の構成は下表のとおりとなっている。

　上述のOECD移転価格ガイドラインの改訂では、リスクと資本に係る

■第1章（独立企業原則）D節（独立企業原則の適用のための指針）の改訂

改訂前	改訂後
D.1.　比較可能性分析	D.1.　商業上又は資金上の関係の特定
D.2.　実際に行われた取引の認識	D.2.　実際に行われた取引の認識
D.3.　損失	D.3.　損失
D.4.　政策の影響	D.4.　政策の影響
D.5.　関税評価額の使用	D.5.　関税評価額の使用
―	D.6.　ロケーションセービング及びその他市場固有の特徴
―	D.7.　統合された労働力
―	D.8.　グループのシナジー

BEPS問題への対応として主に次のガイダンスが示されており、これらについてその内容を紹介する。

- 関連者間の契約関係について、各関連者はその取決めに整合的な経済活動を行い、リスクを引き受けるためのリスク管理能力や財務能力を有しているか否かが問題となり、各関連者の経済実態に見合うよう所得の配分を行う必要がある
- 関連者間取引について、当該取引が比較可能な経済環境等において独立企業間で合意するであろう商業的合理性のある取決めであるか否かが問題となり、商業的合理性を欠く場合、税務当局は関連者間取引を否認する場合がある

（1）商業上又は資金上の関係の特定とリスク分析に基づく適切な利益配分

　移転価格税制上、関連者が引き受けるリスクが大きければ、それだけ期待される利益を多く享受できることになるため、どのようなリスクを負担し、どのような機能を果たすのかを検討することが重要となる。

　関連者間の契約関係について、グループ内のある関連者が契約に基づきリスクを負担している又は資金を提供しているという理由のみで、当該関連者に対して不適切に利益が配分されることのないようOECD移転価格ガイドラインの改訂が行われている。例えば、グループ内で行われたリスクの配分等の取引に関して、どのような場合に実際の取引を認識しないことが適切か（どのような場合に実際の取引を尊重することが適切か）の判断基準が最終報告書で示されている。

　最終報告書によれば、その判断基準として、移転価格分析における重要要素である比較可能性分析を最初の重要なステップとして位置付けている。すなわち、実際の取引を正確に認識するために、(i) 契約条件、(ii) 使用する資産、引き受けるリスクを考慮した機能、(iii) 資産及び役務の特徴、(iv) 経済環境及び市場、(v) 事業戦略といった比較可能性の要素を特定しなければならないとされている。例えば、書面による契約条件が、上述の他の経済的に重要な特性と一致しない場合、契約当事者である各関

連者の実際の行動に基づいて取引を認識する必要があり、また、書面による契約条件がない場合、契約当事者である各関連者の実際の行動に基づいて取引を推定することとされている。

　最終報告書には、契約当事者である各関連者が実際に何を行い、どのような能力を有しているかに注目した機能分析のガイダンスが含まれており、これらの活動や能力には、事業戦略やリスクについての決定を含む意思決定能力が含まれている。

　以上を踏まえ、最終報告書では、関連者間のリスク分析について、次に掲げる6つのステップで構成される分析フレームワークが示されている。

■リスク分析に係る新たな6ステップの分析フレームワーク

1	経済的に重要なリスクを特定する
2	契約上のリスクの配分を特定する
3	リスクの引受け、特にリスクのコントロール機能及びリスクを引き受けるための財務能力に関連して、各関連者がどのような活動を行っているかを判断する
4	ステップ1-3の結果を踏まえ、リスクの契約上の配分が実際の各関連者の行動と一致しているかどうかを判断する
5	リスクを引き受ける関連者が当該リスクをコントロールしていないか、又は当該リスクを引き受けるための財務能力を持っていない場合、リスク配分の見直しを行う
6	リスク配分の結果を踏まえ、各関連者間の取引価格を設定する

（2）キャッシュ・ボックス（単に資金だけを提供している実態のない関連者）に対する利益配分の考え方

　最終報告書では、資金提供のほかに重要な経済的活動を伴わないグループ内の関連者（キャッシュ・ボックス）に対する不適切な利益配分への手当てもなされている。上述のとおり、リスクに関連するリターンを得るためには、リスクを管理する機能を果たす必要があり、キャッシュ・ボック

スが単に資金を提供するのみで、リスク管理機能を果たしていない場合、キャッシュ・ボックスにはプレミアム・リターン（リスクに対するリターン）は配分されず、資金提供に対するリスク・フリー・リターン（例：国債利率程度）の配分までしか認められない（予期せぬ利益のみならず損失も配分されない）とされている。

（3）関連者間取引の否認に関する適用の明確化

　最終報告書によれば、関連者間の取決め（取引）の否認には賛否両論があり、二重課税を生むものであるという認識のもと、関連者間における取決めは、独立企業間における取決めよりも多様であることを強調し、比較可能な状況で独立企業間で同一の取引が行われている場合には、当該取決め（取引）の否認の適用はなく、また、当該取決め（取引）が独立企業間では行われていないという事実のみで否認されるものではないとされている。関連者間の取決めが否認されるかどうかは、当該取決めがその全体像として比較可能な状況で商業的合理性を有しているかどうかなどの検討結果如何によるものとされている。

3．納税者への影響

　最終報告書では、リスク管理を含むグループ内の各関連者の実際の行動と契約上のリスク負担に関する取決めとの関係を分析することを求めており、分析に当たり取引の法的形式から取引の経済実態へ重点が置かれている。今後、最終報告書に従って、現在の 2010 年版の OECD 移転価格ガイドラインの改訂、各国での税制改正及び執行面での対応の検討が行われることになると予想される。

　このようなガイダンスを踏まえて、各企業においては、既存の移転価格ポリシーに基づくグループ内の所得やリスクの配分がグループ内の各関連者の経済活動と整合的なものとなっているかの確認（例：機能・リスク・資産分析）、経済活動と整合的な移転価格ポリシーの見直しや、リスク負担に関する関連者間の契約関係の見直しなどが必要になるものと考えられる。

◆ 行動 10　他の租税回避の可能性の高い取引に係る移転価格ルール

1．趣旨・目的

　最終報告書の背景として、軽課税国に所在するグループ内のシェアードサービスを行う関連者に対する役務提供対価（例：管理費用（Management fee）、本社費用（Head office expenses）等）の支払い等を通じた税源浸食の問題が生じており、このような問題への対応の必要性のほか、コモディティ取引に係る移転価格設定に関する税務当局と納税者との間の一貫性のある考え方や価値創造との整合性確保に向けた対応の必要性が挙げられる。また、他の背景として、企業グループのビジネスモデルの変化に合わせて、比較対象取引の適用が限定的な場合における取引単位利益分割法の適用可能性や適用要件の明確化を通じた価値創造との整合性確保に向けた対応の必要性も挙げられる。

　最終報告書では、継続検討課題とされている取引単位利益分割法の議論を除く上記論点に関して、OECD 移転価格ガイドライン第 2 章（移転価格算定方法）へのコモディティ取引に関する取扱いの追加、第 7 章（グループ内役務提供に対する特別の配慮）の改訂が行われている。

2．BEPS 最終報告書の概要

（1）低付加価値役務提供

　行動 8-10 の報告書で公表された OECD 移転価格ガイドライン第 7 章（グループ内役務提供に対する特別の配慮）の改訂版では、同章に、D 節

■ OECD 移転価格ガイドライン第 7 章（グループ内役務提供に対する特別の配慮）の改訂

改訂前	改訂後
—	D．低付加価値役務提供 D.1．低付加価値役務提供の定義 D.2．低付加価値役務提供に対する独立企業間報酬の簡易な算定 D.3．文書化及び報告 D.4．低付加価値役務提供に係る報酬に課される源泉税

が追加されている。

　最終報告書では、OECD 移転価格ガイドライン第 7 章に「低付加価値役務提供」に関するガイダンスが追加されている。これによれば、管理費用（Management fee）等のいわゆる低付加価値役務提供の対価の支払いによって生じる BEPS 問題への対応を目的とし、対価支払国（主に新興国や途上国）の課税ベースの保護と役務提供対価の適切な算定とのバランスに配慮しつつ、役務提供の対価算定に関する簡易アプローチ等の以下のガイダンスが示されている。

- 低付加価値役務提供の定義
- 低付加価値役務提供に該当する役務の例示
- 低付加価値役務提供の対価算定に関する簡易アプローチの指針
- 低付加価値役務提供の対価算定に簡易アプローチを適用する際に作成すべき文書及び報告の指針

　低付加価値役務提供に関するガイダンスに加えて、役務提供の対価回収を要しない株主活動及び重複活動に関する定義等についてもガイダンスが追加されており、株主活動に該当する活動に係る費用として次の例が示されている。

- 親会社の証券取引所上場に関する費用
- 親会社のため又は連結財務諸表に関連して行われる財務報告監査の費用
- コミュニケーション戦略等の IR 活動に関連する費用
- 親会社の関連税法遵守に付随する費用
- 企業グループ全体のコーポレートガバナンスに関する費用　等

　また、重複活動に関して、最終報告書では、重複活動に該当する可能性のある活動に関してより詳細にその活動の性質を分析する必要があることを明確にしている。例えば、ある関連者が自らマーケティングを実施している状況で、他の関連者からマーケティングに係る役務提供を受け、その対価を支払っているとしても、マーケティングは様々な目的で行われることがあり、それら活動の性質によっては必ずしも重複活動に該当するわけではない点

が示されている。さらに、最終報告書では、税務当局が低付加価値役務提供の対価に対する源泉税を制限するよう指針が出されている。

　上述した低付加価値役務提供に関する取扱いの導入は２つのステップを経て行われる予定となっている。まず、各国と2018年までに簡易アプローチの選択を承認することに合意し、次に、簡易アプローチが多くの国で採用されるように、その適用要件や運用方法について詳細な検討が行われる予定となっている。

　以下では、新しく追加された「低付加価値役務提供」に関するガイダンスの内容について紹介する。

①低付加価値役務提供の定義

　役務提供の対価算定、文書化等に係る簡易アプローチは、「低付加価値役務提供」のみにその適用が認められている。そのため、OECD移転価格ガイドライン第７章に新設されたD節「低付加価値役務提供」では、その定義を明確にしている。低付加価値役務提供は、以下の要件を満たす役務提供とされており、いわゆるバックオフィス活動に係る役務提供がその対象とされているものと考えられる。

- 役務提供が補助的な性質であること
- 役務提供が企業グループの中核的な事業の一部ではないこと
- ユニークな価値ある無形資産を使用せず、また、そのような無形資産を創出しないこと
- 相当なリスク又は重要なリスクの引受けや管理を伴わず、重要なリスクを生じさせないこと

　低付加価値役務提供に該当する例として、経理、人事、売掛金／買掛金管理、税務／法務サービス等が挙げられている。ただし、これらは例示にすぎず、企業の事業内容（例：持株会社等）によってある活動の低付加価値役務提供の該当性の判断は異なるため、各企業の実情に合わせて簡易アプローチの適用可否を検討する必要がある。

　一方、上述の要件に該当しない（低付加価値役務提供に該当しない）役

務提供の例として、企業の中核事業、研究開発、製造、販売及びマーケティング、天然資源の採取、探査及び加工、保険及び再保険、金融等の重要な無形資産又はリスクを伴う活動、企業のマネジメント層による役務、生産プロセスで用いられる原材料及びその他の材料に関する購買及び調達に関する活動等が挙げられている。

②低付加価値役務提供に係る簡易アプローチ

(i)簡易アプローチの適用方法

低付加価値役務提供に係る対価算定等の簡易アプローチを適用するか否かは、各企業の選択によるが、適用する場合には、グループ全体又は地域若しくは事業のサブグループのいずれかで一貫して適用する必要がある。

(ii)便益テスト

グループ内で役務提供の対価授受が行われる場合、当該役務提供が役務享受者に対して、商業上の立場を高めるために経済的又は商業的価値を提供しているか否かの検討、いわゆる便益テストを個々の役務提供を対象に行う必要がある。この点、簡易アプローチでは、後述する簡易アプローチに係る文書化及び報告に関する指針に従っている限り、便益テストが充足されているという十分な証拠になるとされている。例えば、提供された役務の内容（例：給与計算関連役務等）を説明する年度ごとの請求書が１件あれば、その請求額の基礎となる役務提供内容を裏付けるのに十分となり、個々の活動の内容（例：給与計算関連役務に従事する各人の活動内容の詳細等）を説明する文書又はその他の証拠までは要求されないとされている。

(iii)役務提供の対価算定方法

低付加価値役務提供に該当する役務提供の対価の算定は、以下の簡易アプローチによることができるとされている。

ステップ１：役務提供コストプールの集計

最初のステップとして、各年度において、低付加価値役務提供を行う関

第2章　BEPS行動計画

■低付加価値役務提供対価算定の簡易アプローチ

役務提供コストプールの集計
- 低付加価値役務提供に係る費用の集計（パススルー費用は区分して費用集計）
- 自らの事業に係る本来業務、株主活動、重複活動、特定の関連者への役務提供に係る費用の除外

各関連者への役務提供コストの配賦
- 役務の内容に応じたアロケーションキー（配賦基準）の検討
- アロケーションキーに基づく各受益者に対する役務提供コストの計算

役務提供対価の計算
- 比較対象会社分析に基づくマークアップ率又はセーフハーバーのマークアップ率（5％）を加味した役務提供対価の計算（パススルーコストにはマークアップは付さずに対価を計算）

連者における当該役務提供に係る費用（コストプール）を計算する必要があり、その計算に当たって、次の点に留意する必要がある。

- 役務提供に係る人件費等の直接費のみならず、合理的に配賦された担当部門及び補助部門の一般管理費等の間接費も含める必要がある。
- 役務提供に該当しない株主活動や重複活動に係る費用はコストプールの対象外とする必要がある。
- グループ内の特定の関連者のために行われた役務提供に係る費用を特定し、これをコストプールの対象外とする必要がある[※1]。
- 役務提供の対価算定時にマークアップ（利益）を加味する必要がないパススルー費用[※2]を他のマークアップを加味する必要がある費用と区分して把握・管理する必要がある。

ステップ2：各関連者への役務提供コストの配賦

※1　特定の関連者のために行われた役務提供に係る対価は、当該役務提供の直接の受益者に対して直接請求を行う必要がある。
※2　2010年版OECD移転価格ガイドラインのパラグラフ7.36によれば、「例えば、関連者は、独立企業であったならその企業が直接負担したであろうような広告スペースの賃借費用をグループの構成企業の代わりに負担するかもしれない。そのような場合、これらの費用はマークアップなしにこれらのグループの受益者に請求し、その代理機能を行う際の仲介者に負担される費用に対してのみマークアップを適用することが適切である」として、パススルー費用に対してマークアップを加味する必要がない点について述べている。

119

低付加価値役務提供に係るコストプールを計算した後、当該役務提供による各受益者に対してその費用を配賦する必要がある。各受益者に対する役務提供に係る費用の配賦は、受益者の便益に応じた請求を実現する概算の基準（例：売上、従業員数、その他の基準）に基づき行うことができるが、恣意的操作が介在せず、健全な会計原則に従うとともに、概算の基準は役務の性格等に応じて一貫して整合的に適用される必要がある。

ステップ3：役務提供対価の計算

　ステップ2に基づき、役務提供の各受益者に対する役務提供に係る費用（原価）を計算した後、最後に各受益者に対する請求額を計算する必要がある。役務提供の対価には、原価のみならずマークアップ（利益）を加味する必要があり、このマークアップは原則的にそれぞれの役務提供の性質等を勘案した比較対象会社分析に基づき計算する必要があるが、簡易アプローチでは、セーフハーバーのマークアップ率（5％）の統一的な適用に基づく方法が認められている。このように、役務提供の原価にマークアップ率を加味した対価を各受益者に対して請求することになる。

③低付加価値役務提供に係る簡易アプローチ適用のための文書化

　低付加価値役務提供の対価算定等に係る簡易アプローチを適用する企業は、以下の文書化を行い、税務当局に提供できる準備を行っておく必要がある。

- 役務提供の内容等
  - ・役務提供によりもたらされる便益
  - ・低付加価値役務提供に該当する理由
  - ・役務提供が行われる合理性
  - ・役務提供に係る費用の各受益者への配賦方法とその配賦方法の合理性
  - ・役務提供の対価算定時に適用するマークアップ率
- 役務提供に関する書面による取決め

・役務提供コストプールの計算方法を示す文書及び計算書類[※3]
・役務提供コストの配賦方法を示す文書及び計算書類

(2) コモディティ取引
①最適な移転価格算定方法の選定

改訂前のOECD移転価格ガイドライン第2章において、石油、鉄鉱石等のコモディティ取引に係るガイダンスが示されているが、コモディティ取引に適用する移転価格算定方法に関して最終報告書では追加的なガイダンスが示されている。

最終報告書では、今般の新しいガイダンスが「移転価格の観点からみて、コモディティ取引の分析に対してより良い枠組みを提供するものであり、それにより税務当局及び納税者が適用するコモディティ取引の独立企業間価格の算定方法に一貫性をもたらし、その価格設定が価値創造を反映させることができる」と述べ、CUP法は一般的にコモディティ取引に適用する適切な移転価格算定方法であるとしている。また、コモディティ取引に係る移転価格の算定においてCUP法を適用する場合、比較可能な非関連者間の取引に係る価格に加えて、相場価格（quoted price）[※4]も参照することができるとされている。

CUP法に基づく移転価格の算定時に、相場価格を参照する場合、その使用が適切か否かを判断する際の重要な要素として、その業界において非関連者間で価格交渉を行う際にその価格が広く一般的に使用されているか否かという点が挙げられている。また、移転価格の算定時に比較対象取引として非関連者間の取引価格や相場価格のいずれを用いるにしても、CUP法の適用に当たっては、関連者間取引と比較対象取引との間の比較可能性を確保する必要があるため、両取引に関して次の経済的特性に関する比較可能性の検討が必要となる。

※3 当該書類には、特定の関連者のみに提供される役務提供に係る費用の計算（低付加価値役務提供のコストプールからは除かれる）などが含まれる。
※4 相場価格には、コモディティ取引市場で入手できる対象期間中の価格に加えて、情報の透明性と認知度の高い価格報告統計機関、政府の価格設定機関等から入手した価格も含まれるとされている。

- コモディティ商品の物理的特性及び品質
- 契約条件（例：取引規模、契約期間、納品期日及び条件、配送条件、保険、取引通貨等）

　上述の比較可能性の検討の結果、関連者間取引の条件等と、非関連者間取引又は相場価格の条件等との間に差異がある場合、その差異に係る正確な調整を行う必要がある。

　また、相場価格を使用する場合、どの時点の相場価格を参照するか等により関連者間取引に係る移転価格に影響があるため、関連者間取引に係る価格決定日が重要な要素となる[5]。すなわち、関連者間取引において、契約締結時に合意された価格決定日について信頼性の高い証拠を納税者が税務当局に提供するなどして、その価格決定日と取引を行う関連者の実際の行動との間に整合性が保たれている場合、税務当局は、関連者間で合意された価格決定日を基準として、コモディティ取引の価格を決定しなければならないとされている。仮に、関連者間で合意された価格決定日と取引を行う関連者の実際の行動との間に整合性が保たれていない場合、税務当局は、事実を示す証拠に即して他の価格決定日を使用することができるとされている。したがって、相場価格を参照して移転価格を算定する場合、関連者間取引に係る価格決定日に関して税務当局との見解が相違しないよう、企業としては、以下の事項を考慮しながら、価格決定日の証拠を整備しておく必要があるものと考えられる。

- 見積書及び受諾書
- 契約書
- 取引条件を示すその他の文書

②文書化

　コモディティ取引を行う関連者は、税務当局による当該取引に関する税務調査において、以下のような事項を含む価格設定方針に関する信頼性の

---

[5] 価格決定日は、取引の当事者である関連者がコモディティ価格を設定する際に用いた特定の日時又は期間（平均価格を計算して価格を決定する場合の一定期間等）と定義されている。

高い文書及び証拠を提出する必要がある。
- 価格の算定式
- 適用されたプレミアム又は値引
- 最終顧客（非関連者）との契約書
- 価格決定日
- サプライチェーンの情報
- 税務以外の目的で作成された情報

（3）取引単位利益分割法

　行動8-10の報告書では、上述の低付加価値役務提供等のようにOECD移転価格ガイドラインに対する具体的な改訂は公表されていないものの、グローバルバリューチェーンにおける移転価格算定方法として、どのような場合に取引単位利益分割法が適用できるか、どのように取引単位利益分割法を信頼できる形で適用するかなどの検討に関する次の追加作業範囲が述べられている。また、最終報告書によれば、取引単位利益分割法の適用は、税務当局と企業双方にとって実務上、簡単なものではないことを認識しながらも、特定の事実関係において取引単位利益分割法以外の方法の適用に問題がある場合、取引単位利益分割法が最適な方法となり得る点についても触れられている。

- 最適な移転価格算定方法の選定
- 高度に統合された事業運営
- ユニークかつ価値ある貢献
- シナジーによる利益
- 利益分割要因
- TNMMレンジ、ロイヤルティ料率及び他の支払方法の決定のための取引単位利益分割法の使用

　なお、2016年7月4日にディスカッションドラフト「BEPS Actions 8-10 – Revised Guidance on Profit Splits」が公表され、今後、パブリックコメントの応募等を経て、OECD移転価格ガイドラインの第2章（移転価格

算定方法）第3部（取引単位利益法）の改訂が行われる予定である。
①**最適な移転価格算定方法の選定**

　取引単位利益分割法の適用に関する議論は、改訂前のOECD移転価格ガイドラインにおける独立企業原則の適用に当たって最適な移転価格算定方法を選定する、いわゆる最適方法ルールの考え方に変更を加えるものではない。しかしながら、最適な移転価格算定方法の選定に当たり、信頼性のある比較対象取引の情報が不足しているなど、その選定に困難が伴う場合がある。そのため、どのような場合に取引単位利益分割法が適用できるかなどに関する本取組みが重要な位置付けになってくるものと考えられる。

②**高度に統合された事業運営**

　取引単位利益分割法が最適な移転価格算定方法となり得る高度に統合された事業運営が行われている場合についてのガイダンスが検討される予定である。その際には、関連者間取引の全体像を理解するために行われるバリューチェーン分析との関連性についても検討される予定である。このような分析の過程において、企業グループのグローバル・バリューチェーンが垂直統合（異なる活動を行う複数の関連者が一連の取引に関与する（一連の取引を構成する）場合）と水平統合（同様の活動を行う関連者がそれぞれ取引に関与する場合）のいずれに当たるのかを検討する必要性が生じてくるものと考えられる。

③**ユニークかつ価値ある貢献**

　取引単位利益分割法が最適な移転価格算定方法となり得る取引当事者である関連者がユニークかつ価値ある貢献を果たし、また、無形資産の開発・改良・維持・保護・活用（DEMPE）に関する重要な機能を果たす場合などについてのガイダンスや事例が検討される予定である。

④**シナジーによる利益**

　重要なグループシナジーによる利益が生じている状況において、どのような場合に取引単位利益分割法が最適な方法となり得るか、また、どのよ

うに同法を適用するかについてのガイダンスが検討される予定である。
⑤利益分割要因

　取引単位利益分割法の適用に当たっては、取引当事者である関連者に対して利益（又は損失）を配分する必要があり、その配分の際の利益分割要因に関して、当該要因と価値創造との間の高い相関性をどのように確保するかなど、同法を運用するためのガイダンスが検討される予定である。

⑥ TNMMレンジ、ロイヤルティ料率及び他の支払方法の決定のための取引単位利益分割法の使用

　取引単位利益分割法を TNMM の適用結果のサポート、ロイヤルティ料率又は契約上の取決めに係る対価算定の簡素化に寄与する他の方法のサポートとして使用することができるかについてのガイダンスが検討される予定である。

3．納税者への影響

　最終報告書では、低付加価値役務提供取引及びコモディティ取引に適用する移転価格算定方法に関する新しい取扱いが示されている。今後、最終報告書に従って、OECD 移転価格ガイドラインの改訂、各国での税制改正及び執行面での対応の検討が行われることになると予想される。

　このようなガイダンスを踏まえて、各企業においては、例えば、コモディティ取引について、既存の移転価格ポリシーにおける価格設定方針や文書化内容が今般のガイダンスと整合的であるかどうかの確認が必要になるものと考えられる。また、低付加価値役務提供の対価算定等に係る簡易アプローチについて、現状、低付加価値役務提供に該当する例の多いマネジメントフィーの支払いに係る損金性を認めない又は厳格な要件を課す国（例：中国等）があるため、これらの国々における最終報告書のガイダンスに関する国内法への導入状況に注視しつつ、簡易アプローチの採用の要否を各企業において検討する必要があり、また、従来、マネジメントフィー等を回収してこなかった各企業においては、新たな対価回収の要否を検討する

必要があるものと考えられる。

　最終報告書においてガイダンスの公表にまで至らなかった取引単位利益分割法等の論点に関しては、今後のBEPSの議論の趨勢とその後の各国での国内法への導入状況に注視し、適宜移転価格ポリシーの再検証などを行う必要があるものと考えられる。

第 2 章　BEPS行動計画

◆ 行動 11　BEPS の規模・経済的効果の分析方法の策定

1．趣旨・目的

　2015 年 10 月 5 日、OECD 租税委員会は、行動 11 に基づく BEPS の規模・経済的効果の分析方法の策定と題した最終報告書を、他の 14 の BEPS 行動計画最終報告書とともに包括的なパッケージとして公表した。行動 11 の報告書（以下「本最終報告書」という）の内容は、他の 14 の BEPS 行動計画最終報告書と比較すると異質といえる。他の報告書が主に BEPS を利用した租税回避行為への対抗措置[※1]を提言しているのに対して、本最終報告書は BEPS 活動の規模及び範囲の測定方法に焦点を当てている。特に、実証研究に用いるデータの有効性を検討し、BEPS が及ぼす財政面及び経済的影響について統計指標を用いて 200 頁超にわたる長編の報告書としてまとめている。本最終報告書のなかで、BEPS による租税回避行為により、グローバルレベルで約 4 ％から 10％、年間 10 兆円から 24 兆円（1,000 億米ドルから 2,400 億米ドル）相当に及ぶ法人税収の逸失につながったと見積もられている。

　本最終報告書では、下記の 6 つの指標を使って BEPS の測定方法を説明している。

（1）国内総生産（GDP）に対する外国直接投資（FDI）の集中度
（2）軽課税国に所在する多国籍企業関連会社の利益率と高課税国に所在する多国籍企業関連会社の利益率との比較
（3）軽課税国に所在する多国籍企業関連会社の利益率と同多国籍企業の連結ベースの利益率との比較
（4）大型多国籍企業関連会社と国内ローカル企業との実効税率の違い
（5）多国籍企業グループ内における無形資産の所在地と当該無形資産の

[※1]　行動 14 に関しては、租税条約に関連する紛争を解決するための相互協議のメカニズムをより改善することを目的としている。

創出に貢献した R&D 活動の所在地との乖離度
（6）高課税国に所在する多国籍企業関連会社による借入の集中度

　本最終報告書では、納税者に関する情報の守秘義務の重要性を考慮してはいるものの、OECD と各国税務当局間の連携の必要性を強調し、BEPS の測定目的での有効なデータの収集と共有を提唱している。さらには、行動 5（有害税制）、行動 12（義務的開示制度）、及び行動 13（企業情報の文書化）を通じて収集される報告書データを活用することによって、新しい角度から BEPS を実証することが可能になると述べている。

　本最終報告書の内容は、行動 11 のパブリックディスカッション用草案[※2]のそれと類似している。草案からの大きな違いは、BEPS の規模に関する量的分析結果が示されている点と、BEPS を立証するために選択した分析指標が、BEPS 以外の影響を区別することが困難であると示している点である。

2．BEPS 最終報告書の概要
（1）BEPS 分析用データの有効性

　本最終報告書においての論点は、BEPS 分析目的のデータへのアクセスとそのデータを利用して算出する指標の有効性である。金融会社や非公開の取引等も絡む BEPS スキームの複雑な性質も影響して、国家財政及び経済への実質的な BEPS の影響の分析は、断片的なデータを利用した場合には、著しく有効性が損なわれてしまう。当局が管理している税務申告情報や多国籍企業に関して公開されているデータは、BEPS の規模及び範囲測定の根拠としては立証性に限界があり、したがって、非公開情報へのアクセスが不可欠となる。事実、OECD の調査対象となった 37 か国中、わずか 8 か国しか多国籍企業の総納税額を把握できていないという現状がある。

※2　BEPS 行動計画 11 のディスカッション用草案は 2015 年 4 月 16 日に公表された。

（2）BEPS の兆候（BEPS Indicators）

　BEPS の有効な分析方法として、6 つの指標を提案している。これら 6 つの指標は、今後、長期間にわたって租税政策の有効性と BEPS 活動の推移を研究していく主なツールとなる。各指標の内容及び長所と短所を以下のとおりまとめた。

① 国内総生産（GDP）に対する外国直接投資（FDI）の集中度

　当指標は、FDI 対 GDP 比率を、その平均比率が高い国のグループとそれ以外の国のグループとで比較する。当指標の有効性として、GDP は各国における実際の経済活動を測る指標であり、GDP が小さい国に投資が集中している場合は、その国における経済活動と関係のない別の理由を示唆している可能性がある。事実、本最終報告書で示されている、FDI 対 GDP 比率が高い 14 か国のグループと、FDI 対 GDP 比率が低い 200 か国のグループとを比較した結果をみると、2005 年から 2012 年の 7 年間で、当該 14 か国への投資は 2 倍以上も増加している。他方、当指標の短所は、各国の税制の違いや BEPS とは無関係な要因で FDI が集中化する結果を招いた状況を考慮していないことが挙げられる。

② 軽課税国に所在する多国籍企業関連会社の利益率（測定方法として、この場合会社資産に対する利益を指す）と高課税国に所在する多国籍企業関連会社の利益率との比較

　当指標は以下の 2 種類の条件に分けて分析する。
　(ⅰ) 多国籍企業関連会社における利益分布を、低利益率グループと高利益率グループに分けて分析する。
　(ⅱ) 多国籍企業関連会社における利益分布を、低実効税率グループと高実効税率グループに分けて分析する。

　この指標で、利益率の高い多国籍企業関連会社が軽課税国に集中しているのは BEPS の影響であるという説明が可能である。事実、本最終報告書では、軽課税国に存在する利益率の高い関連会社の利益が、2011 年に

おいてはサンプル対象となった多国籍企業関連会社[※3]の利益総額の45%に上り、2007年の同割合が34%であることから、2007年から2011年の4年間でみると、その割合は32%上昇している。当指標は、サンプル対象となった多国籍企業の利益総額の割合に着目しているが、短所として、軽課税国での関連会社における高い利益率が、BEPSから生じたのか、BEPS以外から生じたのかを区別できないことが挙げられる。また当指標は、関連会社の機能及びサイズ等、BEPSを測定するために著しく重要な要素を適切に調整した前提で推計した結果ではないことも言及している。

③軽課税国に所在する多国籍企業関連会社の利益率と同多国籍企業の連結ベースの利益率との比較

　当指標は、軽課税国に所在する多国籍企業の関連会社グループの利益率を同多国籍企業グループの連結ベースの利益率と比較する。多国籍企業グループの連結ベースの利益率に照らし合わせると、軽課税国での利益率が高くなる傾向が強く、2007年から2011年にかけて、軽課税国における関連会社の利益率は1.9倍から2.0倍に上昇した。当指標の短所として、当指標は大型多国籍企業171社では適用可能であったが、全ての多国籍企業に適用する場合には、有効性を失う傾向が強かった。

④大型多国籍企業関連会社と国内ローカル企業との実効税率の違い

　当指標は、大型多国籍企業関連会社のグループと事業内容や財務情報等の条件が類似している国内ローカル企業のグループとの実効税率を比較するものである。本最終報告書では、国内ローカル企業のグループと比較し、大型多国籍企業関連会社のグループの実効税率が2001年には4.5%、2010年には3.3%と、それぞれ低かったことが示されている。当該情報に限っての検証となると、確かにBEPSの傾向が強い。しかし、この指標の短所として、BEPS以外の要因が実効税率の差を引き起こしている可能性も高い点が挙げられる。その例として、資本の集中度、生産性、それらの環

※3　サンプル対象となったのは、多国籍企業グループ250社である。これらのグループの関連会社数は1万社を超え、国別に分類すると2,300超の関連会社グループとなる。

境下における優遇税制の適用などが挙げられる。

⑤多国籍企業グループ内における無形資産の所在地と当該無形資産の創出に貢献したR&D活動の所在地との乖離度

　当指標は、ロイヤルティ収入に対するR&D支出を比較するものである。

　当指標の算出方法として、サンプルとなった国のうち、ロイヤルティ収入対R&D支出比率が高い国の比率と、それ以外の国の平均値を比較する。本最終報告書では、当指標の有効性として、無形資産をR&D支出発生国から軽課税国へ移転することは、BEPSを助長するものであるため、BEPSを示唆するものと結論付けている。当指標は、2005年には2.8倍であり、2009年に2.7倍％に低下したが、2011年には5.8倍％にまで大幅に上昇している。しかしながら、この2年間という短期間での急激な上昇を裏付ける根拠は十分に説明されていない。59か国を対象に調査を行ったが、そのうち比較的高いロイヤルティ収入対R&D比率を示したのは、わずか4か国だった。当該指標を打ち出すために使用した分子がわずか4か国となると、多少の変動も当指標に大きく影響する。また、この比較的高い結果を生じさせた原因となった国々のロイヤルティ収入は全59か国のロイヤルティ収入合計額の3％程度にしか至らなかったことも、当該指標の有効性が問われる原因となり得る。また、トレードマークやブランド（のれん）など、R&D活動と直接関係のない無形資産から生じるロイヤルティ収入もある。そのため、対象とするロイヤルティ収入からはR&D活動と直接関係のない無形資産から生じる収入の数値を除去する必要性もある。

⑥高課税国に所在する多国籍企業関連会社による借入の集中度

　当指標は多国籍企業関連会社の支払利息対利益比率を高課税国と軽課税国間で比較するものである。本最終報告書では、多国籍企業は高課税国の関連会社において戦略的に借入を行い得ると結論付けている。法定税率が多国籍企業グループの平均法定税率を上回る国に位置する多国籍企業関連会社の支払利息対利益比率は29％で、多国籍企業関連会社全体の支払利息対利益比率を19％上回っている。しかし、この指標も別の側面があり、

有利子負債による資金調達は、法定税率が上昇するにつれ、多国籍企業、国内ローカル企業にかかわらず税効率の高い有効な資金調達方法になると考えられる。したがって、支払利息対利益比率に着眼する当指標の有効性が問われる可能性もある。

3．今後の対応と測定方法改善への提案

　BEPSの有効な規模測定は、良質な財務、税務データと洗練された経済・統計分析手法を適用して成り立つものであり、BEPS活動を非BEPS活動から区別することもBEPSを立証するうえでの不可欠なステップである。実際の経済活動を高課税国から軽課税国に移転すること自体をBEPSであると一概には判断できないが、実際の経済活動の裏付けなしに課税所得を不自然に軽課税国へ移転することこそがBEPSであると本最終報告書は説明している。BEPSの測定において、良質な財務、税務データに依拠しなければならないのはもとより、BEPS活動と非BEPS活動の違いを見極めることは、経済分析上困難であると考えられる。さらに、どのような非BEPS活動が利益を生み出し、どこで発生しているかを断定すること自体も難しい。本最終報告書におけるOECDの分析では、財務会計上の資産の所在地に着眼して経済活動拠点の判定や利益率の計算を行っている。

　本最終報告書は、BEPSを題材とした文献等からの調査結果も積極的に活用しており、BEPS活動の立証に役立てている。当該調査結果を分析したうえで、多国籍企業の5％から30％の利益がBEPSによって課税対象所得から逸失しているとの結論を導いている。また、BEPSは先進国よりも発展途上国へ深刻な影響をもたらしているという統計結果がでている。国際通貨基金（IMF）の推計によると、法人税収の逸失額は、先進国での平均5％に対して発展途上国では13％にも及ぶ。国際連合貿易開発会議においても、BEPSによる法人税収の逸失額は世界的に8％であるが、発展途上国においては7.5％から14％にも及ぶと推計されている。

　OECD独自により実施されたBEPSの分析は、次の2つのモデルに基

づいている。なお、当該分析では上述の6指標で用いられるデータを利用している。第1のモデルにおいては、上述の3つ目の指標「軽課税国に所在する多国籍企業関連会社の利益率と同多国籍企業グループの連結ベースの利益率との比較」[※4]による分析方法と類似しており、利益移転による法人税収の逸失への影響を分析している。第2のモデルでは、法人税収の逸失への影響を税制の不整合や優遇税制の利用に着眼して分析している。このモデルは、上述の4つ目の指標「大型多国籍企業関連会社と国内ローカル企業との実効税率の違い」[※5]を使った分析方法に類似している。第1及び第2のモデルともに、財務会計データに依拠しており、利益率を総資産利益率（Return on Assets）と定義している。結果、冒頭でも紹介したとおり、OECDの推計によると、BEPSによる法人税収の逸失額はグローバルレベルで約4％から10％、年間10兆円から24兆円（1,000億米ドルから2,400億米ドル）相当に及ぶと推計されている。

一方、本最終報告書において、OECDは各行動計画採択により回収可能となる法人税額を詳細に算出していないが、OECD内での研究及び既存の文献等を通しておおよその見積りを公表している。

行動2—ハイブリッド・ミスマッチを利用した節税効果の無効化：OECDは大型多国籍企業グループに属する法人の平均実効税率が、同程度の国内ローカル企業の平均実効税率に比して約2.5％から5％低いと推計している。当該実効税率の低下は、上述のOECDが利用した2つのBEPS分析のうち、1つのモデルで測定されているが、ハイブリッド・ミスマッチを利用したBEPSに一部起因している。

行動3—外国子会社合算税制（CFC税制）の強化：本最終報告書は、その実証研究の結果から、CFC税制が、軽課税国における受動的所得獲得のための投資及びタックス・ヘイブン諸国における多国籍企業の関連会社の活動を減少させると提言している。

[※4] 2.（2）③（130頁）を参照
[※5] 2.（2）④（130頁）を参照

行動４―利子損金算入や他の金融取引の支払いを通じた税源浸食の制限：本最終報告書では、高課税国における関連会社間の借入から発生する支払利息の増加を、広範な調査報告書により立証している。ドイツ当局による支払利息の損金算入制限規則により、ドイツでは、関連者会社間の借入が減少した。OECD は、一定の条件下では１％の法定税率引上げに伴い、当該拠点における多国籍企業の負債資本比率は 1.3% 上昇するという推計を打ち出している。

　行動６―租税条約の濫用防止：OECD が使用した１つの調査結果から得られた情報によると、条約漁り（Treaty Shopping）により、源泉所得税の実効税率は、８％から３％に低下したとしている。

　行動 8-10―移転価格における結果が価値創造（value creation）と平仄をとるように：本最終報告書において、１％の法定税率の差異が、第三者からの輸入価格と比べ関連会社からの輸入価格において２％の差異をもたらすという調査結果を出している。知的財産が低課税国へ移転していることが確認されている。本最終報告書で開示された OECD の分析によると、法定税率の差異に着目し、利益移転を試みる行為は、特許を有する大型多国籍企業においては、特許を有しない多国籍企業の２倍以上であると確認している。

　本最終報告の結論として、OECD 行動計画における BEPS 対抗措置が実行された場合の税負担と実際の経済活動への影響について解説している。理論的には、BEPS 対抗措置の成果は、多国籍企業の実効税率の上昇となり、そのコストは主に資本所有者が負担することになる。また、その結果、逸失していた法人税収が徴収可能となる国々では、実際の経済活動はやや減退すると考えられる。市場競争が少ない国々では、税負担は資本所有者が負うことに変わりはないが、市場競争が少ない環境下では実際の経済活動への影響は限定的であると結論付けている。

4．将来の BEPS モニタリングの改善に向けて

　OECD は、将来の BEPS 政策の有効性を継続的に高める目的で、下記6つの改善案を提出している。
（1）OECD は、各国からの協力を要請しつつ、将来に向けてより有効な BEPS の測定方法を確立するために、首尾一貫した新しい国際的枠組みに基づいて、法人税統計情報を公表すべきとしている。データは適切に集計され、行動 13 の法令化で集計される情報は守秘義務のもとで取り扱われるべきであるとしている。
（2）OECD は各国政府の協力のもと、BEPS 行動計画が法令化されることによって回収可能となる法人税額の見積りに関する定期的な報告書を作成すべきである。
（3）OECD は引き続き BEPS の指標を定期的に公表し、BEPS の実体と BEPS への対抗措置の有効性をモニターしていくべきである。
（4）各国政府は、税収についての統計データに関する公開報告書を改善すべきである。
（5）各国政府は、税金以外の情報、特に外国直接投資や SPE（特別目的事業体）[※6]、国境を越えた役務提供及び無形資産関連のデータ収集を改善すべきである。
（6）各国政府は、大学や公共機関による BEPS の研究を支援すべきである。

5．納税者への影響

　繰り返しになるが、行動 11 の目的は BEPS の活動を予測し、BEPS の指標として用いられる測定基準を開発し、BEPS の測定方法の改善を提言することにある。本最終報告書で用いられた BEPS の 6 つの指標は個々の多国籍企業の BEPS の測定のためにも使用され得る。そのため、各国

※6　SPE とは、Special Purpose Entity（特別目的事業体）の略であり複数の法的形体を含む幅広い意味で使われる。SPE の方式としては、（1）SPC 方式、（2）組合（任意組合、匿名組合）方式及び（3）信託方式の3つがある。

政府はOECDによって公開されているデータ又は国別報告書によって提供されるデータを用い、各国に所在する多国籍企業のBEPSの測定指標を各国ごとに策定する可能性もある。

　納税者としては、OECD及び各国政府がBEPS測定のために用いられるデータ、指標をどのように改善し、どのようにBEPSをモニタリングしていくか注視していく必要がある。特に本最終報告書で用いられている6つの指標において、個々の納税者がどこに位置付けられるかを試算することを推奨する。加えて、上記の動きがどのように各国税務当局の徴税強化につながり、税制改正に反映されるのかも注視していく必要がある。

　上記の状況に対処するためには、多国籍企業の本社が主導してグループの正確な税務関連情報を収集、分析し、それらへ対応できる体制を構築することが求められる。

◆ 行動12　義務的開示制度

1．趣旨・目的

　多国籍企業による過度な租税回避を抑制するとともに、出現した租税回避スキームに速やかに対応するために、プロモーター[※1]及び納税者（スキームの利用者）に租税回避スキームを税務当局に報告させる制度（義務的開示制度）の策定の検討が行われた。

　義務的開示制度は、既に米国、英国などの国によって導入されている。これらの国の知見を踏まえたうえで、様々な検討がなされた。制度導入の応否については各国の選択に委ねられており、最終報告書における推奨事項は、ミニマム・スタンダードに当たるものではない。

2．BEPS最終報告書の概要

（1）義務的開示制度の目的と基本原則

　目的は、①租税回避スキームに関する情報を速やかに入手すること、②プロモーター及びスキームの利用者を認識すること、③租税回避スキームの利用に対する抑止力となること、である。

　また、制度を設計するうえでの基本原則は、①制度が明確で誰もが理解できるものであること、②制度導入に当たり、納税者側の増大するコンプライアンス・コストと税務当局が受けるベネフィットが見合っていること、③租税回避スキームを効果的に捕捉できること、④収集された情報が有効に活用されること、である。

（2）義務的開示制度の内容（モジュール）

　最終報告書の勧告においては、報告義務者、開示内容、報告手続等の主

※1　租税回避的スキームあるいは濫用的スキームの発案者及び奨励者。一般的には、会計事務所、税務事務所、法律事務所などに在籍する職業的専門家（税務アドバイザー）などがプロモーターとなることが多い。

な項目について複数の選択肢が用意されている。各国が自国の法体系のもとで最適な様式を選択することを認める形（モジュラー方式）を採用している。

①報告義務者

(i)プロモーター[※2]及び納税者の両方とするか、あるいは、(ii)プロモーター又は納税者のいずれかにするか、の選択が認められる。

②開示対象取引

(i)開示対象取引を特定する「方法」

以下の2つのアプローチの選択が認められている。

(a)シングルステップ・アプローチ

一定の開示基準のみをもって特定する（閾値を設けない）。開示対象が増大して、事務負担が増大する。

(b)マルチステップ・アプローチ（閾値アプローチ）

閾値テスト[※3]により取引を絞りこみ、その後、一定の開示基準により取引を特定する。

(ii)開示対象取引を特定する「基準」

以下の2つの基準の併用が推奨されている。

(a)一般基準

プロモーターの租税スキーム販売活動に着目した基準である。守秘義務基準や成功報酬基準がある。前者は、プロモーターがスキーム利用者に対して守秘義務を課すようなスキーム[※4]を開示対象とするものである。後者は、スキーム利用者が支払う金額が税務上のベネフィットの額に連動しているようなスキームを開示対象とするものである。

※2　プロモーターの定義案としては、報告すべき租税スキームに関してその設計、販売、企画及び管理について責任を有する者又は関与する者とされている。当該租税スキームの設計等について重要な支援、助言を行う者も含む。
※3　金額等による足切テスト。
※4　プロモーターは、同様のスキームを他の顧客にも販売することが容易となる。

(b)個別基準

特定の濫用的な取引（高リスクのもの）を対象とする基準である。この基準で特定される取引には以下のようなものがある。

- 損出しスキーム
- リース取引
- 所得変更スキーム
- 軽課税国所在の事業体を利用したスキーム
- ハイブリッド商品（手法）を利用したアレンジメント
- リスト化された取引
- 税務当局が関心を示す取引

③報告のタイミング

プロモーターに報告義務がある場合には、スキームが利用可能となってから一定期間内とされている。一方、納税者に報告義務がある場合には、スキームを実行してから一定期間内とされている。

④スキーム利用者の特定方法

プロモーターに報告義務がある場合には、スキームの参照番号[※5]と顧客リストによって行う。

⑤開示すべき情報

以下のような項目が開示情報とされている。

- プロモーター及びスキーム利用者の情報
- スキームの詳細
- 予想される税務ベネフィットの内容

⑥コンプライアンス

(i)開示義務を遵守した場合の効果

開示されたスキームは必ずしも租税回避を意味するものではない。また、税務当局が当該スキームの有効性を容認したことを意味するも

※5　税務当局が報告対象となるスキームに付番したもの。

のではない。

(ⅱ)開示義務を遵守しない場合の効果

罰金（金銭的ペナルティ）等の罰則を賦課することが認められる。

（3）国際的租税スキームに係る開示義務制度

また、最終報告書においては、国際的租税スキームに係る開示義務制度を設計するうえでの考慮点（修正点）も示されている。複数の国々にまたがる取引を利用することによって複数の国々で税務ベネフィットが実現する国際的租税スキームは、国内だけで完結する租税スキームとは異なる側面があるからである。

- 国際的租税スキームについては、閾値テストは不要である。
- 国際的租税スキームに焦点を当てた報告基準を設定すべきである。
- 国内納税者が節税効果のあるクロスボーダー取引に関与している場合には、開示対象とすべきである。
- 関係者に過度の負担を強いることがないように、節税効果を合理的に認識しているものに限り開示義務を課すべきである。
- 納税者が同一グループのメンバーと重要な取引を開始する場合には、その取引がグループメンバーに対してクロスボーダーで節税効果を与えるものであるか否かを確認する必要がある。

（4）各国税務当局間における開示情報の共有

義務的開示制度によって収集された情報について、各国税務当局間で交換・共有するための仕組みとして、国境を越えた租税回避に重点をおいた国際的基盤として創設されたJITSICネットワーク[※6]による自発的情報交換制度を活用することが有用であるとされている。

3．納税者への影響

BEPS対策を念頭において、新規に義務的開示制度を導入する国も増加

[※6] Joint International Tax Shelter Information and Collaboration Network

すると思われる。また、既に制度を導入している国も、最終報告書のモジュラーを参照して、多国籍企業グループに対する情報開示を現在よりも広く深く求めるような改訂を行う可能性もある。企業としては、そのような状況に注意を払い、各国の制度を正確に把握しておく必要がある。

　日本においては、現在、租税スキーム等に関する義務的開示制度は存在していない。税務当局は、制度の必要性の検討を今後進めていく意向である。いずれにしても、制度の有効性を勘案したうえで、納税者にとっても過度な負担とならないような制度設計が望まれる。その際には、既存の情報開示制度[7]や一般的租税回避防止規定（GAAR）との関係性についても考慮する必要があろう。

※7　事前照会に係る文書回答制度、税務に関するコーポレート・ガバナンスの充実が認められた場合の自発的情報開示など。

◆ 行動13　多国籍企業の企業情報の文書化

1．趣旨・目的

　行動13の報告書（Guidance on Transfer Pricing Documentation and Country-by-Country Reporting）では、多国籍企業の国境を跨ぐ事業活動、そこで発生する移転価格に係る情報を税務当局がより透明性をもって把握できるよう、以下の三層構造文書の導入を提言している。

背景
OECDは、現在運用されている移転価格文書では、リスク評価を行うために必要な多国籍企業グループの事業活動等の「全体像」が把握できないという問題認識を提起

行動13の目的
・自国企業が行う関連者との取引の情報の把握
・多国籍企業グループがグローバルに行う取引の全体像や活動状況の把握

共通様式に基づく移転価格文書化に関するルールの整備
（三層構造文書）

（1）国別報告書
多国籍企業グループの各国別の活動状況に関する情報

- 多国籍企業が事業を行う各国ごとの収入金額（関連者及び非関連者の別）、税引前損益、納付税額、発生税額、資本金又は出資金、利益剰余金、従業員数、有形資産（現金及び現金同等物除く）について年次の報告が求められている。さらに、各国ごとに事業を行うグループの構成事業体全てを記載し、それらが行う事業活動内容の報告が求められている。

(2) マスターファイル
多国籍企業グループの活動の全体像に関する情報
- 多国籍企業のグローバル事業展開、移転価格ポリシー等について、各国の税務当局に対して概観的な情報を提供することが求められている。

(3) ローカルファイル
関連者間取引の独立企業間価格を算定するための詳細な情報
- 関連者間取引に係る移転価格（実績）の妥当性を示す移転価格分析について、当事国の税務当局に対して具体的な情報を提供することが求められている。

■図表1　国別報告書の概要

項目	行動13報告書
適用開始時期	・2016年1月1日以降に開始する事業年度
報告内容	・行動13報告書の「Annex III to Chapter V Transfer Pricing Documentation – Country-by-Country Reporting」に記載の内容
免除規定	・対象期間の前事業年度の連結総収入金額が750百万ユーロ未満の多国籍企業グループ
提出者	・最終親事業体又は代理親事業体、若しくは二次報告方式＊に基づく子事業体
提出先	・提出者の税務当局（提出された国別報告書は、他の構成事業体所在国の税務当局に自動的に共有される）
提出時期	・対象事業年度終了から12か月以内
開示対象事業体の範囲	・最終親事業体の連結財務諸表において合算される事業体（支店は法人と同様に取り扱う。重要性を理由として除外された非連結子会社を含む）

■図表2　マスターファイルの概要

項目	行動13報告書
報告内容	・行動13の報告書の「Annex I to Chapter V Transfer Pricing Documentation – Master file」に記載の内容
免除規定	・なし
提出者	・各国の税制等に従い、多国籍企業グループの最終親事業体及び子事業体が提出
提出先	・各国の税制等に従い、多国籍企業グループの最終親事業体及び子事業体がそれぞれの所在国の税務当局に提出
提出時期	・最終親事業体及び子事業の税務申告期限等、各国の税制等に従う
開示対象事業体の範囲	・各国の税制に従う

＊　「二次報告方式」については、149頁を参照されたい。

■図表 3　ローカルファイルの概要

項目	行動 13 報告書
報告内容	・行動 13 の報告書の「Annex II to Chapter V Transfer Pricing Documentation – Local file」に記載の内容
免除規定	・各国の税制等に従う（一部の国では、取引金額等の重要性による文書化免除規定有）
提出者	・各国の税制等に従い、最終親事業体及び子事業体が提出
提出先	・各国の税制等に従い、最終親事業体及び子事業体がそれぞれの所在国の税務当局に提出
提出時期	・最終親事業体及び子事業体の税務申告期限、税務当局の依頼後一定期間内等、各国の税制等に従う
開示対象事業体の範囲	・各国の税制等の関連者の定義に従う

　これまで一般的に移転価格文書と呼ばれてきた文書に相当するものは、三層構造文書のうちローカルファイルが該当する。ローカルファイルは、特定の国と国との間に所在する関連者間の移転価格が独立企業原則に則した結果であることを検証することを主な目的とした文書であり、各国がそれぞれの国内法で定めてきており、日本でも、平成 22 年度税制改正において、いわゆる日本版移転価格文書化規定が導入されている。

　しかしながら、ローカルファイルの情報のみでは、移転価格税制上の問題の有無を評価するための多国籍企業グループがグローバルに行う取引の全体像等を必ずしも把握することができないなどの問題認識が税務当局から提起されていた。そのため、税務当局が、多国籍企業グループによるグループ内取引を通じた所得の海外移転に対して適正な課税（移転価格課税）を実現するために、自国企業が行う関連者との取引に関する情報に加えて、多国籍企業グループがグローバルに行う取引の全体像や活動状況の把握を目的として、共通様式に基づいた多国籍企業グループの報告等に関する文書化ルールが整備されるに至っている。

2．BEPS 最終報告書の概要

　本項では、三層構造文書の概要について紹介する。なお、行動 13 の報告書の勧告に基づく日本の移転価格文書化に関する税制改正の内容については、第 3 章（182 頁）を参照されたい。

（1）国別報告書

行動13の報告書のAnnex III to Chapter V（Transfer pricing documentation-Country-by-Country Report）では、国別報告書（Country-by-Country Reporting（CbCR））に関する雛形として、以下の3つの表が提案されている。

- 表1：税務管轄ごとの収入金額、納付税額等の配分及び事業活動の概要
- 表2：税務管轄ごとに集約した多国籍企業グループの構成事業体一覧
- 表3：追加情報

最終報告書では、国別報告書について「国別報告書は、全体的な移転価格のリスク評価にとって有用となる」とし、同時に税務当局による使用方法等について「十分な機能分析と比較可能性分析に基づいた個々の取引及び価格の詳細な移転価格分析に代わるものとして使用されてはならない」ことを強調している。すなわち、国別報告書は、「移転価格が適正であること、あるいは適正ではないことの確定的な証拠となるものではない」とされ、また、「所得の全世界的定式配分方式[※1]に基づく移転価格の構成を提案するため」に使用されるべきではないとされている。したがって、税務当局による移転価格課税の直接の根拠として国別報告書が使用されることはないものと考えられるが、税務当局による税務調査時の調査対象法人の選定や移転価格税制上の問題点の有無を検討する際の参考情報として国別報告書が使用される可能性はあるものと考えられる。

① 国別報告書の雛形

最終報告書では、多国籍企業グループの最終親事業体は、毎年、税務管轄ごとにグループの所得配分、税金及び事業活動に関する情報を次の3つの様式に記載し、税務当局に提出することを義務付けている。

※1　所得の全世界的定式配分方式とは、多国籍企業グループの連結ベースの全世界所得を、あらかじめ定められた機械的な方式に従って各国の関連者に配分する方式のことをいう（OECD移転価格ガイドライン　パラグラフ1.17）。ただし、OECD移転価格ガイドラインでは、この方式は独立企業原則に代わる現実的な方式ではないとしている。

■図表4　表1　税務管轄ごとの収入金額、納付税額等の配分及び事業活動の概要
多国籍企業グループ名：
対象事業年度：
使用通貨：

税務管轄	収入金額			税引前損益	納付税額	発生税額	資本金又は出資金	利益剰余金	従業員数	有形資産（現金／現金等価物除く）
	非関連者	関連者	合計							

　表1（税務管轄ごとの収入金額、納付税額等の配分及び事業活動の概要）に関して、同表における各開示項目の定義は、以下のとおりである。なお、表1で開示する情報の収集等に当たり、多国籍企業グループは、毎年の継続適用を前提に連結報告パッケージ、多国籍企業グループの構成事業体の個別財務諸表、内部管理データ等のいずれかのデータを使用することができるとされており、連結財務諸表と国別報告書で開示する財務数値との調整表の作成は義務付けられていない。

- 税務管轄（Tax jurisdiction）：表1の情報開示は、税務管轄ごとに行う。税務管轄とは、国（State）又は財政自治権を有する自治体（non-State）を意味する。税務上、いずれの税務管轄の居住者でもないとみなす構成事業体については、別の行を設けて記載する。
- 収入金額（Revenues）：各税務管轄における構成事業体の非関連者との取引から生じる収入、関連者との取引から生じる収入及びその合計収入金額を記載する。収入には、棚卸資産、その他資産の販売（売却）、サービス、ロイヤルティ、利息、保険料、その他全ての収入を含める必要があるが、多国籍企業グループの他の構成事業体から受け取った配当は除外する。
- 税引前損益（Profit（loss）before income tax）：各税務管轄における構成事業体の税引前損益の合計額を記載する（特別損益も含む）。
- 納付税額（Income tax paid（on cash basis））：各税務管轄における構成事業体が対象事業年度中に実際に納付した法人税の合計額を記載する。納付税額には、構成事業体の代わりに他の者によって納付された源

泉徴収税を含む[※2]。

- 発生税額（Income Tax Accrued（Current Year））：各税務管轄における構成事業体の対象事業年度中の課税所得に課される当期未払税金費用の合計額を記載する。発生税額には、繰延税金資産又は繰延税金負債は含まない。
- 資本金又は出資金：各税務管轄における構成事業体の資本金の合計額を記載する。PEについては、PEの税管管轄で資本金に係る規制がない限り、PE（例：支店）を有する構成事業体（例：本店）の税務管轄で資本金の額を報告する。
- 利益剰余金：各税務管轄における構成事業体の利益剰余金の合計額を記載する。PEについては、PE（例：支店）を有する構成事業体（例：本店）の税務管轄で利益剰余金の額を報告する。
- 従業員数：各税務管轄における構成事業体に所属するフルタイム又はそれに相当する従業員の数を記載する[※3]。年度末時点の従業員数若しくは年間を通じた平均従業員数、又は税務管轄ごとかつ年度ごとに一貫して適用されるその他の基準に基づいた従業員数を記載する。
- 有形資産（現金／現金等価物除く）：各税務管轄における構成事業体が保有する有形資産について、正味帳簿価額の合計額を記載する。PEについては、PEの所在する税務管轄で有形資産の額を報告する。有形資産には、現金又は現金等価物、無形資産、金融資産は含まない。

※2 税務管轄Aの居住者である構成事業体Aが税務管轄Bにおいて利息を稼得した場合、税務管轄Bで支払った源泉徴収税は構成事業体Aの納付税額の報告対象となる。
※3 従業員数には契約社員もその数に含めることができる。また、各税務管轄の従業員数の相対分布に影響がない範囲で、継続適用を前提に従業員数について合理的とされる概算値（rounding）や近似値の使用が認められている。

■図表5　表2　税務管轄ごとに集約した多国籍企業グループの構成事業体一覧
多国籍企業グループ名：
対象事業年度：

税務管轄	税務管轄に所在する構成事業体	税務管轄が構成事業体の所在地とは異なる場合の税務管轄	主な事業活動											
			研究開発	知的財産の保有又は管理	購買又は調達	製造又は生産	販売、マーケティング又は物流	管理、運営又はサポートサービス	非関連者向け役務提供	グループ内金融	規制金融サービス	保険	株式・その他の持分の保有	休眠会社	その他
	1														
	2														
	3														
	1														
	2														
	3														

　表2（税務管轄ごとに集約した多国籍グループの構成事業体一覧）に関して、表1とは異なり、税務管轄単位ではなく構成事業体単位で各構成事業体の名称、主たる事業等の情報を開示する必要がある。なお、ここで記載する情報（例：主たる事業活動）に関しては、他の移転価格文書（例：マスターファイル）における記載事項との整合性の確認が必要になるものと考えられる。

■図表6　表3　追加情報
多国籍企業グループ名：
対象事業年度：

必要と考えられる追加の情報及び国別報告書の記載必須情報に関する説明等を記載してください。

　表3（追加情報）に関して、ここでは、税務当局に提出する国別報告書の情報に関して、税務当局による当該情報の理解の一助となる情報や説明（例：表1作成時の前提となる会計データ）を必要に応じて記載することになる。

②国別報告書の提出

　最終報告書によれば、多国籍企業グループの最終親事業体に対して、その居住地国の税務管轄の税務当局への国別報告書の提出を義務付けている。当該多国籍企業グループが事業活動を行う他の税務管轄の税務当局への国別報告書の提出方法については、「条約方式」を基本としながら、これを補完する「二次報告方式」の枠組みが設けられている。

- 条約方式：国別報告書の提出を受けた税務当局が、当該多国籍企業グループが事業活動を行う他の税務管轄の税務当局に自動的に国別報告書を提供する方法[※4]
- 二次報告方式：ある税務管轄の税務当局が他の税務管轄の税務当局から国別報告書を入手できない場合における、ローカルファイリング（子事業体による提出）、最終親事業体の下の層の事業体（代理親事業体（Surrogate Parent Entity））の所在国との自動情報交換などにより、当該多国籍企業グループが事業活動を行う他の税務管轄の税務当局に国別報告書を提供する方法

（2）マスターファイル

　行動13の報告書のAnnex I to Chapter V（Transfer pricing documentation – Master File）では、多国籍企業グループの事業、移転価格ポリシー、財務状況等の当該グループの事業活動の全体像（青写真）を税務当局が理解できるよう、次の項目に関する情報開示が提案されている。

- 企業グループの構成に関する事項
- 企業グループの事業概況に関する事項
- 企業グループの無形資産に関する事項
- 企業グループの金融活動に関する事項
- 企業グループの財務状況等に関する事項

※4　最終報告書では、国別報告書に関する政府間での情報交換の実施パッケージもあわせて策定されており、具体的には、現行法に変更が必要となる場合の国内法制モデル、国別報告書の自動情報交換に関する権限ある当局間合意モデルが提案されている。

最終報告書によれば、マスターファイルにおいて、上述の事項に関する詳細情報の網羅的な記載の要求を意図するものではないとされている。また、マスターファイルの開示事項に関して、同ファイルへの記載に代えて、他の既存の文書への相互参照と関連文書の写しの添付によっても、開示要件を充足するとみなされるとされている。そのため、マスターファイルの作成に当たっては、上述のマスターファイルの目的を念頭に置いたうえで、マスターファイルで開示する情報の内容や分量に関する検討及び情報開示要否に関する重要性の判断を行うとともに、既存の文書の効率的な活用の可否の検討を行うなどの事前準備が必要になるものと考えられる。

①マスターファイルの記載事項

　マスターファイルでは、既存の移転価格文書（最終報告書でいうローカルファイル）とは異なり、多国籍企業グループ全体を対象に上述の５つの事項に関する情報を開示する必要がある。

企業グループの構成に関する事項
・構成事業体の法的関係及び資本関係と構成事業体の所在地を示した図

企業グループの事業概況に関する事項
・多国籍企業グループの事業に係る収益の重要な源泉
・多国籍企業グループの主要製品又は役務に係るサプライチェーンの概要（当該情報を示した図）※企業グループの売上上位５製品又は役務、並びにグループの売上の５％を超える製品又は役務に関する上記情報
・上記主要製品又は役務に関する主要な地理的な市場の概要
・多国籍企業グループの関連者間で行われる役務提供（研究開発に係るものを除く）に係る重要な取決めの一覧及び当該取決めの概要
・多国籍企業グループの構成事業体が付加価値の創出において果たす主たる機能、負担する重要なリスク、使用する重要な資産など構成事業体の主たる貢献の概要等を取りまとめた機能分析
・対象年度における多国籍企業グループの事業再編、事業買収及び事業売却の概要

企業グループの無形資産に関する事項
・多国籍企業グループの無形資産の開発、所有及び使用に関する包括的戦略の概要（研究開発を実施する施設及び研究開発の管理を行う場所の所在地を含む）
・多国籍企業グループの移転価格税制上重要な無形資産及びそれらを法的に所有する構成事業体の一覧
・多国籍企業グループの無形資産に関する関連者間で行われる重要な取決めの一覧（費用分担契約、研究開発役務提供契約、無形資産使用許諾契約等）
・多国籍企業グループの研究開発及び無形資産に関するグループ内移転価格ポリシーの概要
・対象年度内における重要な無形資産の持分のグループ内譲渡に関する概要（関係する構成事業体、所在国及び譲渡対価含む）

企業グループの金融活動に関する事項
・多国籍企業グループの資金の調達方法の概要（非関連者からの資金の調達に関する重要な取決めを含む）
・多国籍企業グループの中心的な金融機能を果たす構成事業体の概要（設立地及び事業管理地を含む）
・多国籍企業グループ内の金融取引に係るグループ内移転価格ポリシーの概要

企業グループの財務状況等に関する事項
・対象年度の多国籍企業グループの連結財務諸表
・多国籍企業グループが取得している国内（ユニラテラル）事前確認及び国家間の所得配分に関する税務上のルーリングの概要

多国籍企業グループによっては、多岐にわたる事業を事業本部や傘下の企業グループで行っている場合があり、原則的には、これら多岐にわたる事業を包含した情報開示を行う必要がある。この点、最終報告書では、これら事業が独立して運営されている場合や買収したばかりの事業である場合、事業本部や企業グループごとに、マスターファイルを作成することを容認している。ただし、事業本部等ごとに情報を開示する場合においても、多国籍企業グループ全体の情報や事業間の取引等を示す文書は準備し、税務当局の要請に応じて提出できる状態にしておく必要があるとされている。

②マスターファイルの提出

　マスターファイルは、多国籍企業グループの構成事業体の所在国の税制に従い、各構成事業体が所在する税務管轄の税務当局に対してそれぞれ提出することになる。提示時期については、事業年度終了後一定期限内である場合、税務調査時に税務当局からの提出要請後一定期限内に提出する場合など各国の税制により異なる点に留意が必要となる。

(3) ローカルファイル

　行動13の報告書のAnnex II to Chapter V（Transfer pricing documentation – Local File）では、多国籍企業グループの事業等の全体像を開示するマスターファイルに対して、ローカルファイルは、各税務管轄に所在する構成事業体が行う関連者間取引に関する詳細な情報開示、具体的には当該関連者間取引が独立企業原則に即して行われているか否かの分析等の情報開示を行うものであるとされている。ローカルファイルは、BEPSプロジェクト以前から多くの国で規定が置かれていた移転価格文書に相当するものである。

　最終報告書では、後述するとおり、ローカルファイルで開示が必要となる事項が列挙されており、従来の典型的な移転価格文書で開示が必要とされていなかった項目の開示も必要とされている。また、最終報告書では、ローカルファイル作成に関する多国籍企業グループの事務負担も考慮し

て、各国の移転価格文書化規定には、企業の規模、各国の経済規模などを考慮に入れた具体的な文書化免除規定を盛り込み、例えば、中小企業に対して大企業に要求する文書と同様の文書作成を求めないことが推奨されている。

①ローカルファイルの記載事項

最終報告書では、ローカルファイルの開示事項として次の事項が提案されている。

対象法人	関連者間取引（続き）
・対象法人の組織図、経営及び運営形態、及び対象法人の管理者が報告する被報告者及びその者の所在する国に関する説明 ・当年度又は過年度において、対象法人が関与した又は影響を受けた事業再編又は無形資産譲渡の有無（影響を与えた取引とその影響の説明を含む） ・主要な競合他社	・移転価格算定方法を適用するに当たっての重要な前提条件、複数年度検証を実施する理由の説明（適宜） ・独立した比較対象企業又は比較対象取引の選定方法及びその情報源の説明 ・実施した差異の調整に関する説明 ・選定した移転価格算定方法を適用した結果、対象取引が独立企業間原則に則して行われたと結論付ける理由の説明 ・移転価格算定方法を適用するに当たり使用した財務情報 ・関連者間取引に関連する既存の国内・二国間・多国間事前確認、その他税務ルーリングのコピー
関連者間取引	**財務情報**
・各関連者間の重要な取引と取引概要の説明 ・各関連者間取引の取引額 ・各関連者間取引に係る関連当事者及びその関係 ・各関連者間取引に係る契約書のコピー ・各関連者間取引に関する詳細な機能分析（それぞれの法人の果たす機能、使用する資産、負担するリスク等） ・最適な移転価格算定方法の選定、その選定理由、及び検証対象法人の選定理由	・対象法人の対象年度の財務諸表 ・移転価格算定方法の適用に際して使用する財務データ（セグメント損益等）が、対象年度の財務諸表からどのような調整、計算がなされて作成されているかについての情報 ・比較対象企業に関する財務データのサマリーとその情報源

上述の事項には、従来の移転価格文書（ローカルファイル）では開示が必要とされていなかった次の項目が含まれており、今後の各国での税制改正において、これらの項目も追加的に開示要求されることになるか注視し、必要に応じて文書記載内容の見直しを行う必要があるものと考えられる。

- 移転価格算定方法の適用時に使用した財務データと財務諸表上の数値との関係性を示す情報
- 国内（ユニラテラル）事前確認（APA）、二国間（バイラテラル）APA、多国間（マルチラテラル）APA その他税務ルーリングの写し

②ローカルファイルの提出

ローカルファイルは、多国籍企業グループの構成事業体の所在国の税制に従い、各構成事業体が所在する税務管轄の税務当局に対して要請等に応じてそれぞれ提出することになる。

3．納税者への影響

今後、税務当局は、最終報告書で提案されている三層構造の移転価格文書を入手することにより、多国籍企業グループの経済活動と各国での利益・納税状況をこれまで以上に詳しく把握できることになり、多国籍企業グループの利益配分状況を多面的に検討し、移転価格税制上の問題等の有無を検討することになるものと見込まれる。

企業としては、グローバル事業展開に関する活動の内容、その結果としての利益・税金の配分を税務当局へ開示することが前提になるということを念頭に置いておくことが必要となり、開示情報を基礎に社内で税務リスクの見える化を図り（例：移転価格リスク分析等）、事前のリスク対応策（例：移転価格ポリシーの策定・導入等）を検討しておく必要性が高まるものと考えられる。

日本では、平成28年度税制改正において、国別報告書及びマスターファイルが2016年4月1日以降開始する最終親事業体の会計年度から適用され、ローカルファイルが2017年4月1日以降開始する事業年度から適用されることとなり、また、日本のみならず、中国等の各国においても制度化が行われている状況にある。企業としては、まず、子会社や支店を通じて事業活動を行う各国における三層構造文書の制度化状況を把握するとともに、これら制度の導入年度に合わせて、親会社が主導的に文書化への取組みを行っていく必要があるものと考えられる[5]。

マスターファイル、国別報告書に相当するような全世界レベルでの企業

※5 三層構造文書への対応方法の詳細については、「第3章 3.BEPS最終報告書に基づく本邦移転価格税制の改正とその対応」（182頁）を参照されたい。

活動をまとめた書類は、これまで事業目的でも作成していない企業がほとんどであると想定される。このようなBEPS対応としての三層構造文書の作成は、企業グループ全体の事業活動・税金コストの「見える化」ができ、適正な経営資源投入の検討（例：税金も１つの事業コストとして捉えた連結実効税率の管理等）や今後の税務管理体制の検討（例：グループの税務情報の集約、税務コンプライアンス業務の効率化等）において役立つ、事業の攻めのツールとしても有効に使えると捉えることもできる。BEPS対応後の新たな移転価格文書の作成を単なる税務コンプライアンスとのみ捉えるか、経営ツールとしても活用するかによって、今後の税務リスクや税務コストの管理等の面で多国籍企業グループ間での対応は二極化し、既に税務コスト管理等に取り組んでいる欧米等の多国籍企業グループとの競争にも影響してくるものと考えられ、BEPS対応は単なる税務問題ではなく、経営課題の１つとして捉える必要があるものと考えられる。

第2章　BEPS行動計画

◆ 行動14　相互協議の効果的実施

1．趣旨・目的

　各国の税務当局がクロスボーダー取引における租税回避を防止するための法整備と執行を強化する一方、二重課税を効果的に防ぐことができるインターナショナル・タックス・システムの構築が、さらなる国際経済の発展と自由化のために不可欠である。

　行動14は、BEPS対抗措置によって予期せぬ二重課税が生じる等の不確実性を排除し、予見可能性を確保するため、租税条約に関連する紛争を解決するための相互協議[※1]のメカニズムをより改善することを目的としたものである。

2．BEPS最終報告書の概要

　行動14は、相互協議の実施を妨げる障害を除去し、相互協議を通じた迅速かつ効果的な紛争解決を図り、OECD加盟国及びG20諸国が強く政治的にコミットし、実現するためにミニマム・スタンダードの原則を明確にし、ベストプラクティスを設けることを提示している。

　また、最終報告書はミニマム・スタンダードの実施を確保するため、各国においてミニマム・スタンダードの実施状況をモニタリングすることを勧告している。

（1）ミニマム・スタンダード

　行動14が掲げる相互協議を通じた迅速で効果的な紛争解決のためのミニマム・スタンダードとは以下のとおりである。

※1　OECDモデル租税条約第25条「相互協議」は、締約国の権限のある当局が締約国の法令に定める救済手段とは別に、条約の規定に適合しない課税を受ける又は受けるおそれがある場合、二重課税を除去するために、相互に協議をすることができる制度である。

① OECD モデル租税条約第 25 条（相互協議）における義務の誠実かつ全面的な履行と迅速な解決の確保

このミニマム・スタンダードは、権限ある当局が OECD モデル租税条約の解釈や適用に関する意見の相違や困難を解決するための協議の場として、OECD モデル租税条約第 25 条（相互協議）を履行することを求めている。OECD 加盟国及び G20 諸国は、各国租税条約の相互協議に係る条項において第 25 条第 1 項から第 3 項[※2]を自国全ての租税条約に導入し、二重課税を排除するための相互協議の申請を可能としなければならないとしている。これは経済的な二重課税をもたらす移転価格上の問題も相互協議の対象となることを意味する。

また、租税条約に反する課税についての相互協議について OECD モデル租税条約第 25 条に係るコメンタリーに相互協議事案を 24 か月以内に解決することへのコミットメント、各国の相互協議に関する統計データを迅速に公表すること等の改訂を行うことが予定されている。

②租税条約に関連する紛争の未然予防と迅速な解決を促進するための行政手続の確保

最終報告書は、相互協議手続による紛争解決を妨げる様々な障害を特定している。このミニマム・スタンダードを受け入れた国々はこれらの障害に対抗する措置を講じ、相互協議を通じ効率的に紛争解決を行えるようにしなければならない。相互協議の制度における透明性担保のための措置に

※2　OECD モデル租税条約第 25 条（相互協議）
　　第1項　一方の又は双方の締約国の措置によりこの条約の規定に適合しない課税を受けたと認める者又は受けることになると認める者は、当該事案について、当該一方の又は双方の締約国の法令に定める救済手段とは別に、自己が居住者である締約国の権限ある当局に対して又は当該事案が前条1の規定の適用に関するものである場合には自己が国民である締約国の権限のある当局に対して、申立てをすることができる。当該申立ては、この条約の規定に適合しない課税に係る措置の最初の通知の日から3年以内に、しなければならない。
　　第2項　権限ある当局は、1の申立てを正当と認めるが、自ら満足すべき解決を与えることができない場合には、この条約の規定に適合しない課税を回避するため、他方の締約国の権限ある当局との合意によって当該事案を解決するよう努める。成立したすべての合意は、両締約国の法令のいかなる期間制限にもかかわらず、実施されなければならない。
　　第3項　両締約国の権限のある当局は、この条約の解釈又は適用に関して生ずる困難又は疑義を合意によって解決するよう努める。両締約国の権限ある当局は、また、この条約の定めのない場合における二重課税を除去するため、相互協議に合意することができる。

は次のものが含まれる。
- 相互協議手続に関する規則、ガイドライン、手続を公表し、かつ、これらの情報をウェブサイト等で、確実に納税者が利用できるようにすること
- MAPフォーラム[※3]によって策定・合意される共通プラットフォーム上で相互協議に関する相互協議プロフィール[※4]を公表すること
- 相互協議事案の権限ある当局担当者に、課税を行った課税担当者の承認や指示を受けずに、また、（自国に有利な交渉をするための）将来の租税条約の改訂等の税務政策に影響を受けずに、案件を解決する権限を与えること
- 権限ある当局の担当者の業績評価指標に、調査による更正結果の保持や税収の維持などは含めず、相互協議の決着数、租税条約との整合性、相互協議決着に要した期間などを含めること
- 相互協議を機能させるために十分なリソース（人員、資金、研修、その他必要なプログラム）を提供すること
- 税務当局と納税者間の交渉による和解が相互協議手続を妨げることがないことを自国の相互協議手続についてのガイドラインで明確にすること
- 事前確認制度（Advance Pricing Arrangement、以下「APA」という）が導入されている場合で、適切な場合には、ロールバックを認めること[※5]

③要件を満たす納税者の相互協議へのアクセスを確保

これは納税者がどちらの締約国でも申立てできるようにするか（このためには現在のOECDモデル租税条約第25条第1項の文言を改訂しなければならない）、又はこれに代わって、一方の権限ある当局が納税者の異議

※3 MAPフォーラムとは、G20を含む、OECD加盟国とOECD非加盟国の46か国の税務長官から構成される税務長官会議により召集された権限ある当局のフォーラムで、相互協議制度の効率性を審議する場である。
※4 相互協議プロフィールとは、相互協議室の窓口情報、相互協議手続についてのガイドラインへのリンクやその他の有益な相互協議情報の提供のことである。
※5 ただし、APAの遡及適用は国内法による除斥期間が失効していない場合にのみ認められる。

が正当なものではないとした場合に、もう一方の権限ある当局にその情報が提供されるような相互の通告若しくは協議の手続を導入すべきであるということである。

さらに納税者が公表されたガイダンスに従って申立てを行うのであれば、納税者からの情報不足を理由に相互協議手続を制限することがないようにすることを提示している。MAPフォーラムは、相互協議申立書に添付する具体的な情報と書類についての手本を策定することになっている。

このミニマム・スタンダードは、OECDモデル租税条約第25条第2項に、「締約国の国内法によって適用される期間制限に関係なく、相互協議による合意を実施できるようにすること」という文言を含めることを求めている。これをためらう国々は、その代わりとして、OECDモデル租税条約第9条（特殊関連企業）第1項又は第7条（事業所得）第2項における調整を行うことのできる期間を制限している場合、納税者が相互協議によって救済されない期限後に調整が行われないようにしなければならない。

(2) ベストプラクティス

行動14は3つの概念的なミニマム・スタンダードに関し、最低限実施すべき具体的な措置を特定し、ミニマム・スタンダードを補完し実施することが望ましいとされる11項目のベストプラクティスを特定している。11項目のベストプラクティスは以下のとおりである。

① OECDモデル租税条約第25条（相互協議）の誠実な履行と迅速な解決に関するベストプラクティス

ベストプラクティス1：各国は自国の租税条約にOECDモデル租税条約第9条第2項（特殊関連企業）を入れなければならない。

OECDモデル租税条約第25条は相互協議の手続を規定し、OECD租税

条約第9条第2項[※6]は一方の締約国における移転価格調整が行われた場合に発生する経済的二重課税について、他方の締約国で対応的調整を行うことを義務付けるものである。第2項が入っていなければ対応的調整をすることができないという国もあり、ベストプラクティス1はこのような課題を解決することを意図している。

②租税条約に関連する紛争の未然の予防・迅速な解決を促進するための行政手続に関するベストプラクティス

ベストプラクティス2：OECDモデル租税条約第25条第3項に基づいて達した合意を匿名ベースで公表する適切な手順を導入し、租税条約の着実な二国間における実施を促進し今後の紛争への指針としなければならない。

OECDモデル租税条約第25条第3項の第1文は両締約国の権限ある当局は、この条約の解釈又は適用に関して生ずる困難又は疑義を合意によって解決するよう努めるべきであると定めている。そのような合意内容が匿名ベースで公表されれば、二国間における一貫性のある租税条約の適用が可能になるであろう。また、OECDモデル租税条約第25条第3項の第2文において、各国は（特定の納税者の相互協議事案というよりは）全ての納税者あるいはあるカテゴリーの納税者への租税条約の適用に及ぼす相互協議の合意について、当該合意が将来の紛争を未然に防止するために有効なガイダンスを提供するものであり、かつ、権限のある当局間で公表することが健全な税務行政の原則と合致すると各国が同意する場合、当該合意を公表するための適切な手続を整備することを求めている。OECDモデ

※6　OECDモデル租税条約第9条（特殊関連企業）
　　第2項　一方の締約国において租税を課された当該一方の締約国の企業の利得を他方の締約国が当該他方の締約国の企業の利得に算入して租税を課する場合において、その算入された利得が、双方の企業の間に設けられた条件が独立の企業の間に設けられたであろう条件であったとしたならば当該他方の締約国の企業の利得となったとみなされる利得である時は、当該一方の締約国は、当該利得に対して当該一方の締約国において課された租税の額について適当な調整を行う。この調整に当たっては、この条約の他の規定に妥当な考慮を払うものとし、両締約国の権限のある当局は、必要がある場合には相互に協議する。

ル租税条約第25条第3項に基づく相互協議の合意を公表する手続は、納税者情報の守秘義務が守られることも求めている。

ベストプラクティス3：税務長官会議（Forum on Tax Administration(FTA)）で作成された「グローバル・アウェアネス・トレーニング・モジュール」を各国のしかるべき担当者へ提供し、国際事案に係る調査部門のグローバルな意識を高めなければならない。FTA は各国の調査部門がグローバルな意識を高めることを奨励している。

FTA MAP フォーラムの戦略プラン[※7]では、リソース、権限の付与、関係と姿勢、手続の改善、調査部門との関係及び責務と説明責任に関して、権限のある当局が直面する特定の課題に対処するための多くの具体的なイニシアティブを特定している。

戦略プランで挙げられたグローバルな意識には以下が含まれる。
(ⅰ)二重課税の生じる可能性
(ⅱ)提案する調整が1つ以上の税管轄地の課税標準に与える影響、及び
(ⅲ)競合する国・地域の要求を調整するために権限ある当局が検討すべき手続と原則

FTA は当該戦略プランの遂行のために有用であろう「グローバル・アウェアネス・トレーニング・モジュール」を作成し、承認した。

ベストプラクティスは各国がこの点に関する FTA の活動に参加するよう促している。

ベストプラクティス4：各国は二国間事前確認制度を履行すべきである。

APA とは、「関連者間取引を行う前に、一定の期間におけるそれらの取引における移転価格を決定するために、適当な一連の基準（例えば、移転価格の算定方法、比較対象とそれらに行う適当な調整、将来の事象につい

※7　http://www.oecd.org/site/ctpfta/map-strategic-plan.pdf から入手できる。

ての重要な前提）を決定する取決め」である。

　二国間 APA は両政府と納税者にとって確実性を高め、経済的二重課税のリスクを減少させ、移転価格紛争を防ぐことができる。

ベストプラクティス５：各国は、一定の事案において当初更正後に申告した過年度について反復する問題で、同一の関連する事実関係や状況が存在し、同一の関連する事実関係や状況が検証可能である場合には、相互協議によって複数年にわたる解決を納税者が申立てることを認める適切な手続を実施すべきである。

　特定の所得調整に係る相互協議の申立てが過去、あるいは将来の申告課税年度においても、関連するような反復する問題を提起している場合、関連する事実関係と状況に重要な変化がなく、その事実関係と状況の検証が可能である場合において、その他の課税年度においても、申立てが可能な相互協議手続は、重複する相互協議の申立てを防ぎ、相互協議のリソースをより有効に用いることができるので、各国は一定の事案において、課税後に、関連する事実関係と状況に重要な変化がなく、調査においてそのような事実関係と状況の検証が可能である場合において、納税者が反復する問題の複数年度にわたる解決を申し立てることができるようになる適切な手続を実施するべきであると提言している。当該手続は、OECD モデル租税条約第 25 条第 1 項にある、条約の規定に適合しない課税に係る措置の最初の通知の日から 3 年以内に事案が申し立てられた場合に限り認められるとしている。

③要件を満たす納税者の相互協議へのアクセスと確保に関するベストプラクティス

ベストプラクティス６：相互協議中にその事案が保留とされた場合、徴収手続を停止する適切な措置をとるようにすべきである。少なくとも、国内法にお

ける行政手続又は法的救済措置を適用している場合と同様な徴収手続の停止が求められるべきである。

もし、両方の締約国が紛争対象税額を徴収すると、経済的二重課税が発生し、少なくとも相互協議の事案が解決するまでの間、納税者のビジネスに深刻な影響を与える可能性があることが指摘されている。OECDモデル租税条約が改訂されるときには、相互協議事案が保留とされた場合に、徴収手続を停止する方針がOECDモデル租税条約第25条に関するコメンタリーに反映されることになっている。

ベストプラクティス7：各国は、救済措置の選択権は納税者に帰属するという一般原則を認識しつつ、納税者が相互協議を利用することを促進する適切な行政措置を行うべきである。

多くの国の憲法ないし国内法では、いかなるものも国内法に基づき利用できる司法上の救済措置を奪われないと定めているが、相互協議の合意が、通常、包括的に二重課税の紛争に解決をもたらし、二重課税を解消することができると認識して、相互協議により租税条約に関する紛争が解消されるように、適切な行政制度を整備すべきであると述べている。

ベストプラクティス8： 各国は、公表される相互協議ガイダンスに、相互協議と国内法による行政及び法的救済との関係を説明せねばならない。特に、権限ある当局が相互協議の事案の処理に当たり自国の国内裁判所の判決に法的に拘束されると考えるのか、また、行政政策上若しくは慣行上、国内裁判所の判決を逸脱してよいと考えるのかを明確にしなければならない。

国内法と相互協議による救済措置の複雑な関係は、一般的に締約国の国内法乃至行政手続により規定されている（租税条約には当該事項を規定する条文はない）が、国・地域がそれぞれに異なる処理をしているため、不確実性が高まっていることをベストプラクティス8は指摘している。例え

ば、国により国内法や行政手続が納税者が相互協議の申請を最初に進めた場合に、他の救済措置を後から申請できるのか、また、国内裁判所の判決に権限ある当局が拘束されるのか等が不明確な場合があると指摘している。各国は、公表される相互協議のガイダンスに、相互協議と国内法による救済措置の関係を例示し、手続や、条件、期限などを記載すべきであると提言している。

ベストプラクティス9：各国で公表される相互協議についてのガイダンスでは、納税者が真正な調整（すなわち、(i)独立企業間原則を遵守するために、特殊国外関連企業との取引価格、又は(ii) PE に帰属する利益を調整するために、申告済みの税務申告書を修正することを納税者に認める、国内法の自主的調整）を行った場合に、経済的二重課税を解消するための相互協議を申立てることができるようにすべきである。係る目的のためには、納税者が行った調整は、関連者取引から生じる課税所得又は PE に帰せられる利得について正確に申告しようとする納税者の誠実な努力を反映している場合、及び納税者がその他の点では両締約国の租税法令に基づいて当該課税所得又は利得に関する自らの義務の全てを、適時かつ適切に履行している場合は真正であると見做されるべきである。

これにより、OECD モデル租税条約第7条（事業利得）、第9条（特殊関連企業）、第25条（相互協議）に以下の4つの修正が行われる。

- OECD モデル租税条約第7条の改訂されるコメンタリーの第59.1パラグラフは、国内法により PE に帰属する利得を調整するために修正申告することが認められている場合、このような納税者による自主的調整について、他方の締約国で適切な対応的調整が行われるよう相互協議を用いることができることを明確にする。
- OECD モデル租税条約第9条の改訂されるコメンタリーの第6.1パラグラフは、国内法により納税者は国外関連者との取引金額を独立企業原則に準拠した価格に調整するために、適切な状況下で修正申告することが

認められている場合、このような納税者による自主的調整について他方の締約国で対応的調整が行われ、二重課税が排除されるよう相互協議を用いることができることを明確にする。

- OECDモデル租税条約第25条の改訂されるコメンタリーの第23パラグラフは、納税者が行う真正な自主調整を反映した修正申告書の提出に関して、追加の税金を納税者が支払う場合には、相互協議申立てに係る3年間の期間制限の起算日は納税日ではなく、修正申告に起因する課税又は納税通知書の日付になることを明確にする。
- OECDモデル租税条約第25条の改訂されるコメンタリーの第14パラグラフは、相互協議の手続は租税条約に反する課税が納税者に対して行われ通知されるのを待つことなく、納税者によって開始することができる事例を明示しているが、以下の事例を追加する。
- 国内法における、独立企業原則に適合するための納税者による自主的な国外関連取引の価格又はPEに帰属する利得の調整をするための修正申告

ベストプラクティス10：各国により公表される相互協議のガイダンスは、相互協議における利息と罰金に関する配慮についても定めるべきである。

　これまでも相互協議事案において利息と罰金は、重要な問題とされており、相互協議事案が増加することが予想されるBEPS対応後において、各国の相互協議のガイダンスが利息と罰金の扱いについて明確にすることの重要性が高まっていると述べている。

　OECDモデル租税条約の改訂に伴う、OECDモデル租税条約第25条に係るコメンタリーの改訂で、相互協議手続における利息と罰金の扱いが明確にされることになっている。

ベストプラクティス11：各国により公表される相互協議のガイダンスには、多国間相互協議及びAPAについてのガイダンスを含めるべきである。

近年のグローバリゼーションの加速により、租税条約の紛争解決の制度は、類を見ない挑戦を迫られている。OECD モデル租税条約第 25 条（相互協議）は伝統的に、二国間の紛争の解決に注力してきたが、リージョン及びグローバルなビジネスモデルの適用や各国の経済と市場の統合が加速するなかで、多国間の紛争の解決のための効果的なメカニズムが求められている。よって、各国は適切な多国間の相互協議と APA を策定し、公表されている相互協議と APA のガイダンスにその制度を含めることが求められている。

（3）モニタリング・メカニズムの枠組み

　行動 14 に掲げられたミニマム・スタンダードが効果的に実施されるよう、行動 14 には税務当局間のモニタリング・システムを導入することについての合意が含まれている。モニタリング・システムは、以下の一般的な特色を有するものとする。

- 全ての OECD 加盟国と G20 諸国及び、行動 14 のミニマム・スタンダードにコミットした税務当局は、ミニマム・スタンダードの実施状況について、審査を受ける。審査では被審査国の租税条約、国内法や規則が規定する法的枠組み、自国の相互協議制度のガイダンス、ミニマム・スタンダードの実施状況が評価される。
- 参加国によるモニタリングの過程から得られる主要な成果は報告書にまとめられる。報告書は長所・短所を説明するとともに、報告書の対象となっている税務当局が短所をどのように改善すべきか勧告する。
- 参加国によるモニタリング過程についての主要な文書は付託事項と評価方法である。付託事項は行動 14 に規定されたミニマム・スタンダードの各構成要素ごとに、各国の法的枠組み、相互協議制度のガイダンス、ミニマム・スタンダードの実施状況の評価を文書にまとめたものである。付託事項の文書にはモニタリング過程についての明確な工程表が含まれ、全ての税務当局の評価が整合的に、完全に行われることを担保する。評価方法とは、OECD 加盟国, G20 諸国とそのほかの FTA MAP フォー

ラムを通じてコミットした税務当局に対する互いのモニタリングについての詳細な手続とガイドラインである。これにはミニマム・スタンダードの実施について評価するためのシステムが含まれることとなる。

付託事項と評価方法は、2016 年第 1 四半期までに第 1 作業部会及び FTA MAP フォーラムにより策定される。

FTA MAP フォーラムが主催する参加国のモニタリング過程は、OECD 租税委員会を通じて参加国に報告されることになる。2016 年 10 月 21 日に OECD 租税委員会は、モニタリングのプロセスの基となる付帯事項、評価手法、相互協議統計報告書の構成及び相互協議申立ての添付資料についてのガイダンスを発表した。第 1 回目の税務当局間のモニタリング過程は 2016 年 12 月に開始され、報告書は 2017 年末に公表される予定である。

(4) 強制的・拘束的仲裁制度への参加

経済界と多くの国は強制的・拘束的な仲裁制度が効果的に租税条約の紛争を解決するための最善の方策であると考えている。相互協議事案の紛争を解決するためのメカニズムとして、仲裁を導入することは全ての OECD 加盟国と G20 諸国がコミットしているわけではないが、一部の国々は相互協議手続による紛争解決では得られない困難な紛争を解決する方策として、強制的・拘束的仲裁制度への参加を表明している。強制的・拘束的仲裁制度の導入についてのコミットを表明した国は、オーストラリア、オーストリア、ベルギー、カナダ、フランス、ドイツ、アイルランド、イタリア、日本、ルクセンブルク、オランダ、ニュージーランド、ノルウェー、ポーランド、スロベニア、スペイン、スウェーデン、スイス、英国及び米国である。OECD によると、2013 年末時点での未解決相互協議事案のうち 90 パーセント超がこれらの国々が関与する事案であるため、これは大きな前進となるであろう。

強制的・拘束的仲裁制度の規定は行動 15 により構想されている多数国間協定の交渉の一環として策定される。多数国間協定の交渉に参加している国は、特に、強制的・拘束的仲裁制度の範囲についての異なる見解をど

のように調整するか検討する必要がある。多くの国では、強制的・拘束的仲裁制度を利用できる事案には制限を設けるべきでないとしているが、一部の国は仲裁制度は適切に定義された一部の相互協議事案にのみ認められるべきであると主張するかもしれない。過去に検討された強制的・拘束的仲裁制度の採用を妨げる問題点及び解決案の選択肢について、OECDの紛争解決フォーカスグループは強制的・拘束的仲裁制度に参加した国の作業グループへ報告することになっている。

3．納税者への影響

　OECDは、最終報告書に反映されたミニマム・スタンダードを、関連するOECDモデル租税条約の各条項及びそのコメンタリーに導入する一方で、租税条約に関連する措置（仲裁を含む）を相互協議に取り込むための多数国間協議の締結（行動15）を進めることになる。また、OECDはミニマム・スタンダードの実施状況のモニタリング方法を策定し、モニタリングを実施している。

　日本は、現状においてミニマム・スタンダード及びベストプラクティスを概ね実施しているが、以下のミニマム・スタンダード及びベストプラクティスの実施状況については注目したい。

- 相互協議事案を24か月以内に解決することへのコミットメント
- 納税者がどちらの締約国でも相互協議の申立てをできるようにすること[※8]
- 相互協議合意内容を公表する手続
- 相互協議のなかでの利子及び罰金に関する配慮についてのガイダンス
- 多数国間相互協議及びAPAについてのガイダンス
- ミニマム・スタンダードのモニタリング・メカニズムの枠組みの導入

※8　平成29年度税制改正大綱、五　5（1）（国際課税－租税条約の相互協議手続の改正に伴う国内法の整備（国税））に租税条約の相手国等における居住者が国税庁に相互協議の申立てをすることができることとするとして折り込まれている。

- 多数国間協定交渉への参加を含め、租税条約に関連する措置（仲裁を含む）を規定する租税条約の拡充

　納税者は、OECD加盟国、G20諸国及びミニマム・スタンダード及びベストプラクティスにコミットする税務当局による行動14の実施状況とモニタリング活動の報告書に配慮し、今後、大きな改革が予想される相互協議手続と国内的救済措置の長所・短所を検討のうえ、二重課税排除の道を模索すべきである。

第2章　BEPS行動計画

◆ 行動15　多数国間協定の策定

1．趣旨・目的

　BEPS行動計画を通じて策定される各種措置の実施のためには、OECD加盟国及びG20加盟国により、各国で締結された租税条約の改訂が必要である。世界で3,000以上ある二国間租税条約の改正には、膨大な時間とリソースを要するであろう。また、グローバリゼーションは、異なる国の租税制度の相違の影響を増加させており、そのような相違がBEPSを生み出している。そこで、二国間租税条約においてBEPS対抗措置を効率的に実現するために、多数国間協定を策定することが検討された（二国間租税条約と多数国間協定の概要図は、次のとおりである）。

■概要図

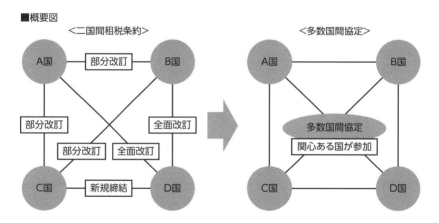

出典：平成27年10月23日税制調査会配布資料に基づきEY税理士法人で作成

　多数国間協定の規定は、全加盟国が採用する中核的規定と、加盟国が選択できる規定とで構成され、多数国間協定の規定に従って、加盟国間の二国間租税条約の規定が部分的に改訂又は追加される。多数国間協定のBEPS関連条項が現行の二国間租税条約の条項に優先して適用されるが、

BEPS 関連措置以外の条項については二国間租税条約の条項を有効とすることで、多数国間協定と二国間租税条約とは、共存するものである。

2．BEPS 最終報告書の概要
（1）行動 15 に係る経緯
　行動 15 の策定のプロセスとして、これまでの経緯は次のとおりである。
- 2014 年 9 月（中間報告書の公表。そのなかにおいて、多数国間協定交渉のためのマンデートの策定を勧告）
- 2015 年 2 月（BEPS 対応のための多数国間協定の策定に係るマンデート承認[※1]の公表）
- 2015 年 5 月（全ての参加表明国が参加する多数国間協定交渉の第一回会合を開催）
- 2015 年 9 月（日本を含む 15 か国で構成される運営会合を開催）
- 2015 年 10 月（最終報告書の公表。主に 2014 年 9 月に公表された中間報告書及び 2015 年 2 月に公表されたマンデートを再掲したもの）
- 2016 年 5 月（行動 15 の討議草案の公表。公開コンサルテーション会合が、7 月 7 日に開催）

（2）最終報告書の内容
　最終報告書は、国際公法や税務の専門家の専門知識を活用し、二国間租税条約を改訂するための多数国間協定の技術的実現性を検討した。その結果、多数国間協定は、BEPS 対抗措置を迅速に導入するために望ましく、これまで国際税務の領域では前例はないが、国際公法の他の領域において多数国間協定を実施した例があることを踏まえると、実現可能であると結論付けている。
　最終報告書は、多数国間協定が規定する範囲は、合理的なタイムフレー

※1　2014 年 9 月の中間報告書の分析結果に基づき、OECD・G20 諸国は、BEPS 対応のための多数国間協定を策定することを目的として、アドホックグループの組成を承認したことが、2015 年 2 月に公表された。

ム内で導入することができるように、まずは、BEPS プロジェクトの提言に関する条項に限定すべきであるとしている。2015 年 10 月に最終報告書が公表された後、2016 年 5 月に公表された討議草案においては、多数国間協定で実施されるべき規定として、次のものが掲げられている。

- 行動 2（ハイブリッド・ミスマッチ・アレンジメントの効果の無効化）で策定される条約規定
- 行動 6（租税条約の濫用防止）で策定される規定
- 行動 7（恒久的施設（PE）認定の人為的回避の防止）で策定される規定
- 行動 14（紛争解決メカニズムの有効性向上）におけるミニマム・スタンダードとベストプラクティスに係る措置

また、2015 年 2 月に公表された多数国間協定交渉のマンデート承認を受けて、2015 年 5 月 27 日に、アドホック・グループ（以下「グループ」という）が組成された。2016 年 5 月 10 日現在では、グループの参加国は、日本や米国を含め、96 か国であり、グループの全メンバーは対等な立場で参加する。オブザーバーとして、非国家地域や国際組織なども参加している。グループは、2016 年 12 月 31 日までに作業を終了し、多数国間協定が署名のために開放されることを目標としている。

多数国間協定の文面は、他の二国間及び多数国間の条約交渉と同様に、機密扱いとなっているが、討議草案において、多数国間協定の策定に関して、重要な技術的な問題点（多数国間協定の条項と既存の租税条約ネットワークとの関係や多数国間協定が英語及びフランス語でのみ締結することが見込まれていること等）に焦点を当てて、公開コンサルテーションが行われている。

3．納税者への影響

行動 15 における多数国間協定は、OECD が取り組んできた BEPS 対抗処置を早急に実施するために、重要な役割を担うことになる。行動 15 の

成否は、参加国の間で行われる交渉結果及びその参加国が多数国間協定に署名する意思に左右される。

　これまでの日本によるBEPSへの取組み（多数国間協定の策定のための会合への参加を含む）を踏まえると、予定どおり2016年12月31日までに、多数国間協定が署名のために開放された場合、日本は、多数国間協定の署名に向けて迅速に対応することが見込まれる。したがって、多数国間協定に含まれることが見込まれる分野（行動2・6・7・14）を中心に、その影響を検討しておくことが重要となる[※2]。

※2　日本経済団体連合会による「BEPSプロジェクトを踏まえた今後の国際課税に関する提言」（2016年4月19日）において、多数国間協定について、「PEや条約の濫用防止を含め、最終報告書の勧告内容のうち租税条約に関するものについては、多国間協定により一斉に個別条約に反映される可能性がある。多国間協定は本年末までに署名のため開放すべく作業することになっているが、企業による予見可能性を高める観点から、その作業状況を適時に開示するとともに、必要に応じ納税者の意見を求めるべきである」と言及している。

第3章

BEPS プロジェクトの議論に対する日本の対応

BEPS プロジェクトの議論に対する日本の対応

1．BEPS プロジェクトに対する日本の対応

　OECD の BEPS プロジェクトに対して、その開始当初より日本はその趣旨に賛同し積極的に議論に参加してきた。

　BEPS プロジェクト発足時（2012 年 6 月）の OECD 租税委員会議長が財務省の浅川雅嗣氏であり、その後も日本政府・財務省等の関係省庁も BEPS プロジェクトの進行に積極的な協力を続けてきた。2015 年 10 月の最終報告書公表時には、財務大臣談話が発表され、BEPS プロジェクトの実施段階においても、引き続き、実施に向け日本が適切な対応をしていくことが明らかにされている[※1]。

　また、日本の経済界（経団連をはじめとする各業界団体等）も、各行動計画のディスカッション・ドラフト等の公表時のパブリック・コメント募集に積極的に応じ、議論に参加してきた。BEPS プロジェクトの趣旨に賛同しつつも、BEPS プロジェクトの導入に伴う企業の事務負担の増加等も同時に考慮した意見や要望の提出がなされた[※2]。

　2015 年 10 月の最終報告書の公表以降は、「ポスト BEPS」として、様々な取組みが OECD 及び各国で実施されていく。各国において BEPS プロジェクトの勧告内容を自国税制に取り込むための法整備や租税条約の改正

[※1]　以下、2015 年 10 月 5 日における財務大臣談話の一部抜粋である。
　　　（・・（略）・・この BEPS プロジェクトは、私自身 G7 や G20 などの場で議論を積極的に主導し、日本政府も強く支持し、OECD などの場で議論を先導してきた。・・（略）・・日本は、本プロジェクトのこのような問題意識に強く共感し、また、とりまとめられた対応策を高く評価している。これらの対応策により、企業間において公正な競争条件が整い、納税者の公平感や税制に対する信頼が確固たるものとなるであろう。・・（略）・・また、BEPS プロジェクトの成果が広く国際社会で共有されるよう、引き続き国際的な議論を先導し、途上国を含む幅広い国と OECD や関係する国際機関が協調するポスト BEPS 枠組みの構築に貢献していきたい。）

[※2]　経団連は 2016 年 4 月に「BEPS プロジェクトを踏まえた今後の国際課税に関する提言」を公表している。このなかには、BEPS プロジェクト勧告事項に関連する今後の日本における国内法制化の課題についての提言も含まれている。

が行われる。OECD は各国における勧告内容の実施状況のモニタリングを行うとともに、残されている課題について継続的に検討を行う。また、開発途上国を含む幅広い国々と関係機関が協調する枠組み（フレームワーク）の構築も重要な課題である。

2016 年は、日本が G7 議長国となったことから、これらの取組みを重要議題の 1 つに掲げ、議論を推進すべく各国と協調していくことが期待されていた[※3]。2016 年 5 月に日本で開催された主要国首脳会議（G7 伊勢志摩サミット）において、BEPS 問題に関しても首脳間で意見交換がなされた。「G7 伊勢志摩首脳宣言」のなかにも、「租税及び透明性」として一章が設けられ、BEPS パッケージの着実な実施についてコミットされている[※4]。6 月末には京都で、「G20/OECD BEPS 包摂的枠組み」第一回会合が開催された。7 月に中国で開催された G20 財務大臣・中央銀行総裁会議[※5]においても、この包摂的枠組み第一回会合の成果が強調されている。

BEPS プロジェクト開始直後より各行動計画における議論の進展に注目していた日本は、2015 年 10 月の最終報告書の公表を待つことなく、平成 27 年度税制改正によって一部の BEPS に関連する分野の税制の見直しを行っている。

以下では、平成 27 年度税制改正によって対応が図られたもの（行動 1、行動 2 関連）と平成 28 年度税制改正によって対応が図られたもの（行動 13 関連）について解説する。

※3　※1 参照。
※4　「G20/OECD 税源浸食と利益移転（BEPS）パッケージの着実な、一貫性ある、かつ、足並みを揃えた実施は、税制への市民の信頼を回復させ、経済活動に従事する全ての者にとって、世界的に公平な競争条件を達成するために極めて重要である。我々は、模範を示しつつそのプロセスをリードすることに引き続きコミットする」（首脳宣言より抜粋）
※5　「会議声明」において、未だ BEPS パッケージにコミットしていない全ての国・地域に対し、コミットメントと枠組みへの対等な立場での参加が求められた。また、税の透明性に関して合意された国際基準を満足のいく水準で実施することに向けて十分な進捗がみられない地域のリストを、2017 年 7 月の G20 サミットまでに OECD が作成すること、リストに載った地域に対しては防御的措置が検討されることも声明で明らかにされている。

2．平成 27 年度税制改正における対応
（1）国境を越えた電気通信利用役務提供に対する消費税の課税方式の見直し

　行動1（電子経済に係る課税上の課題への対処）に関連する税制の見直しである。行動1の報告書においては、付加価値税（VAT）に関して、国境を越えて提供される電気通信利用役務（デジタルサービス）の課税方法を提示している。事業者間電子商取引（いわゆるＢ２Ｂ取引）については、原則として顧客所在地を課税地として課税の仕組みは、いわゆる「リバースチャージ方式」とすることを提示している。また、事業者・消費者間電子商取引（いわゆる、Ｂ２Ｃ取引）については、原則として顧客所在地を課税地とするものの、国外の事業者が事業者登録をしたうえで税を徴収する方式が提示された。

　日本の消費税において、上記の趣旨に沿った改正が平成 27 年度に行われている[※6]。

①電気通信利用役務の提供に係る内外判定基準の見直し

　電気通信利用役務の提供（電子書籍・音楽・広告の配信等の電気通信回線を介して行われる役務の提供）に係る内外判定基準が、役務の提供に係る事務所等の所在地から、役務の提供を受ける者の住所地等に見直されることになった（消法4Ⅲ③）[※7]。

②対象取引の範囲

　電気通信利用役務の提供には、電気通信利用役務の提供以外の資産の譲渡等に付随して行われる役務の提供や、単に通信回線を利用させる役務の提供は含まれないが、著作物の利用の許諾に該当する取引が含まれることとされている。

※6　この改正は、政府税制調査会（会長：中里　実東大教授）によって長らく議論されたうえで、実現したものである。

※7　平成 28 年度税制改正により、B2B取引のうち、一定の取引に係る内外判定基準が見直された。例えば、外国法人（国外事業者）の日本支店が国外事業者から電気通信利用役務の提供を受ける場合、国内において行う資産の譲渡等のみに要するものは、国内取引として課税の対象とされることになった。

③事業者向け取引に対するリバースチャージ方式の導入

事業者向け電気通信利用役務の提供については、その取引に係る消費税の納税義務を役務の提供を受ける事業者に転換するリバースチャージ方式が導入されることになった。

(i) 事業者向け電気通信利用役務の提供

国外事業者が行う電気通信利用役務の提供のうち、当該役務の性質又は当該役務の提供に係る契約条件等により、当該役務の提供を受ける者が事業者であることが明らかなものが、「事業者向け電気通信利用役務の提供」に区分されることとなる（消法２Ⅰ⑧の４）。

(ii) 役務の提供を行う国外事業者

国外事業者は消費税を上乗せすることなく、国内事業者に対して事業者向け電気通信利用役務の提供を行うこととなる。なお、国外事業者は、あらかじめ、その役務の提供を受ける国内事業者が消費税の納税義務者となる旨を表示しなければならないこととされている。

(iii) 役務の提供を受ける国内事業者

上記のとおり、事業者向け電気通信利用役務の提供を受ける国内事業者に、その取引に係る消費税の納税義務が課される。国内事業者は、消費税が上乗せされることなく事業者向け電気通信利用役務の提供を受けるが、当該取引に係る消費税が国内事業者において納税義務の対象とされる（消法４Ⅰ、５Ⅰ）。なお、当該取引に係る消費税は、国内事業者において、仕入税額控除の計算の対象になる。

なお、免税事業者が事業者向け電気通信利用役務の提供を受ける場合、納税義務は生じない。また、国内事業者の事業者向け電気通信利用役務の提供を受ける課税期間の課税売上割合が95％以上の場合、当分の間、当該課税期間において行った当該役務の提供はなかったものとされ、申告対象から除外されることとなる（消法附42）。

④消費者向け取引に係る課税方法及び適正課税を確保するための措置

国外事業者が国内に向けて行う消費者向け電気通信利用役務の提供につ

いては、国外事業者が納税義務者となる。

　(i)消費者向け電気通信利用役務の提供

　　　国外事業者が行う電気通信利用役務の提供のうち、事業者向け電気通信利用役務の提供以外のものが、「消費者向け電気通信利用役務の提供[※8]」に区分されることとなる。

　(ii)役務の提供を行う国外事業者

　　　上記のとおり、消費者向け電気通信利用役務の提供を国内に向けて行う国外事業者が納税義務者となる（消法4Ⅰ、5Ⅰ）。国内事業者向けに消費者向け電気通信利用役務の提供を行う場合には、次の⑤の登録国外事業者制度の適用の可能性がある。

　(iii)役務の提供を受ける国内事業者

　　　国内事業者が受ける役務の提供が、消費者向け電気通信利用役務の提供に区分される場合、当分の間、その課税仕入れに係る消費税につき、仕入税額控除制度の適用を認めないこととされている（消法附38Ⅰ本）。ただし、次の⑤の登録国外事業者から受けた役務の提供については、登録国外事業者の登録番号等が記載された請求書等の保存等を要件として、仕入税額控除が認められる（消法附38Ⅰ但）。

⑤登録国外事業者制度の創設

　(i)登録国外事業者

　　　納税地を所轄する税務署長を経由して国税庁長官に申請書を提出し、登録を受けた次に掲げる要件を満たす一定の国外事業者（事業者免税点制度の適用を受けない者に限られる）が、登録国外事業者となる。

　　・国内において行う電気通信利用役務の提供に係る事務所、事業所及

※8　法令に定義された用語ではない。電気通信利用役務の提供は「事業者向け電気通信利用役務の提供（法令に定義あり）」と「それ以外」に分けられる。「それ以外」のものを「消費者向け電気通信利用役務の提供」として記述している。「事業者向け電気通信利用役務の提供」が限定的に定義されている結果、この「消費者向け電気通信利用役務の提供」という概念には、事業者が利用する様々なサービスも含まれ得ることに留意が必要である。

びその他これらに準ずるものの所在地が国内にあること又は消費税に関する税務代理人があること
- 国内に事務所を有しない場合等、納税管理人を定める必要のある事業者については、納税管理人を指定していること
- 国内の滞納がないこと及び登録国外事業者の登録取消しから1年を経過していること

(ⅱ)登録の申請[※9]及び取消し

　登録国外事業者の氏名又は名称、住所若しくは居所又は本若しくは主たる事務所の所在地及び登録番号等については、インターネットを通じて登録後、速やかに公表される。

　登録の取消しを求める届出書を納税地を所轄する税務署長を経由して国税庁長官に提出した場合には、届出書の提出があった日の属する課税期間（当該届出書の提出が一定の日以後になされた場合には翌課税期間）の末日の翌日以後は、当該登録は失効する。

　なお、登録を受けた日の属する課税期間の翌課税期間以後の課税期間については、登録の取消しを求める届出書の提出が行われない限り、事業者免税点制度は適用されない。

⑥事業者免税点制度に係る特例

　消費税の納税義務については、基準期間の課税売上高が1,000万円以下である等、一定の場合に免除される制度がある。今回の改正により、国外事業者が納税義務を判定する場合においては、次の特例が適用される。
- 事業者免税点制度については、課税期間の基準期間の初日が2015年10月1日前である場合、当該基準期間の初日から、今回の見直しが行われていたものとして適用される。
- ただし、基準期間の初日から今回の見直しが行われていたものとして課税売上高を計算することにつき困難な事情があるときは、2015年

※9　登録申請については、2015年7月1日以後に行うことができる。

4月1日から同年6月30日までの間において、今回の見直しが行われていたものとして計算した課税売上高に4を乗じて計算した金額によることが認められる。

⑦適用時期

上記の改正は、2015年10月1日以後に国内において事業者が行う資産の譲渡等及び課税仕入れ並びに保税地域から引き取られる課税貨物について適用されている。

■図表1　国境を越えた電気通信利用役務の提供に対する消費税の課税の見直し（課税方式）

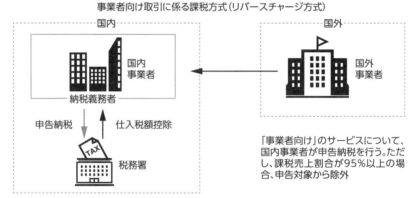

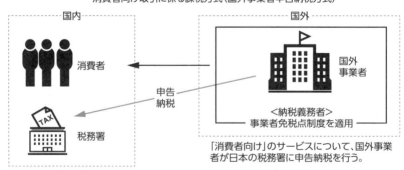

（2）外国子会社配当益金不算入制度の見直し

平成21年度税制改正により導入された外国子会社配当益金不算入制度

は、その対象となる配当等の額を制限することなく、支払側で損金算入されるような配当等の額（損金算入配当）も含めて益金不算入の対象とされていた[※10]。行動2「ハイブリッド・ミスマッチに係る取決めの効果の無効化」では、配当の支払国で損金算入され、受取国で益金不算入とされる二重非課税の状態を問題としている。この勧告を受けて、損金算入配当が益金不算入制度の対象から除外されることとなった（オーストラリアの償還優先株式に係る優先配当やブラジルの利子配当等）。

内国法人が外国子会社（持株割合25％以上等の要件を満たす外国法人）から受ける配当等の額で、その配当等の額の全部又は一部が外国子会社の本店所在地国の法令において損金の額に算入することとされている場合には、その配当等の額は益金不算入の対象から除外されることとなる（法法23の2Ⅱ①）。

内国法人が外国子会社から受ける配当等の額の一部が損金の額に算入された場合には、その損金の額に算入された部分の金額のみを益金不算入の対象から除外することもできる。この場合、確定申告書等へ所定の明細書の添付及び一定の書類の保存が必要となる。

益金不算入の対象から除外される配当等の額に対して課される外国源泉税等の額は、外国税額控除の対象とされる。

この改正は、2016年4月1日以後に開始する事業年度において、内国法人が外国子会社から受ける配当等の額について適用される。ただし、2016年4月1日から2018年3月31日までの間に開始する各事業年度において外国子会社から受ける配当等の額（2016年4月1日において有する当該外国子会社の株式等に係るものに限る）については、従前どおりの取扱いとされている。

※10 『平成21年版　改正税法のすべて』（大蔵財務協会、430頁、2009）

3．BEPS最終報告書に基づく本邦移転価格税制の改正とその対応
（1）新しい移転価格文書化制度

　第2章で紹介した行動8-10（移転価格税制と価値創造の一致）において、OECD移転価格ガイドラインにおける無形資産取引及び役務提供取引の取扱いなどの改訂が提案されており、これを踏まえて、今後、日本の移転価格税制の改正も検討されることになるものと見込まれる。一方、第2章で紹介した行動13（企業情報の文書化）に関しては、平成28年度税制改正において、三層構造文書に基づく新たな移転価格文書化制度が導入され、海外子会社又は海外支店等の恒久的施設（Permanent Establishment、以下「PE」という）を通じて海外事業展開を行う多国籍企業グループは、2017年3月期以降の年度を対象にその対応が必要となる。また、海外でも、行動13の報告書を踏まえた同様の税制改正が行われており、海外子会社所在国での対応もあわせて検討する必要がある。

■図表2　日本における新しい移転価格文書化制度

国別報告事項	事業概況報告事項	ローカルファイル
記載内容： ※多国籍企業グループに関する以下の情報 [定量情報] ・収入（非関連者向・関連者向） ・税引前損益 ・支払/発生法人税額 ・利益剰余金 ・従業員数　等 [定性情報] ・グループの構成会社等の名称 ・グループの構成会社等の事業活動　等	記載内容： ※多国籍企業グループに関する以下の情報 ・組織構造/資本関係 ・サプライチェーンの情報 ・事業収益の重要な源泉 ・役務提供取引の移転価格ポリシー ・無形資産取引の移転価格ポリシー ・金融取引の移転価格ポリシー ・財務状況及び納税状況　等	記載内容： ※関連者間取引に関する以下の情報 ・関連当事者の組織図 ・関連当事者の事業内容 ・関連者間取引の内容 ・機能・リスク・資産分析 ・関連者間取引に係る最も適切な移転価格算定方法 ・比較対象取引の選定 ・移転価格算定方法の適用結果　等
新規導入 （2016年4月1日以後開始最終親会計年度から適用）	新規導入 （2016年4月1日以後開始最終親会計年度から適用）	改正による厳格化 （2017年4月1日以後開始事業年度から適用）

　新しく導入された「国別報告事項」（行動13の報告書でいう国別報告書）

及び「事業概況報告事項」(行動13の報告書でいうマスターファイル)は2016年4月1日以後に開始する最終親会社の会計年度(最終親会計年度)から適用され、従来の文書化規定よりも厳格化された「ローカルファイル」は2017年4月1日以後に開始する事業年度から適用される。

■図表3　日本における新しい移転価格文書化制度の導入スケジュール(例)[※11]

「国別報告事項」と「事業概況報告事項」は、直前の最終親会社の会計年度の多国籍企業グループの総収入金額が1,000億円以上の多国籍企業グループが適用対象となる。これら文書は、最終親会社の会計年度終了の日の翌日から起算して1年を経過する日までの税務当局への「提出義務」が課されている。「ローカルファイル」に関する同時文書化義務規定は、両文書よりも1年遅い2017年4月1日以後に開始する事業年度から適用される。同時文書化義務規定の適用対象となるかどうかは、多国籍企業グルー

※11　3月決算の内資系多国籍企業グループを例としたものである。

プの総収入金額ではなく、国外関連取引金額の大きさで決まるとされている（（4）ローカルファイル（197頁）を参照されたい）。

なお、これまで移転価格税制は、クロスボーダー取引のうち、異なる法人間の取引に対して適用されてきたが、平成26年度税制改正により、国際課税原則が見直され、総合主義から帰属主義へ変更されたことにより、外国法人のPEとその本店等との間の内部取引について、移転価格税制と同様に、独立企業原則が適用されることになり（2016年4月1日以後開始事業年度から適用）、今後、本支店の内部取引に関しても独立企業間価格を算定するための文書作成が必要になる点も踏まえて、今後の文書化対応を検討する必要がある。

（2）国別報告事項（国別報告書）

①概要

平成28年度税制改正に伴い、措置法第66条の4の4（特定多国籍企業グループに係る国別報告事項の提供）が新たに設けられ[※12]、特定多国籍企業グループ（図表4参照）に対して新たに国別報告事項の作成及び提出が求められることとなった。

■図表4　国別報告事項の概要

項目	内容
適用対象法人及び提出義務者等	・多国籍企業グループのうち、直前最終親会計年度の総収入金額が1,000億円以上である多国籍企業グループ（特定多国籍企業グループ[※13]）が適用対象 ・当該多国籍企業グループの内国法人である最終親会社等[※14]又は代理親会社等[※15]が提出【条約方式の場合】 ・当該多国籍企業グループの内国法人（最終親会社等又は代理親会社等を除く）又はPEを有する外国法人が提出【子会社方式の場合】（内国法人等が複数ある場合には特定の法人等を指定することが可能）

※12　連結納税法人にあっては、それぞれ措置法第68条の88、措置法施行令第39条の112、措置法施行規則第22条の74が適用されるが、本書においては便宜上、単独納税法人に適用される規定を基礎に記載している。
※13　措置法第66条の4の4第4項第三号において、特定多国籍企業グループの定義が規定されている。
※14　「最終親会社等」とは、他の構成会社等の財務及び営業又は事業の方針を決定する機関を支配しているもの（親会社等）であって、その親会社等がないものをいう。
※15　「代理親会社等」とは、最終親会社等以外のいずれか一の構成会社等で、国別報告事項又は国別報告事項に相当する事項をその構成会社等の居住地国の税務当局に提供するものとして最終親会社等が指定したものをいう。

項目	内容
報告内容等	・当該多国籍企業グループが事業を行う国又は地域ごとの収入金額、税引前当期利益（損失）、納付税額等に加え、当該多国籍企業グループの構成会社、主要な事業活動等に関する情報
報告様式	・行動13の報告書に沿った報告様式
作成及び提出時期	・最終親会計年度終了の日の翌日から1年を経過する日までに、電子情報処理組織（e-Tax）を使用して、電子データにより最終親会社等又は代理親会社等の所轄税務署に提出
適用時期	・2016年4月1日以後開始する最終親会計年度
使用言語	・英語
罰則	・正当な理由がなく期限内に提出しなかった場合には、30万円以下の罰金[※16]

　国別報告事項の提出義務を負う特定多国籍企業グループに該当するか否かの判断を行う際の多国籍企業グループの「総収入金額」は、多国籍企業グループの連結財務諸表における売上金額、収入金額その他の収益の額の合計額であり、例えば、売上金額のほか、連結財務諸表に計上された次の金額が含まれる（措通66の4の4－1）。

- 受取利息及び有価証券利息
- 受取配当金
- 有価証券売却益
- 持分法による投資利益
- 固定資産売却益
- 負ののれんの発生益

　そのため、連結財務諸表の売上金額のみで、特定多国籍企業グループの該当性を判断することのないよう留意が必要となる。なお、特定多国籍企業グループの該当性を判断する際の「総収入金額」と、国別報告事項の表1で開示する「収入金額」とは、例えば、前者には受取配当金は含まれる一方、後者には他の構成会社等からの受取配当金は含まれないなど、計算方法に相違がある点にも留意が必要となる。

　また、連結財務諸表が外国通貨で表示されている場合には、特定多国

※16　措置法第66条の4の4第7項によれば、正当な理由がなく期限内に国別報告事項を税務当局に提出しなかった場合、法人の代表者、代理人、使用人その他の従業員でその違反行為をした者は、30万円以下の罰金に処するとされている。

籍企業グループに該当するか否かの判断を行う際の多国籍企業グループの「総収入金額」は、直前の最終親会計年度終了の日の電信売買相場の仲値により円換算することになる（措通66の4の4－2）。

②報告事項

(ⅰ)国別報告事項の雛形

国別報告事項については、「特定多国籍企業グループに係る国別報告事項」に、措置法施行規則第22条の10の4第1項に規定する事項を記載した、次頁の資料（表1から表3）を添付し、電子情報処理組織を使用する方法（e-Tax）により所轄税務署に提出する必要がある[17]。なお、この様式に関しては、行動13の報告書で提案されている表1から3と同様の内容である。

(ⅱ)国別報告事項で開示する構成会社等

国別報告事項で開示する特定多国籍企業グループの構成会社等とは、次のものが該当し、移転価格税制の「国外関連者」とその定義が異なっている[18]。

- 企業グループの連結財務諸表にその財産及び損益の状況が連結して記載される会社等
- 企業グループの連結財務諸表において、規模の重要性の観点から連結の範囲から除かれる会社等[19]
- 企業グループにおける支配会社等の株式等を金融商品取引所等に上場するとしたならば作成することとなる連結財務諸表にその財産及

---

[17] 国別報告事項については、一定の様式に記載する情報をXML又はCSVの形式により提供する必要があり、詳細については、国税庁ウェブサイト（http://www.e-tax.nta.go.jp/e-taxtp/e-taxtp.htm）を通じて公表される予定となっている。

[18] 例えば、50％出資の海外子会社がある場合、日本の移転価格税制上では、出資比率から国外関連者となるが、企業グループによっては、会計上、同社への支配状況等により連結範囲に含まれる子会社ではなく、関連会社となる場合もある。このような場合には、移転価格税制上の国外関連者であるものの、連結子会社ではないため、事業概況報告事項における同社の開示は必要がないものと考えられる。

[19] 連結財務諸表等規則では、連結の範囲について、全ての子会社を連結の範囲に含めなければならないとしているものの、一定の要件に該当する子会社は、連結の範囲に含めないことができるとしている。そのため、連結財務諸表上、重要性が乏しい子会社や連結の範囲に含めることにより投資家等の利害関係者の判断を著しく誤らせるおそれがあると認められる子会社等で連結の範囲に含めていないものについても、国別報告事項で開示する構成会社等に含める必要がある。

第3章　BEPSプロジェクトの議論に対する日本の対応

表1　居住地国等における収入金額、納付税額等の配分及び事業活動の概要
多国籍企業グループ名：
対象事業年度：
使用通貨：

居住地国等	収入金額			税引前当期利益（損失）の額	納付税額	発生税額	資本金の額	利益剰余金の額	従業員の数	有形資産（現金及び現金等価物除く）の額
	非関連者	関連者	合計							

表2　居住地国等における多国籍企業グループの構成会社等一覧
多国籍企業グループ名：
対象事業年度：

居住地国等	居住地国等に所在する構成会社等	居住地国等が構成会社等の所在地と異なる場合の居住地国等	主要な事業活動												
			研究開発	知的財産の保有又は管理	購買又は調達	製造又は生産	販売、マーケティング又は物流	管理、運営又はサポートサービス	非関連者への役務提供	グループ内金融	規制金融サービス	保険	株式・その他の持分の保有	休眠会社	その他
	1														
	2														
	3														
	1														
	2														
	3														

表3　追加情報
多国籍企業グループ名：
対象事業年度：

必要と考えられる追加の情報や国別報告事項に記載された情報への理解を円滑にする説明等を英語で記載してください。

び損益の状況が連結して記載される会社等
- 企業グループにおける支配会社等の株式等を金融商品取引所等に上場するとしたならば作成することとなる連結財務諸表において、規模の重要性の観点から連結の範囲から除かれる会社等

また、国別報告事項に開示すべき構成会社等には、連結財務諸表作成の基礎となっている連結パッケージに含まれていない可能性のある規模の重要性から除外された非連結子会社も含まれるため、国別報告事項目的で別途当該非連結子会社の情報を収集する必要性が生じ得る点に留意が必要となる。

(iii)国別報告事項の提出及び共有方法

原則として、国別報告事項は、最終親会社がその居住地国の税務当局に提出した後、情報交換制度により、特定多国籍企業グループの構成会社等の居住地国の税務当局と自動的に共有される（次頁図表5に記載の条約方式）。一方、情報交換制度に係る環境が未整備である場合又は情報交換に係る体系的不履行がある場合には[20]、特定多国籍企業グループの構成会社等である内国法人又は国内にPEを保有する外国法人は、国別報告事項を所轄税務署長に提供する必要がある（図表5に記載の子会社方式）。

(a)国別報告事項の内容

「表1:居住地国等における収入金額、納付税額等の配分及び事業活動の概要」は、居住地国等に基づき全ての構成会社等の次の事項

※20　子会社方式が補完的に容認される場合とは、以下の(i)から(iii)のケースが該当する。なお、経過措置として、2016年4月1日から2017年3月31日までの間に開始する最終親会計年度については、次のうち、(iii)のみを子会社方式の発動要件とするとされている。(i) 国別報告事項の提出が義務付けられていない場合・・・最終親会社等（代理親会社等を指定した場合には代理親会社等）の居住地国（租税条約等の相手国等に限る）において、最終親会計年度に係る国別報告事項に相当する事項の提供を求めるために必要な措置が講じられていない場合、(ii) 国別報告事項の交換に関する権限ある当局間の合意がない場合・・・財務大臣と最終親会社等の居住地国の権限ある当局との間の適格当局間合意（最終親会計年度終了の日の翌日から1年を経過する日において現に効力を有するものに限る）がない場合、(iii) 体系的な不履行が認められる場合・・・最終親会計年度の終了の日において、最終親会社等の居住地国が、日本が行う国別報告事項の提供に相当する情報の提供を日本に対して行うことができないと認められる国・地域として国税庁長官に指定されている場合（当局間合意がない場合を除く）

第3章　BEPSプロジェクトの議論に対する日本の対応

■図表5　国別報告事項の提出方法（イメージ）

原則：条約方式
〔内資系企業：子会社所在国との間で情報交換規定等がある場合〕

例外：子会社方式
〔外資系企業：子会社所在国との間で情報交換規定等がない場合等〕

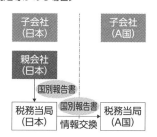

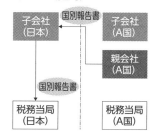

（自動交換を行うための権限ある当局多国間合意（MCAA））※21

- 2016年10月21日現在49か国が署名
- 署名国：アルゼンチン、オーストラリア、オーストリア、ベルギー、バミューダ、ブラジル、カナダ、チリ、コスタリカ、キュラソー、チェコ、デンマーク、エストニア、フィンランド、フランス、ジョージア、ドイツ、ギリシャ、ガンジー、アイスランド、インド、アイルランド、マン島、イスラエル、イタリア、日本、ジャージー、韓国、ラトビア、リヒテンシュタイン、ルクセンブルク、マレーシア、メキシコ、オランダ、ニュージーランド、ナイジェリア、ノルウェー、中国、ポーランド、ポルトガル、セネガル、スロバキア、スロベニア、南アフリカ、スペイン、スウェーデン、スイス、英国、ウルグアイ

（子会社方式の適用要件（日本））
1. 最終親会社等の所在国において国別報告事項の提供を求める措置がない
2. 情報交換のための環境未整備
3. 日本に対して国別報告事項を提供できないなどの体系的不履行（2.の場合を除く）

を記載し、報告を行うものである。なお、各事項の定義については、第2章で行動13の報告書におけるガイダンスを紹介しており、また、最終親会社が所轄税務署に提出することになる「国別報告事項（表1～表3）」※22の記載要領を参照されたい。

- 居住地国等
- 収入金額（非関連者・関連者・合計）

※21　当局間合意とは、国別報告事項を相互に提供するための権限ある当局間の国別報告事項の提供方法等に関する二国間又は多国間の合意をいう。
※22　国税庁ウェブサイト（http://www.nta.go.jp/sonota/kokusai/takokuseki/index.htm）より入手できる。

- 税引前当期利益（損失）の額
- 納付税額
- 発生税額
- 資本金の額
- 利益剰余金の額
- 従業員の数
- 有形資産（現金及び現金等価物を除く）の額

③文書化に向けた取組み

(ⅰ)国別報告事項の模擬作成等の準備作業

　国別報告事項の作成等の準備に当たり、表１に関してその対応に多くの事務工数を要すると考えられるが、多国籍企業グループにおける連結財務諸表の作成において使用されているDIVA、SAP、Hyperion等の連結会計システムにより[※23]、国別報告事項に必要となる財務データ等の多くの情報を入手することができるものと考えられる。ただし、連結財務諸表の作成においては、納付税額や非連結子会社に関する財務データを収集していない場合も多いため、連結会計システムにより国別報告事項のどの項目の財務データや情報が利用可能かどうかについて、事前に確認を行うことが必要となる。そのため、まずは、連結会計システム等の既存の情報により、国別報告事項の開示事項に関する情報をどの程度把握できるかを確認することを目的に、国別報告事項の表１～表３の情報について早期に模擬作成を行い、連結会計システムでの収集項目の追加要否の検討やマニュアル作業での情報収集の可否などについて事前に検討を行うことが必要となる。

(ⅱ)国別報告事項に関する税務リスクの見える化

　今後、国別報告事項の情報等に基づき、日本及び構成会社等の所在

※23　表１の作成に当たり、使用するデータ等については、連結財務諸表作成時の連結パッケージを使用する方法のほか、構成会社等の財務諸表及び内部管理会計のデータに基づき作成することも認められている。連結パッケージ等のいずれのデータを使用するにしても、それを毎期継続して使用する必要があり、また、表３（追加情報）において、使用したデータ等の前提を記載する必要がある。

地国の税務当局は、例えば、多国籍企業グループ内の移転価格課税リスクの有無を評価し、当該評価に基づく移転価格調査を実施することが考えられる[24]。

そのため、納税者としては、国別報告事項の提出に先立ち、国別報告事項に記載の財務データ等を基礎に、以下に例示するような移転価格税制上の問題の有無等の確認はもとより、国別報告事項における異常値の確認及び内容の把握、原因の究明及びその対処等を行うことが推奨される。

［事前のリスク評価（例）］
- グローバルでのビジネス展開の実態と利益配分状況とが整合的な状況となっているかどうかの確認
- 同様の機能等の拠点間・居住地国間での利益率が整合的となっているかどうかの確認
- 異常値又は平均から乖離した財務指標及び数値を示す居住地国及び構成会社等の確認

国別報告事項の内容に基づき想定される移転価格課税リスク等を事前に評価したうえで、例えば、次のような対応もあわせて検討しておくことが推奨される。

［事前リスク評価に基づく対応（例）］
- 国別報告事項表１に基づく利益配分と、国別報告事項表２及び事業概況報告事項に記載する構成会社等における機能、リスク及び資産の状況とが、整合性の取れた内容となっていることの説明準備
- 異常値又は平均から乖離した財務指標及び数値の要因分析、これに基づく対応策（例：国別報告事項表１の表記方法の見直し、同表３での補足説明、移転価格の見直し等）の検討・実施

---

[24] 移転価格事務運営要領２－１（国別報告事項の適切な使用）において、「（前略）国別報告事項並びに（中略）国別報告事項に相当する情報については、課税上の問題の把握及び統計のために使用し、国別報告事項及び国別報告事項に相当する情報のみに基づいて、独立企業間価格の算定を行うことはできないことに留意する。」とされている。

- 現行の移転価格ポリシーの問題点の特定及び同ポリシーの適宜見直し

(3) 事業概況報告事項（マスターファイル）

①概要

　平成28年度税制改正により措置法第66条の4の5「特定多国籍企業グループに係る事業概況報告事項の提供」として新たにマスターファイルに関する規定が設けられた。事業概況報告事項は、BEPS制度化前からの移転価格文書であるローカルファイルとその目的、内容等において多くの点で異なっているため、新たな文書化対応が必要となる。

　事業概況報告事項の提出義務を負う特定多国籍企業グループに該当するか否かの判断を行う際の多国籍企業グループの「総収入金額」の定義については、国別報告事項のそれと同様であるため、「(2) 国別報告事項（国別報告書）」(184頁) を参照されたい。

■図表6　事業概況報告事項の概要

項目	内容
適用対象法人及び提出義務者等	・多国籍企業グループのうち、直前最終会計年度の総収入金額が1,000億円以上である多国籍企業グループ（特定多国籍企業グループ[25]）が適用対象 ・多国籍企業グループの内国法人又はPEを有する外国法人が提出（内国法人等が複数ある場合には特定の法人等を指定することが可能）
報告内容等	・多国籍企業グループの全世界での事業概況やサプライチェーン、無形資産取引、役務提供取引、金融取引に関する移転価格ポリシーなどの「全体像」（青写真）
報告様式	・行動13の報告書に沿った報告様式
作成及び提出時期	・最終親会計年度終了の日の翌日から1年を経過する日までに、電子情報処理組織（e-Tax）を使用して所轄税務署に提出
適用時期	・2016年4月1日以後開始する最終親会計年度
使用言語	・英語又は日本語（英語の場合、税務当局は必要に応じて翻訳を求めることが可能）
罰則	・正当な理由がなく期限内に提出しなかった場合には、30万円以下の罰金[26]

※25　特定多国籍企業グループの定義は、「(2) 国別報告事項（国別報告書）」において紹介した国別報告事項における特定多国籍企業グループの定義と同義である。
※26　措置法第66条の4の5第3項によれば、正当な理由がなく期限内に事業概況報告事項を税務当局に提出しなかった場合、法人の代表者、代理人、使用人その他の従業員でその違反行為をした者は、30万円以下の罰金に処するとされている。

②報告事項

(i) 事業概況報告事項の雛形

　　事業概況報告事項については、国税庁が公表している様式である「特定多国籍企業グループに係る事業概況報告事項」に、措置法施行規則第22条の10の5第1項に規定する開示事項を記載した書類のイメージデータ（PDF形式）を添付して、電子情報処理組織を使用する方法（e-Tax）により所轄税務署に提出する必要がある。

　　事業概況報告事項に関して、国別報告事項のように情報開示に関する雛形は公表されておらず[※27]、次の5つの区分に関する措置法施行規則第22条の10の5第1項に規定する開示事項（図表8－2（195頁）を参照されたい）について、納税者が文書として取りまとめる必要があると考えられる。なお、当該開示事項については、行動13の報告書の Annex I to Chapter V（Transfer pricing documentation － Master file）の内容と同様である。

- 企業グループの構成に関する事項
- 企業グループの事業等の概況に関する事項
- 企業グループの無形資産に関する事項
- 企業グループの金融活動に関する事項
- 企業グループの財務状況等に関する事項

(ii) 事業概況報告事項で開示する構成会社等

　　事業概況報告事項において記載する構成会社等は、企業グループの最終親会社等に適用される会計基準に基づく連結財務諸表で連結して記載される会社等（規模の重要性から連結の範囲から除外された会社等を含む）とされており、これは、国別報告事項の開示対象範囲と同様であるが、日本の移転価格税制上の国外関連者と必ずしも一致するとは限らない点に留意が必要となる。

※27　国税庁が公表している「特定多国籍企業グループに係る事業概況報告事項」の記載要領の（9）及び（10）において記載に当たっての留意点などが記載されている。

■図表7　事業概況報告事項の提出方法（イメージ）

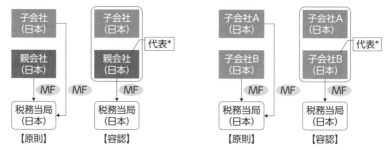

*）構成企業のうち事業概況報告事項（マスターファイル（MF））を提出する企業を指定（届出）

■図表8-1　事業概況報告事項の文書の構成（イメージ）

1．企業グループの構成に関する事項 　ⅰ．資本関係 　ⅱ．グループ企業一覧（企業名、事業内容、所在国等） 2．企業グループの事業等の概況に関する事項 　ⅰ．主要事業の概要及び各事業の収益等の源泉 　ⅱ．主要製品／サービスに関するサプライチェーン及び地理的市場に関する概要 　ⅲ．企業グループ内の一連の取引における各関連者の機能・リスク・資産分析 　ⅳ．企業グループ内の重要な役務提供取引（研究開発以外）の一覧及び取引内容 　ⅴ．対象年度の事業再編、事業買収及び事業売却の概要（該当事実があれば）	3．企業グループの無形資産に関する事項 　ⅰ．研究開発体制（企業名、所在国、研究開発内容等）及び戦略（無形資産の開発・所有・使用の方針） 　ⅱ．重要な無形資産及びその所有者一覧 　ⅲ．重要な無形資産に関する関連者間の契約一覧 　ⅳ．無形資産取引に関する移転価格ポリシー 　ⅴ．対象年度の企業グループ内の無形資産の移転等の概要（該当事実があれば） 4．企業グループの金融活動に関する事項 　ⅰ．企業グループの資金調達方法 　ⅱ．企業グループ内の中心的な金融機能を果たす拠点の一覧（企業名、所在国、事業内容等） 　ⅲ．金融取引（金銭貸付等）に関する移転価格ポリシー 5．企業グループの財務状況等に関する事項 　ⅰ．対象年度の企業グループの連結財務諸表 　ⅱ．企業グループが取得している国内事前確認等の一覧

(ⅲ)事業概況報告事項の提出方法

　日本では、図表7のとおり、特定多国籍企業グループの内国法人又はPEを有する外国法人は、事業概況報告事項を、最終親会計年度終了の日の翌日から1年以内に所轄税務署に提出する必要がある。なお、特定多国籍企業グループの内国法人又はPEを有する外国法人が複数ある場合、当該法人のうちいずれか一の法人がこれらの法人を代表して事業概況報告事項を提出する旨の届出を提出し、かつ、これらの法人を代表して事業概況報告事項を提出すれば、他の法人の提出は不要

第3章　BEPSプロジェクトの議論に対する日本の対応

■図表8-2　事業概況報告事項の開示項目

企業グループの構成に関する事項

・特定多国籍企業グループの構成会社等の名称及び本店又は主たる事務所の所在地並びに当該構成会社等の間の関係を系統的に示した図

企業グループの事業等の概況に関する事項

・特定多国籍企業グループの構成会社等の売上、収入その他収益の重要な源泉
・特定多国籍企業グループの主要な5種類の商品若しくは製品又は役務の販売又は提供に係るサプライチェーン（消費者に至るまでの一連の流通プロセス）の概要及び当該商品若しくは製品又は役務の販売又は提供に関する地理的な市場の概要
・特定多国籍企業グループの商品若しくは製品又は役務の販売又は提供に係る売上金額、収入金額その他の収益の額の合計額のうちに当該合計額を商品若しくは製品又は役務の種類ごとに区分した金額の占める割合が100分の5を超える場合における当該超えることとなる商品若しくは製品又は役務の販売又は提供に係るサプライチェーンの概要及び商品若しくは製品又は役務の販売又は提供に関する地理的な市場の概要（上述の主要5種類の商品若しくは製品又は役務の販売又は提供に係る事項を除く）
・特定多国籍企業グループの構成会社等の間で行われる役務提供（研究開発に係るものを除く）に関する重要な取決めの一覧表及び当該取決めの概要（当該役務の提供に係る対価の額の設定の方針の概要、当該役務の提供に係る費用の額の負担の方針の概要及び当該役務の提供が行われる主要な拠点の機能の概要を含む）
・特定多国籍企業グループの構成会社等が付加価値の創出において果たす主たる機能、負担する重要なリスク（為替相場の変動、市場金利の変動、経済事情の変化その他の要因による利益又は損失の増加又は減少の生ずるおそれをいう）、使用する重要な資産その他当該構成会社等が付加価値の創出において果たす主要な役割の概要
・特定多国籍企業グループの構成会社等に係る事業上の重要な合併、分割、事業の譲渡その他の行為の概要

企業グループの無形資産に関する事項

・特定多国籍企業グループの無形固定資産その他の無形資産（無形資産）の研究開発、所有及び使用に関する包括的な戦略の概要、無形資産の研究開発の用に供する主要な施設の所在地及び研究開発の管理する場所の所在地
・特定多国籍企業グループの構成会社等の間で行われる取引において使用される重要な無形資産及びそれらを所有する構成会社等の一覧表
・特定多国籍企業グループの構成会社等の間の無形資産の研究開発に要する費用の額の負担に関する重要な取決めの一覧表、当該無形資産の主要な研究開発に係る役務提供に関する重要な取決めの一覧表、当該無形資産の使用の許諾に関する重要な取決めの一覧表その他当該構成会社等の間の無形資産に関する重要な取決めの一覧表
・特定多国籍企業グループの構成会社等の間の研究開発及び無形資産に関する取引に係る対価の額の設定方針の概要
・特定多国籍企業グループの構成会社等の間で行われた重要な無形資産（当該無形資産の持分を含む）の移転に関係する当該構成会社等の名称及び所在地、移転に係る無形資産の内容、対価の額、その他当該構成会社等の間で行われた移転の概要

企業グループの金融活動に関する事項

・特定多国籍企業グループの構成会社等の資金の調達方法の概要（当該特定多国籍企業グループの構成会社等以外の者からの資金の調達に関する重要な取決めの概要を含む）
・特定多国籍企業グループの構成会社等のうち企業グループの中心的な金融機能を果たすものの名称及び本店又は主たる事務所の所在地（当該構成会社等が設立に当たって準拠した法令を制定した国又は地域の名称及び当該構成会社等の事業が管理され、かつ、支配されている場所の所在する国又は地域の名称を含む）
・特定多国籍企業グループの構成会社等の間で行われる資金の貸借に係る対価の額の設定方針の概要

企業グループの財務状況等に関する事項

・特定多国籍企業グループの連結財務諸表に記載された損益及び財産の状況
・特定多国籍企業グループの居住地国を異にする構成会社等の間で行われる取引に係る対価の額とすべき額の算定の方法その他当該構成会社等の間の所得の配分に関する事項につき当該特定多国籍企業グループの一の構成会社等の居住地国の権限ある当局のみによる確認がある場合における当該確認の概要
・その他参考となるべき事項

195

になるとされている。

(ⅳ)事業概況報告事項の内容

　事業概況報告事項における開示事項を規定する措置法施行規則第22条の10の5第1項の開示事項を基礎とすると、事業概況報告事項として添付する文書の構成は図表8-1のようなものになると考えられる。

　事業概況報告事項は、税務当局に対して、多国籍企業グループの全世界での事業概況やサプライチェーン、無形資産取引、役務提供取引、金融取引に関する移転価格ポリシーなどの事業活動の「全体像」(青写真)を提供することにあると考えられる[※28]。そのため、措置法施行規則第22条の10の5第1項で規定される事業概況報告事項の開示事項の文書化に当たっては、このような情報開示目的を念頭に、開示情報の収集や開示範囲の重要性判断等を行うことが必要になるものと考えられる。

③ 文書化に向けた取組み

　日本では、事業概況報告事項(マスターファイル)の作成及び提出に関する免除規定が設けられているが、企業グループとして作成要否を検討するに当たっては、海外子会社所在国のマスターファイルの提出義務者等の規定を確認する必要がある。すなわち、2015年10月にOECDが公表した行動13の報告書は、マスターファイルの提出免除規定に触れておらず、各国税務当局は、免除規定を設けない又は日本の免除規定とは異なる金額基準等に基づく規定を設ける可能性がある。そのため、直前最終親会計年度の多国籍企業グループの総収入金額が1,000億円未満であることを理由に日本においてマスターファイルの作成が免除されるとしても、海外子会社所在国の税制において免除規定がない等の場合には、当該国の税務当局への提出目的で、親会社でマスターファイルの作成を検討する必要があり、

※28　国税庁が公表している「特定多国籍企業グループに係る事業概況報告事項」の記載要領の3(10)ロによれば、「事業概況報告事項は、特定多国籍企業グループのグローバルな事業活動の全体像に関する情報を税務当局に提供することを目的としているため、詳細で網羅的な情報の提供が意図されるものではありません。(後略)」とされている。

第3章　BEPSプロジェクトの議論に対する日本の対応

大企業のみならず中堅企業にとっても海外子会社所在国次第で新たな対応が必要となる点に留意が必要である。

　上記を踏まえ、マスターファイルの作成が必要となる場合、日本及び各国におけるマスターファイルの制度化への対応としての同文書の新規作成、その後の更新等に取り組む必要がある。なお、マスターファイルの適用初年度の対応に当たっては、日本における提出期限のみならず、海外子会社所在国の提出期限も考慮し、いずれかのうち提出期限を早く迎える期限を念頭に作業を進める必要があるものと考えられる。

　最後に、マスターファイルは、図表9のとおり、従来の移転価格文書（ローカルファイル）と異なり、各国個別対応ではなく親会社主導での対応が必要となることに十分留意のうえ、日本及び海外のマスターファイルに関する規定を踏まえた文書作成方法、作成業務フローやスケジュール（新規作成時と毎年の更新時）、社内の業務所管の検討、親会社と海外子会社との間の文書共有や連携体制などを定めた運用指針を策定し、対応していくことが推奨される。

■図表9　事業概況報告事項の特徴

1	親会社主導での文書作成	・親会社による多国籍企業グループとしてのコンプライアンス文書の作成とグループ内での共有
2	各国税制に配慮した文書作成	・日本のみならず海外子会社所在国の税制上の作成義務者(免除要件)、開示事項等に準拠した文書の作成
3	毎年の税務当局への文書提出	・一定期限内のマスターファイルの税務当局への提出 ※海外子会社所在国での提出方法は各国規定に従う
4	移転価格ポリシー等の開示	・多国籍企業の事業概況やサプライチェーンのほか、無形資産取引や金融取引の「移転価格ポリシー」の開示
5	他の文書と整合的な文書作成	・マスターファイルで開示する移転価格ポリシー等と、国別報告書や各海外子会社が作成しているローカルファイルの記載内容との整合性の確保

（4）ローカルファイル

①概要

　平成28年度税制改正によりローカルファイルに関する同時文書化義務

■図表 10　ローカルファイルの概要

項目	平成 22 年度税制改正 (移転価格文書化規定)	平成 28 年度税制改正 (移転価格同時文書化義務規定)
適用対象法人	取引金額等に基づく特段の免除規定なし	一の国外関連者との直前の事業年度の取引金額（受払合計）が 50 億円以上又は無形資産取引金額（受払合計）が 3 億円以上の当該国外関連者との取引を行った法人（同時文書化義務）
報告内容	独立企業間価格を算定するため必要と認められる書類として財務省令で定めるもの（旧措規 22 の 10 ①）	左記の旧移転価格文書化項目に、行動 13 の最終報告書の記載項目を織り込んだ書類（措規 22 の 10 ①）
作成及び提出時期	確定申告期限までに作成する義務はない 明示的に提出期限は規定されていない（遅滞なく提示又は提出）	同時文書化義務国外関連取引については、確定申告期限までに作成・保存する義務がある 税務当局の依頼後 45 日以内（同時文書化義務国外関連取引に係るローカルファイル）又は 60 日以内（同時文書化義務国外関連取引に係るローカルファイルの基礎資料、及び同時文書化義務免除国外関連取引に係るローカルファイルに相当する資料等）の期日で税務当局が指定した日までに提出
作成・提出義務を怠った場合の取扱い	推定課税及び同業者調査規定の適用	同左

規定（2017 年 4 月 1 日以後開始事業年度から適用）が導入され[※29]、従来の日本版移転価格文書化規定（平成 22 年度税制改正）と比べ、文書作成・提出期限等が厳格化された。そのため、日本の内資系及び外資系を問わず多国籍企業は、新たなローカルファイルの規定に照らして、現在のローカルファイルで記載している国外関連者や国外関連取引の範囲、文書作成スケジュール、文書更新頻度等について見直しが必要になるものと考えられる。

ローカルファイルの同時文書化義務規定は、図表 11 のとおり、直前の事業年度の一の国外関連者との取引金額（受払合計）が 50 億円以上又は無形資産取引金額（受払合計）が 3 億円以上の取引に適用され、この取引に関するローカルファイルについて当該事業年度の税務申告期限までの「作成・保存義務」が課されている。なお、同時文書化義務が免除される取引について、ローカルファイルに相当する資料、当該資料を作成するための基礎となる資料、関連する資料の提出が税務調査において求められる

※29　措置法第 66 条の 4 第 6 項に「同時文書化義務」、同第 7 項に「同時文書化免除国外関連取引」が新たに設けられ、これにあわせて推定課税規定及び同業者調査規定も改正がなされている。

■図表11　同時文書化義務規定の概要

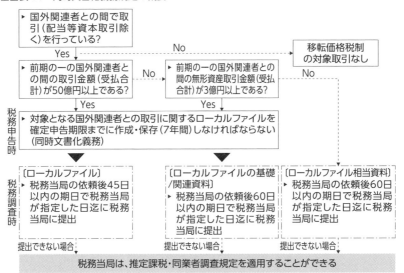

可能性があり、移転価格税制上の検討が不要であるということではなく、取引金額の重要性等を考慮して何らかの移転価格対応が必要になるかどうかを検討しておく必要があるものと考えられる[※30]。

② 報告事項

(i) ローカルファイルの雛形

　ローカルファイルについては、図表13に記載の措置法施行規則第22条の10第1項第一号及び第二号に規定する開示事項を基礎に文書を作成し、関連する証憑類を収集、保存する必要がある。従来、当該開示事項を基礎とする文書の雛形は国税庁から公表されておらず、納税者は、当該開示事項を参考にして文書を作成してきたところである。平成28年度税制改正による移転価格同時文書化義務規定導入を控え、2016年6月に国税庁は、「独立企業間価格を算定するために必要と認

※30　国税庁公表の「移転価格税制に係る文書化制度（FAQ）」の問71に対する回答として、「同時文書化義務のある取引も同時文書化義務のない取引も、提示又は提出が求められる書類の範囲は同じです。ただし、これらは確定申告書の提出期限までに作成又は取得し、保存する義務があるかどうかが異なります。」とされている。

199

められる書類（ローカルファイル）作成に当たっての例示集」を公表した[※31]。当該例示集には、上記開示事項に関して、どのような書類等を収集し、また、どのような文書を作成するかについて具体的な例が記載されている。ただし、この例示集を使用するに当たっての留意事項として、例示集において「この例示集は、移転価格税制に関する通達、事務運営指針（以下「関係通達等」という）の一部ではなく、納税者が自らローカルファイルを作成する際の参考資料です」とされていることもあり、例示集におけるローカルファイルの記載例では、内容によっては相当詳細な情報の収集等が必要になるものも認められるが、納税者がこれら記載例等と同程度の内容の文書を作成すべきかについては、取引の内容、規模、重要性等を踏まえて個々の案件ごとに検討すべきものと考えられる（ローカルファイルの内容については(iii)ローカルファイルの内容を参照されたい）。

(ii)ローカルファイルの提出方法

　ローカルファイルは、国別報告事項や事業概況報告事項のように、一定期限内に税務当局に対して提出することが義務付けられているものではなく、文書等作成及び保存、税務当局の要請に応じて税務当局が定める期日内に提出することが必要となるものである。

　同時文書化義務国外関連取引を対象とするローカルファイルは、文書化対象事業年度に係る法人税申告書の提出期限までに作成し、当該提出期限の翌日から起算して7年間（欠損金額が生じた事業年度に係る文書化は10年間）保存する必要があるとされている（措規22の10②及び③（刊行時未施行））。

　上記ローカルファイルの基礎資料とは、ローカルファイルを作成するための基礎となる資料及び関連する資料等の独立企業間価格を算定するために重要と認められるもの全般を指し、ローカルファイルの

※31　国税庁ウェブサイト（http://www.nta.go.jp/sonota/kokusai/takokuseki/index.htm）から入手できる。

バックデータとなるものとされている（措規22の10⑤（刊行時未施行））。また、国外関連取引の取引総額50億円未満かつ無形資産取引3億円未満の同時文書化義務免除国外関連取引に関しても、ローカルファイルに相当する資料、当該資料を作成するための基礎となる資料、関連する資料の提出が税務調査において求められる可能性があり、その際には、これら資料を60日以内の税務当局の指定した日までに提出する必要があるとされている。未提出の場合、同時文書化義務違反と同様に、推定課税規定及び同業者調査規定が税務当局により適用される可能性がある点留意が必要となる。

(ⅲ)ローカルファイルの内容

ローカルファイルにおける開示事項を規定する措置法施行規則第22条の10第1項第一号及び第二号の開示事項を基礎とすると、内資系企業の親会社が作成するローカルファイルの構成は図表12のようなものになると考えられる。

■図表12　ローカルファイルの構成（イメージ）

1．分析の要旨 　ⅰ．分析対象関連者 　ⅱ．分析対象国外関連取引 　ⅲ．移転価格算定方法の選定・適用結果（サマリー） 2．企業グループの概要 　ⅰ．資本関係図 　ⅱ．事業セグメントの概要 　ⅲ．連結損益推移 3．親会社の事業概要 　ⅰ．沿革及び事業概要 　ⅱ．組織体制 　ⅲ．損益推移 4．A国外関連者の事業概要 　※3．と同様の内容を記載 5．B国外関連者の事業概要 　※3．と同様の内容を記載 6．グループ内国外関連取引の概要 　ⅰ．グループ内国外関連取引の全体像 　ⅱ．親会社とA国外関連者との取引（取引内容、取引価格設定方法、取引金額、契約関係等） 　ⅲ．親会社とB国外関連者との取引（※ⅱ．と同様の内容を記載）	7．市場分析 　ⅰ．グローバル市場の概要（需要動向等） 　ⅱ．企業グループの競争上の優位性及び利益変動要因 　ⅲ．A国外関連者所在国の市場の概要 　ⅳ．B国外関連者所在国の市場の概要 8．機能・リスク資産分析 　ⅰ．果たす機能 　　a．親会社が果たす機能 　　b．A国外関連者が果たす機能 　　c．B国外関連者が果たす機能 　ⅱ．負担するリスク 　　a．親会社が負担するリスク 　　b．A国外関連者が負担するリスク 　　c．B国外関連者が負担するリスク 　ⅲ．保有する資産 　　a．親会社が保有する資産 　　b．A国外関連者が保有する資産 　　c．B国外関連者が保有する資産 9．経済分析 　ⅰ．親会社とA国外関連者との取引 　　a．移転価格算定方法の選定 　　b．比較対象会社（取引）の選定 　　c．移転価格算定方法の適用 　ⅱ．親会社とB国外関連者との取引 　　※ⅰ．と同様の内容を記載

ローカルファイルにおいては、税務調査時に推定課税規定又は同業者に対する質問検査規定が適用されないよう、図表13に記載の措置法施行規則第22条10第1項第一号及び第二号で求められている事項を踏まえて文書を作成し、また、当該文書の根拠となる証憑類を整備しておく必要がある。なお、図表13の下線部分は、行動13の報告書を受けて、平成28年度税制改正により新たに追記されたものである（下線は筆者加筆）。

■図表13　ローカルファイルの開示事項

1	国外関連取引の内容
イ	・国外関連取引に係る資産の明細及び役務の内容を記載した書類
	ローカルファイルでの記載箇所：「グループ内国外関連取引の概要」
ロ	・国外関連取引において法人及び国外関連者が果たす機能、負担するリスク（為替相場の変動、市場金利の変動、経済事情の変化その他の要因による当該国外関連取引に係る利益又は損失の増加又は減少の生ずるおそれをいう）に係る事項（法人又は国外関連者の事業再編（合併、分割、事業の譲渡又は事業上の重要な資産の譲渡その他の事由による事業の構造の変更をいう）により当該国外関連取引において法人若しくは国外関連者が果たす機能若しくは負担するリスクに変更があった場合には、その事業再編の内容及びその変更の変更を含む）を記載した書類
	ローカルファイルでの記載箇所：「機能・リスク・資産分析」
ハ	・法人又は国外関連者が国外関連取引において使用した無形固定資産その他の無形資産の内容を記載した書類
	ローカルファイルでの記載箇所：「機能・リスク・資産分析」
ニ	・国外関連取引に係る契約書又は契約の内容を記載した書類
	ローカルファイルでの記載箇所：「グループ内国外関連取引の概要」
ホ	・法人が、国外関連取引において国外関連者から支払いを受ける対価の額又は国外関連者に支払う対価の額の明細、当該支払を受ける対価の額又は当該支払う対価の額の設定の方法及び当該設定に係る交渉の内容並びに当該支払を受ける対価の額又は当該支払う対価の額に係る独立企業間価格の算定の方法その他当該国外関連取引及び当該国外関連取引と密接に関連する他の取引に関する事項についての我が国以外の国又は地域の権限ある当局による確認がある場合（我が国においても確認がある場合を除く）における当該確認の内容を記載した書類
	ローカルファイルでの記載箇所：「グループ内国外関連取引の概要」
ヘ	・法人及び国外関連者の国外関連取引に係る損益の明細並びに当該損益の額の計算の過程を記載した書類
	ローカルファイルでの記載箇所：「事業概要」、「経済分析」
ト	・国外関連取引に係る資産の販売、資産の購入、役務の提供その他の取引について行われた市場に関する分析（当該市場の特性が当該国外関連取引の対価の額又は当該国外関連取引に係る損益の額に与える影響に関する分析を含む）その他当該市場に関する事項を記載した書類
	ローカルファイルでの記載箇所：「市場分析」、「経済分析」
チ	・法人及び国外関連者の事業の内容、事業の方針及び組織の系統を記載した書類
	ローカルファイルでの記載箇所：「事業概要」
リ	・国外関連取引と密接に関連する他の取引の有無及びその取引の内容並びにその取引が当該国外関連取引と密接に関連する事情を記載した書類
	ローカルファイルでの記載箇所：「グループ内国外関連取引の概要」、「経済分析」

2	国外関連取引に係る独立企業間価格の算定
イ	・法人が選定した独立企業間価格算定の方法、その選定に係る重要な前提条件及びその選定の理由を記載した書類その他当該法人が独立企業間価格を算定するに当たり作成した書類
	ローカルファイルでの記載箇所：「経済分析」
ロ	・法人が採用した国外関連取引に係る比較対象取引の選定に係る事項及び比較対象取引等の明細（当該比較対象取引等の財務情報を含む）を記載した書類
	ローカルファイルでの記載箇所：「経済分析」
ハ	・法人が利益分割法を選定した場合における法人及び国外関連者に帰属するものとして計算した金額を算出するための書類
	ローカルファイルでの記載箇所：「経済分析」
ニ	・法人が複数の国外関連取引を一の取引として独立企業間価格の算定を行った場合のその理由及び各取引の内容を記載した書類
	ローカルファイルでの記載箇所：「経済分析」
ホ	・比較対象取引等について差異調整を行った場合のその理由及び当該差異調整等の方法を記載した書類
	ローカルファイルでの記載箇所：「経済分析」

③文書化に向けた取組み

　2017年4月1日以後開始する事業年度を対象に移転価格同時文書化義務規定の導入が予定されており、今後、各企業において、いずれの国外関連者との取引に関するローカルファイルを作成し、また、どの程度の頻度で更新していくのかなどについて検討していく必要がある。例えば、企業が行うすべての国外関連取引について、ローカルファイルを作成及び年次更新していくことは、多くの国外関連者を有する企業にとって現実的ではないと想定される。そのため、例えば、国外関連者の事業規模及び利益率、国外関連取引の規模等の重要性の観点から、手当てすべき国外関連者等の優先順位を設けて対応することが望ましいと考えられる。

　また、現実的な対応策として、例えば、日本で新たにゼロからローカルファイルを作成するのではなく、海外で国外関連者が作成したローカルファイルを日本でも活用する[※32]、当該ローカルファイルの日本語訳サマ

※32　移転価格事務運営要領2-4（2）によれば、「法人が、当該法人に係る国外関連者が作成した措置法第66条の4第6項に規定する独立企業間価格を算定するために必要と認められる書類に相当する書類を当該法人のローカルファイルとして使用する場合、当該法人と当該国外関連者の決算期が異なることから生ずるローカルファイルとローカルファイルに相当する書類の作成時期に係る差異については、調整を要しない」とされている。

リー版を作成するなどにより独立企業間価格の算定が説明可能な資料の準備を行う方法も選択肢として考えられる。ただし、海外で国外関連者が作成したローカルファイルは、現地の移転価格税制上の観点のみで作成されているケースがあり、また、日本との国外関連取引のみならず、他の国の国外関連者との取引も含めて作成されているケースもあるなど、これを日本目的で活用するためには本邦移転価格税制の観点から見ても適切なものとなっているかなどを確認するために、国外関連者がローカルファイルを作成する過程において日本の親会社が事前に十分なレビューを行うことが必要になるものと考えられる。

上記を踏まえて、次のようなステップ（イメージ）を経て日本におけるローカルファイル作成作業に取り組んでいくことが必要になるものと考えられる。

■図表14　ローカルファイルの作成ステップ（イメージ）

```
各国のローカルファイル作成状況の把握
    国外関連者のローカルファイル作成要否調査
    国外関連者のローカルファイルの収集
        ↓
    日本のローカルファイル対象取引のスクリーニングと特定
        同時文書化要件及びその他社内事情を踏まえた社内文書化要件の検討
        社内文書化要件に基づく文書化対象とする国外関連者の検討
            ↓
        事実関係の整理（機能・リスク・資産分析、産業分析含む）
            財務情報、契約書類等の収集
            機能・リスク・資産分析等の文書取りまとめ
                ↓
            経済分析
                移転価格算定方法の検討
                比較対象会社選定等の経済分析の実施又は国外関連者のローカルファイルの分析の活用
                    ↓
                日本のローカルファイルの取りまとめ
                    移転価格文書化規定に即した文書の作成
                    価格設定等の証憑類の整備
```

（5）まとめ

行動13（企業情報の文書化）の勧告に基づく日本での移転価格文書化対応に関して、直前の最終親会社の会計年度の多国籍企業グループの総収

入金額が 1,000 億円以上である多国籍企業グループと 1,000 億円未満である多国籍企業グループでそれぞれ異なる対応になるものと考えられる。

前者の多国籍企業グループは、まず、国別報告事項及び事業概況報告事項の準備に取り組み、次に、ローカルファイルの準備を検討することになるものと考えられる[※33]。一方、後者の多国籍企業グループは、日本では国別報告事項及び事業概況報告事項の提出等が免除されるため、基本的にローカルファイルの準備を検討することになるものと考えられるが、上述のとおり海外子会社所在国の税制によっては事業概況報告事項に係る免除規定がないなどの状況も想定され、その場合には、別途事業概況報告事項の作成等を検討する必要がある。

最後に、今後の文書化対応スケジュールは、各企業の移転価格対応状況により異なるが、まずは、移転価格ポリシーの運用状況や更新状況の確認、

■図表15　BEPS 行動13対応スケジュール（イメージ）

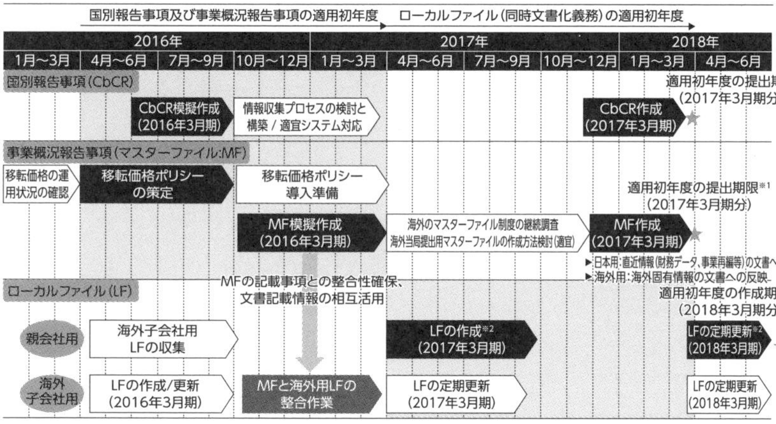

※1　2016年度税制改正では、事業年度終了後1年以内の作成及び提出が想定されている（e-TAX）。ただし、海外子会社所在国の税制に定める作成期限が、日本のそれよりも早い場合、当該作成期限に合わせてマスターファイル（2017年3月期分）の作成が必要となる可能性がある点に留意する必要がある
※2　2016年度税制改正では、2018年3月期を適用初年度としているが（税務申告期限までに作成）、ここでは、適用初年度の早期対応を視野に1年前倒しでの文書化を想定している

※33　平成22年度税制改正により日本版移転価格文書化規定が導入されており、税務調査時の税務当局による同業他社への質問検査規定や推定課税規定の適用を避ける目的では、2017年4月1日以後開始事業年度を待たずにローカルファイルを作成しておくことが移転価格課税リスク管理上推奨される。

海外子会社のローカルファイル作成状況の確認と当該ファイルの収集などに取り組む必要があると考えられる。そのうえで、各国の3文書の提出期限等を考慮して作業の優先順位付け、スケジュール等を検討することが望ましいと考えられる[※34]。

4．外国子会社合算税制（タックス・ヘイブン対策税制）の改正（平成29年度改正）

平成29年度税制改正において、日本の外国子会社合算税制（CFC税制）の抜本的な見直しが行われることとなった[※35]。以下が見直しのポイントである。

（1）トリガー税率の廃止

会社単位の租税負担率が一定率（トリガー税率、現行20%）以上であることのみを理由として一切合算課税が生じないという現行制度上の問題点への対応として、制度の入口基準であるトリガー税率が廃止される。ただし、トリガー税率の廃止により、現行制度と比較して過剰な事務負担が企業にかからないようにするため、新たに会社単位の租税負担割合による制度適用免除基準[※36]が設定される。

（2）ペーパーカンパニー等の所得に対する合算課税の強化

全ての外国関係会社[※37]は、最初に、ⅰ）ペーパーカンパニー[※38]、ⅱ）事実上のキャッシュ・ボックス[※39]、ⅲ）ブラックリスト国所在の会社[※40]、

※34 図表15のスケジュールは、3月決算の内資系多国籍企業グループを前提に今後の取組みを例として記載したものであり、取組みの内容やスケジュール等は、各企業の現在までの移転価格対応状況によって異なる点留意が必要である。
※35 平成28年12月8日に、与党の「平成29年度税制改正大綱」が公表された。同大綱において、当該税制の見直しの概要が明らかにされている（巻末の資料「平成29年度税制改正大綱（抜粋）」（336頁）を参照）。なお、大綱における見直しの内容については、今後の国会における税制改正法案審議の過程において、修正・削除・追加などが行われる可能性があることに留意が必要である。
※36 ペーパーカンパニー等に関しては30%、その他の外国関係会社に関しては20%とされる。
※37 日本居住者・内国法人等が合計で50%超の持分を直接及び間接に保有する外国法人。
※38 その主たる事業を行うに必要と認められる事務所等の固定的施設を有しておらず、かつ、本店所在地国においてその事業の管理、支配及び運営を自ら行っていない外国関係会社。
※39 総資産の額に対する一定の受動的所得の合計額の割合が30%を超える外国関係会社。
※40 租税に関する情報の交換に非協力的な国又は地域として財務大臣が指定する国又は地域に本店等を有する外国関係会社。

のいずれかに該当するか否かの検討を行う必要がある。上記いずれかの会社に該当すれば、会社単位の合算課税を受け、原則として全ての所得について合算課税がなされることとなる[※41]。

（3）受動的所得に対する合算課税の強化

現行の「適用除外基準」は、その大枠を維持したうえで、「経済活動基準[※42]」に改められる。上記のペーパーカンパニー等に該当しなかった外国関係会社のうち、経済活動基準のいずれかを満たさない外国関係会社については、会社単位で全ての所得について合算課税の対象となる。

外国関係会社のうち、経済活動基準を全て満たすものについては、一定の受動的所得についてのみ合算課税の対象となる。この受動的所得は、現行の資産性所得よりも対象範囲を大幅に広げたものとなる。主な対象所得は、以下のとおりである。

- 利子（預金利子、一定のグループファイナンスに係る貸付金利子は除外）
- 配当（保有割合25％以上の株式等からの配当は除外）
- 有価証券の譲渡損益（保有割合25％以上等の要件を満たす法人の株式に係る譲渡損益については除外）
- デリバティブ取引損益（ヘッジ目的で行われるもの等は除外）
- 外国為替損益（事業に係る業務の通常の過程で生じるものは除外）
- 無形資産の使用料（自己開発した無形資産等一定のものに係る使用料は除外）
- 無形資産の譲渡損益（自己開発した無形資産等一定のものに係る譲渡損益は除外）
- 外国子会社に発生する根拠のない異常な利益（資産、減価償却費、人件費などの裏付けのない所得であり、一定の算式に基づいて計算される）

※41 ※36に記載のとおり、制度適用が免除される租税負担割合は30％以上である。
※42 経済活動基準は、事業基準、実体基準、管理支配基準、所在地国基準又は非関連者基準、の4つの基準で構成される（現行の適用除外基準と同様である）。

（4）その他の見直し

その他の見直しのうち、主なものは以下のとおりである。

- 外国関係会社を判定する際の間接保有割合の計算方法が見直される[※43]。
- 資本関係はないものの実質的に支配している会社も合算の対象となる[※44]。
- 航空機リースを主たる事業とする外国関係会社は、一定の要件を満たすものについて、事業基準を満たすものとされる。
- 製造業を主たる事業とする外国関係会社のうち、本店所在地国において製造における重要な業務を通じて製造に主体的に関与していると認められているものについては、所在地国基準を満たすものとされる。
- 適用対象金額から除外される受取配当に係る保有割合要件（25％以上）について、主たる事業が原油、石油ガス、可燃性天然ガス又は石炭（化石燃料）を採取する事業である外国法人で我が国が締結した租税条約の相手国に化石燃料を採取する場所を有するものから受ける配当にあっては、10％以上とされる。

（5）適用時期

上記の改正は、外国関係会社の平成30年4月1日以後に開始する事業年度から適用される。

（6）留意点

改正後は、外国関係会社に関して、最初に上記（2）のペーパーカンパニー等に該当するか否かの検討を行う必要がある。現行制度上は、租税負担割合（トリガー税率）が20％以上であれば特定外国子会社等に該当することはなく、合算課税が行われることはなかった。しかしながら、トリ

[※43] 現行制度では、いわゆる「掛け算方式」を採用しているため、少数株主を考慮する必要があった。改正後は、内国法人等と外国法人の間に「50％超の株式等の保有を通じた連鎖関係」がある場合には、その外国法人が所有する判定対象法人の持分保有割合をそのまま合算して最終的な保有割合（判定割合）を計算することになる。

[※44] 内国法人等と外国法人の間に、（株式の保有関係はないものの）その外国法人の残余財産の概ね全部を請求することができる等の関係がある場合には、当該外国法人は外国関係会社の範囲に加えられることになる。この場合、その内国法人等は、合算課税を受ける対象となる。

ガー税率の廃止により、租税負担割合が 20% 以上の外国関係会社であったとしても、この検討が必要となるので注意が必要である。

また、経済活動基準を全て満たす外国関係会社については、一定の受動的所得について合算課税の対象となる。現行制度上は、資産性所得の対象範囲が非常に狭かったため、適用除外基準の全てを満たす会社について多額の資産性所得の合算課税が生じることはまれであった。しかしながら、改正後は、合算課税の対象となる一定の受動的所得の種類・範囲が大幅に広がるので、各々の受動的所得の発生の有無や合算の要否を検討する事務的負担が増大することが予想される。

5．国内法の改正に向けた今後の検討課題

今後も、BEPS プロジェクトで議論された各行動に基づく日本の国内法や他国と締結した租税条約の改正・見直しが引き続くと思われる。

なかでも、行動 4（利子損金算入制限）、行動 8-10（移転価格税制と価値創造の一致）、行動 12（義務的開示制度）に関する税制改正については、平成 30 年度以降の税制改正で検討の俎上に載せられると予想されている[45]。もちろん、これら以外の行動に係る税制改正についても、必要が認められれば、検討が開始されるであろう[46]。

（1）行動 4（利子損金算入制限）に関連する改正の検討

最終報告書の勧告内容に基づき、現行の「過大支払利子税制」の見直しが検討されると予想される。

---

[45] 与党の「平成 29 年度税制改正大綱」の補論である「今後の国際課税のあり方についての基本的考え方」（巻末の資料「平成 29 年度税制改正大綱（抜粋）」（336 頁）参照）の中で、「中期的に取り組むべき事項」が掲げられている。移転価格税制については、知的財産等の無形資産を税負担軽減の目的で海外へと移転する行為等に対応すべく、「所得相応性基準」の導入を含め、必要な見直しを検討することが述べられている（行動 8-10 関連）。さらに、BEPS プロジェクトの勧告を踏まえた「過大支払利子税制」の見直しの検討（行動 4 関連）と、「義務的開示制度」のわが国での制度導入の可否の検討（行動 12 関連）が述べられている。

[46] 行動 6、行動 7 については、租税条約の拡充（含む行動 15）の中で対応が行われる。行動 7 については、OECD モデル租税条約第 5 条の改訂等に対応して、今後、日本が締結・改訂する租税条約第 5 条の規定を新しい OECD モデル租税条約第 5 条に沿ったものにすることや、行動 15 の多数国間協定への参加による租税条約第 5 条の改訂が予想される。

特に、制限対象となる利子の範囲が問題となる。日本の現行制度においては、「関連者に係る純支払利子」が制限対象とされているが、最終報告書において制限の対象とされているのは、「第三者に対する支払も含めた純支払利子」である。

このほかにも、調整所得金額の定義や固定比率の水準も議論されると思われる。現行の過大支払利子税制の調整所得金額には、受取配当益金不算入額（免税配当）などが含まれている。最終報告書上のEBITDA（日本の制度上の調整所得金額に相当）には含まれていない。また、過大支払利子税制の固定比率は50％であるが、最終報告書の固定比率ルールにおいては、10％から30％の間で各国が選択することとされている。

（2）行動 8-10（移転価格税制と価値創造の一致）に関連する改正の検討

最終報告書に示された無形資産の定義や帰属先（所有者）の考え方について、国内法上の明確化が検討されると思われる。

最終報告書では、無形資産の評価方法の1つとして、DCF法（Discounted Cash Flow法）の適用可能性が示されている。日本におけるDCF法の位置付け・取扱いの検討が行われるであろう。

また、評価困難な無形資産の譲渡等に係る課税手法として所得相応性基準が最終報告書で示されている。これはOECD移転価格ガイドラインに組み込まれることになる。今後は、この基準の日本の国内法への導入の是非及び導入する際の制度設計が議論されるであろう。

（3）行動 12（義務的開示制度）に関連する改正の検討

国内において最終報告書に示されたような義務的開示制度を導入する際には、日本の現行税制上に既に存在する同様の制度[※47]との関連性に着目して、制度導入を検討する必要があろう。新しい制度であるので、納税者にとって過度な事務負担とならないような制度設計が望まれる。

※47 事前照会に係る文書回答制度、税務に関するコーポレート・ガバナンスの充実が認められた場合の自発的情報開示など。

（4）おわりに

　日本企業には、今まで欧米多国籍企業が行ってきたような大規模なBEPSスキーム実施の経験が多くはない。一般的に、日本企業は、歴史的に納税に関する遵法精神が高く、今まで過度な節税を行うことは少なかった。BEPSプロジェクトの趣旨の1つに、世界の企業間に「公正な競争条件（Level Playing Field）」を整備する、というものがある。今回のBEPSプロジェクトの成果によって公正な競争条件が整備されれば、過剰な節税スキームが抑制される。今までそのようなスキームを駆使して企業価値を高めてきた一部の欧米多国籍企業に競争力で差を付けられてきた日本企業は、BEPSプロジェクトの実施によって恩恵を受けるであろう。その意味でも、日本は「競争から協調へ転換する国際税制」を後押しするBEPSプロジェクトに積極的に賛同してその実施に取り組む必要がある。

　とりわけ、国際協調が必要とされる行動項目（行動5、6、14、15など）については、仮に、租税条約や国内法の改正・見直しが必要とされる場合は、でき得る限り諸外国と協調してそれらの改正・見直しを積極的に進めていく必要がある。

　また、国内法上の「日本の国際課税制度」を各々のBEPSプロジェクト行動の趣旨に沿って改正あるいは見直していく場合には、他の諸国との協調の必要性以外にも留意すべき点がいくつかある。

　日本企業の行動様式の現状を把握し、既存の制度との整合性を勘案したうえで、税務リスクの高い分野から優先順位を付けて手当していくべきである。また、租税回避防止という目的と企業の国際競争力の維持・強化の両方に目配りした節度ある国内法の改正・見直しが望まれる。

　新しい制度の導入や制度改正は、必ず企業の事務負担を増大させる。国内法の改正・見直しによって増大する企業側のコンプライアンス・コストと、新制度の実効性や課税当局が得る便益（増大する税収も含む）を比較考量したうえで、新制度等を設計する必要がある。

第4章

BEPS における各国の対応

BEPSにおける各国の対応

諸外国における税制改正と我が国企業の対応

　BEPS最終報告書を受け各国はその対応に追われており、税制改正は我が国だけでなく諸外国でも同様に行われている。このため、日本企業は諸外国における税制改正や租税条約の改訂を注視し、必要に応じて対応しなければならない。例えば、諸外国において行動4に従い支払利子損金算入制限に係る税制がより厳しくなるという改正が行われる場合、日本企業は外国子会社の資金調達を再考しなければならないといった直接的な影響が考えられる。

　BEPS対応税制のなかで、特に注目されるのが行動13の移転価格に関する勧告である。我が国でも、平成28年度税制改正で移転価格文書化に向けた整備が行われており、諸外国の多くでも移転価格文書化の義務を導入している。欧州では、2016年5月の欧州理事会において行動13で勧告されている国別報告書に係る税制改正について、EU加盟国に促すEUの改正行政協力指令が承認されている。また、米国・中国をはじめ、多くの国でBEPSの本格的始動に向けた税制改正が行われている。

　現在、各国でBEPS対応のための国内法や租税条約の改訂・見直しが進められているが、国ごとに対応が異なる場合、二重課税などの新たな課税リスクが発生する可能性が高くなる。自国のBEPS対応に留意するとともに、海外の進出先国・事業活動国におけるBEPS対応にも注意が必要になる。

◆ ASEAN

1．概要

■シンガポール

OECD 行動	対応
2	・2014年5月19日に、ハイブリッド金融商品に関するe—Taxガイドが公表された。
5	・BEPSプロジェクトの世界的な実施に向けた包括的枠組みに参加し、行動5（有害税制）の実施にコミットしている。
6	・BEPSプロジェクトの世界的な実施に向けた包括的枠組みに参加し、行動6（租税条約濫用防止）の実施にコミットしている。 ・条約締結国とのファイナンス・ストラクチャーに関する税務調査が目立って増加している。 ・居住者証明の申請に当たって、外国法人が保有しているシンガポールの持株会社の実在性が継続的に監視されている。
13	・マスターファイルとローカルファイルのアプローチを含んだ移転価格同時文書化が義務化されている。 ・2016年1月16日に、最終親会社がシンガポールに所在し、連結売上が1,125百万シンガポールドル（830百万米ドル相当）を超える多国籍企業について、2017年1月1日以降に開始される会計年度より国別報告書を提出させることが公表されている。

■マレーシア

OECD 行動	対応
4	・過少資本税制の施行が2018年1月1日まで2年間延期された。
13	・移転価格同時文書の作成及び税務申告書に同文書を作成しているか否かの記載が求められている。 ・2016年3月に2017年1月1日より国別報告書の提出を義務付ける予定であることを公表している。 ・2016年10月26日に、2016年度財政法案を発表し、国別報告書を提出しなかった場合、又は不正確な情報を提出した場合の罰則条項を設けることを提案している。

■インドネシア

OECD 行動	対応
1	・PE認定基準の引下げに関する提言を導入する可能性が高い。 ・租税条約上の義務に反していない条項について、国内法での制定が検討される。
4	・2016課税年度より新しく負債資本比率を4：1とする過少資本税制を導入した。
13	・マスターファイル、ローカルファイル及び国別報告書の作成文書化に関する新しい移転価格ガイドラインがドラフトされた。

■タイ

OECD 行動	対応
13	・移転価格文書の作成開示の導入が提案されている。

215

ASEAN主要6各国においては、下表のとおりインドネシアがG20メンバーであり、インドネシアはその租税政策及び税務執行に対し、BEPSイニシアティブを着実に導入することにコミットしている[※1]。その他の国はOECDのBEPSプロジェクトへの直接の関与はしておらず、まだ多くの項目について対応が明らかになっていない。これから、BEPS行動計画について、既存の税制や税務の執行を検討しながら適用可能な分野において対応していくのではないかと思われる。

　2016年6月16日、シンガポールは、BEPSプロジェクトの世界的な実施に向けた包摂的枠組みに参加することを公表している。BEPSアソシエイトとして参加することにより、BEPSプロジェクトの施策の一貫した実施に向け、国を越えた対等の立場で他の参加国とともに協働することになる。

　なお、シンガポールは、BEPSプロジェクトにおける4つのミニマム・スタンダードの実施にコミットしており、この動きは他のASEAN諸国にも影響を及ぼすものと思われる。

　以下に、このシンガポール及びマレーシアの最近の動きについて解説する。

	インドネシア	マレーシア	フィリピン	シンガポール	タイ	ベトナム
OECD						
G20	×					
Global Forum	×	×	×	×		
MCAA for CbCR		×				
BEPS associates	×			×		

2．シンガポールの主要対応策

　前述のとおり、シンガポール財務省は、BEPSプロジェクトの世界的な実施に向けた包摂的枠組みに参加し、BEPSプロジェクトの実施及びモニ

※1　2016年3月18日に開催された日本租税研究協会の会員懇談会においても、インドネシア国税総局第二租税規則局 局長 P. M. John L. Hutagaol氏は、「この15のBEPS行動計画をインドネシアの国内の法令に盛り込むようにしております」と述べている（P. M. John L. Hutagaol著「国際課税インドネシアの税に関する最近のトピック及び日本との関係」租税研究800号，2016.6）。

タリング・フェーズの進展に向けて他国と協働する旨を公表した。シンガポールは、下記の BEPS プロジェクトの 4 つのミニマム・スタンダードを実施することにコミットしている。

残る BEPS イニシアティブをシンガポールが採用するか否か、又、それらをどのように採用するかはまだ決まっていない。

(1) 行動 5　有害税制への対抗

シンガポールは、経済の一定分野に対する投資を推進するために、適格活動に対し特定の期間において法制化された優遇税制の利用を認めている。これらの優遇税制は、妥当性及び競争力を維持するよう定期的に見直されており、また、優遇税制の受益者は、シンガポールに実質的な活動拠点を有し、経済全体の成長に対して貢献する必要がある。

有害税制への対抗に関する取組みとしては、以下の 5 つのカテゴリーに基づいて、一定のルーリングに関する義務的開示を行うことにより、課税上の透明性の向上に力を入れていく予定である。

①優遇税制に関するルーリング
②ユニラテラル APA 又は移転価格に関するその他ルーリング
③課税所得の一方的な下方修正をもたらす国境をまたぐルーリング
④ PE 認定に関するルーリング
⑤関連者間導管取引に関するルーリング

(2) 行動 6　租税条約の濫用防止

シンガポールは、条約漁りを認めておらず、多くの二国間条約において租税条約の濫用防止条項を設けている。現在 OECD 及び G20 の支援のもと、関係諸国とともに、条約濫用防止への対応として、既存の二国間条約に BEPS の施策を組み込む他国間協定の策定に取り組んでおり、当該協定が最終化され、各国による調印が可能となった段階で調印の是非を検討する予定である。

(3) 行動 13　多国籍企業の企業情報の文書化

シンガポールは、最終親会社がシンガポールに所在し、グループ売上高

が1,125百万シンガポールドル（750百万ユーロ相当）を超える多国籍企業について、2017年1月1日以降に開始する会計年度より国別報告書を導入することにコミットしている。これらの企業は、会計期間の最終日から12か月以内にシンガポール内国歳入庁（Inland Revenue Authority of Singapore、以下「IRAS」という）に対し、国別報告書を提出する必要がある。IRASは、以下の条件を充足する場合、二国間協定を締結済の各国との間で国別報告書に関する情報の自動交換を行う予定である。

①相手国が堅固な法規制を有し、交換する情報の機密性を確保し不正利用の防止が可能であること

②相互に情報交換が行われること

IRASは国別報告書の実施の詳細について、シンガポールに本社を置く多国籍企業とさらに協議を行い、その詳細を公表する予定である。

（4）行動14　相互協議の効果的実施

IRASは、二国間租税条約に規定される相互協議手続を通じ、外国税務当局との間で、クロスボーダーの租税紛争の解決に積極的に取り組んでいる。シンガポールは、BEPSアソシエイトとして、他国と緊密に連携し、BEPSプロジェクトのもとで策定された紛争解決のミニマム・スタンダードの実施状況をモニタリングする予定である。こうした取組みにより、BEPSの他のミニマム・スタンダードが補完されるとともに、納税者にとっては、二国間租税条約に基づく効果的かつ利便性の高い紛争解決メカニズムへのアクセスが可能となる。

3．マレーシアの主要対応策

2016年3月24日、マレーシア内国歳入庁（Malaysian Inland Revenue Bord、以下「IRB」という）は、国別報告書を導入する計画であることを公表し、2016年10月26日に発表された2016年度財政法案のなかでは、国別報告書を提出しなかった場合、又は不正確な情報を提出した場合の罰則条項を設けることを提案している。違反した場合、罰金や

6か月以下の懲役、又はその両方が科せられる。国別報告書及び移転価格に関する規則は、2017年1月1日以降に開始する事業年度から適用され、行動13に関する新たな規則及びガイドラインが間もなく発表される見通しである。

なお、IRBへの移転価格文書の提出に関する取扱いに変更はない。現在、移転価格文書は、税務当局より提出の要求を受けてから一定期間内（通常は30日）に提出することになっている。

BEPSプロジェクトにおいて、マレーシアはMultilateral Competent Authority Agreement（MCAA）に署名をしているが、この協定に基づき、提出された国別報告書は自動的に各締約国の税務当局と共有されることになる。

◆ オーストラリア

1．概要

OECD 行動	対応
1	・2017 年 7 月 1 日以降、非居住者による無形資産やデジタル商品のオーストラリア国内消費者への供給は Goods & Services Tax (GST) の課税対象となる。 ・消費者によりネット上購入、輸入された少額商品の GST 免除の廃止が発表された。
2	・ハイブリッド・ミスマッチの無効化規定の導入が発表された。
4	・過少資本税制のセーフハーバー・債務対資本レシオを 3：1 から 1.5：1 に減率することによる強化が 2014 年 7 月 1 日以降開始年度より適用される。
5	・大規模納税者の納税額が 2013/2014 年度分より税務当局により公開されている。 ・行政上のペナルティーが大幅に引き上げられることが 2016/2017 年度連邦予算案にて発表されている。 ・大規模企業向けの任意的税務開示制度（Voluntary tax transparency code）が 2016 年 5 月以降開始年度より導入されている。 ・税務当局のコンプライアンス活動強化のために追加予算が 2016/2017 年度連邦予算で発表されており、税務当局内でも特別なタスクフォースが設立されている。
6	・租税条約乱用防止規定が最近改訂されたスイス、ドイツとの租税条約に反映された。 ・2016 年 4 月 26 日に税務当局は特定の多国籍企業により行われている取引についてその税務上の取扱いに懸念を持っている旨を納税者アラートの形で発表している。
7	・多国籍企業向け租税回避防止規定（Multinational Anti-avoidance Law (MAAL)）が 2016 年 1 月 1 日より適用となった。 ・2016/2017 年度連邦予算で DPT の導入が発表された。
8 – 10	・移転価格制度の大幅な改正が 2014 年に導入されている。 ・OECD の新移転価格ガイダンスが移転価格制度上 2016 年 7 月 1 日より適用されることが発表されている。
12	・大規模企業の 2013/2014 年度以降の納税額の税務当局による開示が開始された。 ・2011/2012 年度より、不確実な税務ポジションについて税務当局への開示を求める Reportable Tax Positions のパイロットプロジェクトが開始された。 ・潜在的に行き過ぎた税務プランニング・スキームを報告する制度の導入についてコンサルテーションが行われている。
13	・国別報告書にかかわる法規定が導入され 2016 年 1 月 1 日以降の情報を対象とする。 ・既に移転価格文書化の 3 層構造アプローチを導入し、OECD および G20 の推奨事項に従いマスターファイル、ローカルファイル、国別報告書の作成が定められている。この規定は、年間の連結収益が A$10 億を超える企業グループを対象とし、2016 年 1 月 1 日以降開始の所得年度より適用される。 ・国別報告書は 2016 年 1 月 1 日以降の情報について、2018 年より電子情報の送信による他国税務当局との共有が開始される。 ・オーストラリアのローカル・ファイルは OECD ガイドラインの様式と異なる。 ・親会社が親会社所在地国で国別報告書とマスターファイルの提出を義務付けられていない場合にも、1 年目はオーストラリアでの提出を免除する可能性がある。
15	・オーストラリアは 2016 年 12 月 31 日までに多国間協定を策定するワーキンググループに参加している。

オーストラリア政府は、資源価格の低迷や中国経済の減速による2009/2010年度以降の財政赤字の悪化を受け、OECDのBEPS行動計画が発表される以前に、移転価格制度の大幅な改正や租税回避防止規定の改正などにより単独でBEPS問題に対応を始めていたといえる。さらに、2013年にブリスベンでG20会合のホスト国となったことが、OECDのワーキング・グループなどにも積極的に参加しリーダーシップをとるインセンティブになったともいえる。

オーストラリアは世界各国のなかでも行動13の文書化義務を真っ先に法制化した国の1つでもあり、2016年7月現在、行動2のハイブリッド・ミスマッチの無効化規定や迂回利益税の導入、納税者の税務可視化のイニシアティブの遂行など、2016/2017年度連邦予算案で発表された改正の数々を推し進めている。

以下に、オーストラリアで事業を行う日系企業に特に影響の大きいと思われるオーストラリア政府の対応策について解説する。

2．オーストラリアの主要対応策

（1）行動8-10　移転価格税制と価値創造の一致

2016年5月3日、2016/2017年度連邦予算案において、オーストラリアはOECD新移転価格ガイドラインを2016年7月1日より適用することを発表した。

オーストラリアでは、2014年の移転価格税制の改正で、2010年OECD移転価格ガイドライン（the Transfer Pricing Guidelines for Multinational Enterprises and Tax Administrations as approved by the Council of the OECD on 22 July 2010）を、納税者が独立企業間条件を検討するうえでの正式なガイドラインとして参照すべきものとして所得税法上の移転価格税制上規定したという経緯がある。

納税者は、OECDの行動8-10が反映されているOECD新移転価格ガイ

ドラインが適用されることにより、海外関連会社取引やサプライ・チェーンを、特に知的財産の創造について注意深く見直し、課税関係にどのような影響を及ぼすか検討をする必要がある。

(2) 行動 13　多国籍企業の企業情報の文書化

オーストラリアは行動 13 において勧告されている国別報告書提出義務を法制化しており、新規定は 2016 年 1 月 1 日以降開始する課税年度より適用される（Sub-division 815-E, Income Tax Assessment Act 1997)。さらに、オーストラリアは現在、国別報告書の税務当局間での情報交換を可能とする多数国間協定に署名している 49 か国（2016 年 10 月 21 日現在）の 1 つである。

①国別報告書提出義務の適用対象者

国別報告書の提出義務は、概して年間のグローバル収益が A$ 10 億以上であるグループのグローバル親会社、又はグローバル親会社の年間グローバル収益が A$ 10 億以上の連結グループのメンバー会社、と定義される大規模グローバル企業（Significant Global Entities、以下「SGE」という）を対象とする。1 社以上の企業がオーストラリアで国別報告義務の対象となる場合は、特定されたグループのメンバーがマスターファイル及び/又は国別報告書を代表して提出をすることが可能である。

②報告要件

SGE は、下記の 3 種類の文書を税務当局に指定の様式の電子データで提出することが求められる。文書は課税年度終了後 12 か月以内に提出されなければならない。2016/2017 年度連邦予算案で、国別報告書を含む税務提出文書の不備について科される行政上のペナルティが、SGE 企業について大幅に増額していることに留意する必要がある。2017 年 7 月 1 日より、ペナルティの最高額は A$4,500 から A$450,000 に引き上げられる。

国別報告の文書の提出期日の延期を申請することが認められている。申請の際には、延期を申請する理由を説明し、税務申告書の提出期日までに税務当局に提出することが求められる。

(i)国別報告書とマスターファイル

　オーストラリアの国別報告書とマスターファイルは行動13の報告書第5章の添付資料Ⅲ及びⅠにあるテンプレートに則っている。

　納税者は、社内のシステムが国別報告書を作成するために必要なデータの収集が可能であるかを確認するとともに、国別報告書の開示事項が税務当局からみた納税者のリスク・レベルを高めるような内容を含まないかを十分に事前に検討するべきである。

　また、国別報告書とマスターファイルの作成に当たり納税者のグローバルチームとの緊密な連絡とコーディネーションが重要である。

(ii)ローカルファイル

　オーストラリアのローカルファイルはOECDの勧告する典型的なアプローチをとっていない。OECDのローカルファイルに通常必要とされる情報の一部のみが含まれ、海外関連者取引にかかわる情報は、税務申告書の添付資料として提出が義務付けられている国際取引スケジュール（International Dealings Schedule、以下「IDS」という）の開示内容に沿ったものを要求している。オーストラリアのローカルファイルは以下のセクションから成る。

報告を行う事業体に関する説明

- 組織構造（現地マネジメントが報告義務のある者の氏名、役職、配属先、主要事務所の所在国を含む）
- 事業内容と戦略
- 事業再編
- 無形資産の譲渡
- 主要な競合他社

規制対象となる取引（パートA） －取引先やカテゴリーによってグループ化された事実上全ての規制対象取引について、以下を含む情報をまとめた表

- オーストラリア当事者の名称
- 支払い又は受領の金額
- 取引先の名称と税務上の居住国
- 取引カテゴリー（主に既存のIDSと一致）
- 依拠する移転価格算定方法
- 当該取引が移転価格文書化されている割合
- 取引が重要性の基準から除外対象として取り扱われるか否か

規制対象となる取引（パートB） －重要な規制対象取引に関して要求される
- 関連会社である相手方企業が依拠する移転価格算定方法
- 契約文書の写し（もし既にオーストラリア国税庁（ATO）に提供しているのであればその詳細）
- 契約に関連した相手国の事前確認制度（APA）又は事前紹介

財務情報 －オーストラリアで報告義務のある事業体の財務に関する最前の情報

　海外関係会社との取引についてIDSとローカルファイルで同様の情報が二重開示されることになるため、オーストラリアのローカルファイルのパートAを税務申告書と同時に提出する納税者については、同様の情報のIDSへの開示が免除される。
　また、税務長官は小規模納税者には一定の要件を満たす場合、オーストラリアのローカルファイルの簡易版のみを提出することを認めている（報告を行う事業体に関する説明とパートAのみ）。しかし、実務上、簡易版ローカルファイルの要件が満たせる納税者はごく少数に限られることが予想されている。
　パートBにおける取引の重要性の定義についても、特定の免除取引の

カテゴリーを満たせる取引以外の全ての取引は重要であると判定される可能性が高い。

納税者は、IDSとローカルファイルの両方の作成をしなくてもよいように、ローカルファイルに必要な情報を早い時点で理解し、事前に申告書提出期日までに作成が間に合うことを確認するべきである。

③移転価格文書とローカルファイル

オーストラリアにおいて、2013年7月1日以降適用される新しい移転価格税制（Division 815 (sub-division 815-B, 815-C and 815-D, Income Tax Assessment Act 1997)）では納税者は、移転価格税制に基づいて海外関連会社取引について自ら移転価格ポジションの検討をする義務があり、該当年度の税務申告書を提出する前にその検討結果を移転価格文書として文書化していることが期待されている。当該移転価格文書を税務申告書とともに税務当局に提出する義務はないが、文書が準備されていない場合には、申告書上の移転価格ポジションについて論理的に立証可能なポジション（reasonably arguable position）がないと判断され、将来、税務調査の結果、課税所得の更正を受けた場合に、より高いペナルティを課されるリスクがある。

この移転価格文書の作成義務は国別報告書の規定導入後も変わらない。実質的に、OECDのローカルファイル記載内容のうち、オーストラリアのローカルファイルに記載されない内容は移転価格文書でカバーされることになる。これは、例えば、機能分析や比較対象取引の詳細、最適な移転価格算定方法選定にかかわる説明、そして関連者間取引の価格設定が独立起業間原則に基づくものであると結論付けた理由などが含まれる。オーストラリアの移転価格文書は、移転価格税制上の要件を満たす必要があることにも留意が必要である（sub-division 248-E, Income Tax Assessment Act 1997）。

また、事前確認制度上のAPAやコンプライアンスにかかわる事前確認制度の適用があっても国別報告書の提出は免除されない。

(3) 行動7　恒久的施設（PE）認定の人為的回避の防止
①多国籍企業向け租税回避防止規定

　オーストラリアは、多国籍企業向け租税回避防止規定（Multinational Anti Avoidance Law、以下「MAAL規定」という）を一般租税回避防止規定の改正として導入している（Section 177DA, Income Tax Assessment Act 1936）。MAAL規定は通称「グーグル・タックス」と呼ばれており、非居住者がオーストラリア国内の顧客（消費者）との取引においてオーストラリア国内にPEが発生することを意図的に回避している場合に、PEがあるとみなし課税対象とすることを意図している。MAAL規定は2016年1月1日以降の取引に適用される。

　以下の全ての状況が存在する場合に、MAAL規定の適用により非居住者はPE課税を受ける可能性がある。

- 非居住者はSGEである。
- 非居住者はオーストラリアの顧客に商品又はサービスを直接提供している。
- 上記取引から得られる所得の一部又は全てが非居住者のオーストラリアにおけるPEに帰属しない。
- 関係会社、又は非居住者に経済的に依存した者がオーストラリアで上記取引に関連する活動を行っている。

　MAAL規定は、一般租税回避防止規定（Part IVA, Income Tax Assessment Act 1936）の一部として規定されているため、その適用は租税条約の適用に優先する[※1]。よって、現行の租税条約において懸念されている活動の人工的細分化問題や、代理人PEにかかわるリスクに対する効果は、OECDによる勧告の領域を超える。

※1　租税条約規定とオーストラリア国内法規定との間に矛盾が生じる場合には、租税条約規定が優先されるが、オーストラリア国内法上の一般租税回避防止規定（Part IVA, Income Tax Assessment Act 1936）は例外である。（section 4(2), International Tax Agreements Act 1953）

② 迂回利益税（Diverted Profits Tax）

2016/2017年度連邦政府予算で、政府は MAAL 規定をさらに強化するものとして迂回利益税の導入の可能性を発表している。オーストラリアの迂回利益税は、英国の迂回利益税の第二規定[※2]を模範にしており、オーストリア居住納税者に適用される。当該迂回利益税は所得税に加えて課される新しい税金と位置付けられており、自己申告による適用はされない。

概して、人工的な利益移転取引によりオーストラリアで納税されなかったとされる税金相当額（例：海外支払額の30％）の40％が迂回利益税として徴収される[※3]。

以下の全ての状況がある場合に適用される。

- 取引はオーストラリアに関連する。
- 実質的に、オーストラリアで支払われたであろう税額の80％未満の金額が海外で納税される結果となり、納税のミスマッチが起きている（つまり、日本への利益移転は対象とならない）。
- 税務当局が入手可能な情報をもとに検討した結果、対象となる取引はオーストラリアでの納税額を減らすことを目的としており、経済的実態に欠ける取引であると論理的に結論付けられる。

納税者は、迂回利益税を納税した後12か月の期間中に税務当局の判断の再審査を要求、又は関連年度の申告書の修正をすることが可能である。

（4）その他

オーストラリア政府は、2020年6月30日までの4年間について A＄6億7,900万の追加予算を税務当局のために提供している。これにより、税務当局は1,000にのぼる専門家の採用（390人の特殊技能官を含む）な

[※2] 英国の迂回利益税は次の2つの規定を含む。
- 第一規定：英国所在の PE 認定を回避しようとする取決めへの対処規定
- 第二規定：主に各国の税制の違いを利用して税務上有利なポジションを取るための経済的実態を欠いたアレンジメントへの対処規定

[※3] 迂回利益が存在すると判断した税務当局は納税者に対して仮 DPT 査定通知書を発行する。納税者は仮査定における事実関係について陳述する期間を60日間与えられる。税務当局は陳述内容を検討したうえで DPT 徴税が妥当だと判断した場合は賦課決定通知書を発行し、納税者は30日以内に納税する必要がある。

どによって、そのコンプライアンス活動を著しく強化し、同様の期間でA$ 37億の追加税収を徴収することを計画している。税務調査活動のターゲットとして挙げられているのは以下のとおりである。
- 大規模公開法人及び非公開グループ
- 富裕層個人
- 多国籍企業

さらに、既に税務当局のウェブサイトで大規模な公開及び非公開法人の課税所得や納税額を開示していることに加えて、2016課税年度以降について、大規模納税者がさらなる数量的及び質的税務情報を開示することを奨励する任意的税務開示制度（Voluntary Tax Transparency Code）が導入されている。

（5）まとめ

オーストラリアは、OECDのBEPS勧告を積極的に導入している。オーストラリアの税務当局は、そのコンプライアンス活動をより強固なものとし、納税者から入手されるデータをより優れたデータ解析技術を使い効果的に利用することに焦点を当てている。

このような状況下において、納税者は、グループ内の税務ガバナンス体制を充実させ、自発的に税務リスクを管理し、移転価格ポジションが規定に基づいた移転価格文書により、毎年適切にサポートされていることを確認することが重要となる。

第4章　BEPSにおける各国の対応

◆ 中国

1．概要

OECD 行動	対応
1	・一定の条件を満たすクロスボーダー電子商取引の小売輸入商品について、2016年4月8日より、関税、増値税、消費税が課税された。
3	・「特別納税調整実施弁法」の改定が予定されている。
4	・過少資本税制について、「特別納税実施弁法（試行）（国税発［2009］2号）第90条」により、過少資本税制で定められた資本負債比率を超過した場合にも、同時文書を準備し、税務機関の要請に応じてこれを提出し、独立企業原則に合致することを証明できれば、当該利息支出の損金算入が認められる。 ・外資企業に対する外債比率制限について、過少資本税制・工商行政管理及び外貨管理の面から、外資企業の国外からの借入については制限が設けられている。 ・2016年7月時点において、過大支払利子税制の導入予定はない。
5	・低税率国への非貿易支出に係る管理強化について、2014年7月29日に「国外への多額の費用の支払いに関する租税回避防止税務調査についての通達」を提示し、各地の税務機関に対して、国外関連者へ多額のサービス費用やロイヤルティ（通知上は特許権使用料）を支払った企業の実態を調査するように指示した。
6	・2009年8月に国家税務総局が公布した「非居住者が享受する租税協定の特典の管理弁法（試行）」により、租税協定の特典を享受するための審査、届出の手続が示された。
7	・中国国内の地域の対応では、江蘇省国家税務局は、「2014年度 - 2015年度国際租税コンプライアンス管理計画」において、租税回避のリスクの高い事例の1つに、PEを用いた租税回避スキームを挙げている。 ・PEに係る定義について、「中華人民共和国政府とシンガポール共和国政府の所得に対する租税に関する二重課税回避及び脱税防止のための協定及び協定書条項解釈の公布に関する通知」（国税発［2010］75号）により、「反復」と「行使」、「準備的又は補助的」、契約の分割の取扱いに係る解釈が示されている。 ・中国におけるAOAの取扱いについては、2007年に公布され2008年から施行されている「企業所得税法」により、既にAOAの概念が取り入れられている。 ・みなし利益率について、中国におけるPEに対する企業所得税の課税所得の計算方法は、原則、帳簿に基づく実際の所得に基づくものとされている。ただし、その一方、「非居住者企業が会計帳簿が不健全であり、資料に不足があり、帳簿を検査することができないか、あるいは、その他の原因により、その課税所得を正確に計算し申告することができない場合、」収入総額課税、原価費用課税、経費課税といった推定課税方式を適用するものとされている。 ・出向者の人件費の立替に係るPE課税について、国外法人から中国法人に出向した人員の人件費をいったん、国外法人が当該出向者へ支払い、これを中国法人に負担させようとする場合、もしも中国法人としての職責は形式的なもので、実質的には、当該出向者は国外法人の人員として業務を遂行したとみなされると、国外法人から中国法人へのサービス提供に係るPE課税につながることがある。

229

OECD 行動	対応
8－10	・2015 年 9 月に公布された「特別納税調整実施弁法改正案」のパブリックコメント募集案において改定予定が示された。 ・無形資産については、1) BEPS プロジェクトにおける"開発、改良、維持、保護、利用"に、さらに"プロモーション"が追加、2) 無形資産の価値創出に貢献する重要な機能に、"現地化応用開発、製品の試作、量産の実現、品質のコントロール"が重要な機能として列挙、3) 無形資産による収益を確定する際には、マーケティングプレミアム、コストセービング等の地域性特殊要因と企業の所属するグループ内部のシナジー効果等による価値創造の要素を全面的に分析し、合理的な分配を行うべき、4) ロイヤルティを見直すべき条件が列挙、5) 経済利益をもたらさない無形資産に係るロイヤルティは損金不算入とする、とされている。 ・簡易的な機能およびリスクを負担する多国籍企業の子会社について、国外関連者に対して、来料加工あるいは進料加工等の簡単な生産、簡単な代理販売、委託研究開発を提供する企業は、戦略決定の誤り、稼動率の不足、製品の販売不振、研究の失敗等に起因するリスクおよび損失を負担すべきではなく、合理的な利益水準を確保しなければならないとされている。 ・調査における中位値までの調整について、税務機関が四分位法を用いて調査対象企業に対して特別納税調整を実施する際、調査対象企業の利益水準が比較対象の中位値を下回る場合、中位値を下回らないよう調整しなければならないとされている。2016 年 7 月時点において、四分位内にあるものの中位値未満である年度の取扱いについて明文化された規定はない。実務取扱い上、中位値まで調整される事案がある。 ・コストシェアリング協議について、コストの確定にあたっては、地域性特殊要因の影響を分析、評価しなければならないとされている。なお、コストシェアリングの参加者となるための条件としてBEPS プロジェクトで掲げられた「参加者がコストシェアリング活動に関連する関連するリスクをコントロールする能力と権限を有していなければならない」との要件は記載がない。 ・2016 年 7 月時点において、低付加価値グループ内役務提供に関する規定はない。
12	・事前ルーリング制度について、今後、事前ルーリング制度を整備しようとする国家税務総局の意向が示されている。 ・間接財産譲渡について、中国課税財産を間接譲渡する取引当事者の双方、及び持分を間接譲渡される中国居住者企業に対し、その報告は任意としながらも、規定に基づき資料を提出した場合の罰則軽減措置が提示されている。
13	・2016 年 6 月に「関連申告及び同時文書管理の規範化に係る事項に関する公告」を公布し、2016 年度（2016 年 1 月 1 日開始事業年度）から施行される。 ・この公告では、マスターファイル及びローカルファイルの作成に必要な条件について、国別報告書の対象となる基準を 50 億人民元から 55 億人民元（約 7 億 4,300 万ユーロ）に引き上げている。また、マスターファイル及びローカルファイルの作成期限は延長され、マスターファイルについては最終親会社の事業年度終了後 12 カ月以内、ローカルファイル及び特殊事項のファイルについては翌年の 6 月 30 日までに作成するとしている。
14	・相互協議プロセスに係る国内法の整備について、2013 年 9 月に「租税協定相互協議プロセス実施弁法」を公布し、中国国内法として、相互協議に係る手続を規定化した。 ・仲裁制度について、2016 年 7 月時点において、中国が他国と締結した租税協定に仲裁制度に関する条項はない。
15	・「租税に関する相互行政支援に関する条約」が 2016 年 2 月に発効し、2017 年 1 月から施行される。

　中国は G20 メンバー国として積極的に BEPS プロジェクトに参画している。その背景の 1 つには、自国の見解を国際基準へ反映させたい中国の意図がある。特に移転価格税制については、2012 年 10 月、国連による「発展途上国のための移転価格マニュアル（ドラフト）」においても、OECDが主導する移転価格ガイドラインでは発展途上国における実務的な問題の

いくつかは解決できないことが主張されてきた。

　一方、国内法の整備についても、2016年7月時点において、中国は、主要なBEPS行動計画のほとんどに着手済みである。例えば、租税協定の濫用防止やPEの人為的回避の防止等、一部の行動計画については、BEPS行動計画が発表される以前から対応を開始している。

　以下に、中国で事業を行う日系企業に特に影響の大きいと思われる中国の関連税制について解説する。

2．中国の主要対応策
(1) 行動1　電子経済に係る課税上の課題への対処
①クロスボーダー電子商取引に係る間接税の取扱い

　2016年3月、財政部、税関総署、国家税務総局は、《クロスボーダー電子商取引小売輸入の租税政策に関する通知》（財関税［2016］18号。以下「18号文」という）を公布し、一定の条件を満たすクロスボーダー電子商取引の小売輸入商品について、2016年4月8日より、関税、増値税、消費税を課税することを明確にした。ただし、18号文においても、1件当たり2,000人民元以下、個人年間累計2万人民元以下の小売輸入商品については、関税率を暫定的に0％とし、増値税と消費税を法定納税額の70％で徴収するとされている。

　なお、従来、クロスボーダー電子商取引商品には、関税、増値税、消費税を合わせて徴収する「行郵税」が適用されていたが、「行郵税」の税率は、同種の輸入貨物の合計税率よりも全体的に低い水準となっており、不公平との声が上がっていた。2016年3月16日に、国務院関税税則委員会は《入境物品輸入税の調整に関する問題についての通知》（税委会［2016］2号）を公布し、2016年4月8日から、「行郵税」の税率も引き上げている。

（2）行動4　利子損金算入や他の金融取引の支払いを通じた税源浸食の制限

①過少資本税制

《特別納税実施弁法（試行）》（国税発［2009］2号。以下「2号文」という）第90条により、「企業が規定に従って、関連債権投資[※1]の金額、利率、融資条件及び負債資本比率が独立企業原則に合致することを証明するための同時文書を準備、保管、提出しない場合、その基準比率を超える関連者に対する利息支出は、課税所得の計算において控除してはならない」とされている。つまり、過少資本税制で定められた資本負債比率を超過した場合にも、同時文書を準備し税務機関の要請に応じてこれを提出し、独立企業原則に合致することを証明できれば、当該利息支出の損金算入が認められる。

なお、《企業の関連者への利息支出の税前控除の基準に関する租税政策の問題に係る通知》（財税［2008］121号）第1条により、関連者からの負債資本比率は、一般企業が2：1、金融機関は5：1である。

関連者からの負債資本比率の計算は、2号文により、月ごとの月初と月末の平均を用いた年間の加重平均により算出されているが、今後改正が予定されている。

また、過少資本税制の対象となる利息支出は、2号文第87条によると、「直接あるいは間接的に関連者からの負債にかかわり実際に支出した利息、保証料、抵当費及びその他の利息の性質を有する費用」とされているが、国家税務総局が2015年9月に公布した《特別納税調整実施弁法改正案》のパブリックコメント募集案（以下「募集案」という）第131条によると、さらに、「特別納税調整により新たに定義付けられた利息、ファイナンス

※1　債権投資とは、《企業所得税税法実施条例》第119条によると、企業が直接又は間接的に関連者から獲得した、元本の返済と利息の支払い又はその他の利息を支払う性質を有する方式により償う融資を指す。企業が間接的に関連者から獲得した債権性投資には、以下を含む。①関連者が独立第三者を通じて提供する債権性投資、②独立第三者が提供するが、関連者が保証し、かつ連帯責任を負う債権性投資、③その他間接的に関連者から獲得した負債の実質を有する債権性投資。

リースの融資コスト、関連者からの負債にかかわるデリバティブ、あるいは契約による名目利息、関連者からの負債により生じた為替差損益」が加えられている。なお、2016年7月時点において、《特別納税調整実施弁法》の改正は最終化されていない。

2016年6月付けで国家税務総局は《関連申告及び同時文書管理の規範化に係る事項に関する公告》(国家税務総局公告2016年第42号)(以下「42号公告」という)を公布した。42号公告は2016年度(2016年1月1日開始事業年度)から施行される。42号公告第17条によると、過少資本税制に係る同時文書(特殊事項ファイル)には以下の内容を含むこととされている。

(ⅰ)企業の返済能力と借入能力の分析
(ⅱ)企業グループの借入能力及び融資構成の状況の分析
(ⅲ)企業の登録資本金等の権益投資[※2]の変動状況の説明
(ⅳ)関連債権投資の性質、目的及び取得時の市場状況
(ⅴ)関連債権投資の通貨の種類、金額、利率、期限及び融資条件
(ⅵ)非関連者であれば、上述の融資条件、融資金額及び利率を受けることができ、かつ、進んで受けるか否か
(ⅶ)企業が債権投資を取得するために提供する抵当物の状況及び条件
(ⅷ)担保者の状況及び保証条件
(ⅸ)同類同期の貸付利率の状況及び融資条件
(ⅹ)転換社債の転換条件
(ⅺ)その他の独立企業原則に合致することを証明する資料

②外資企業に対する外債比率制限

工商行政管理及び外貨管理の面から、外資企業の国外からの借入については制限が設けられている。

工商行政管理局による《中外合資経営企業の登録資本金と投資総額の比

※2 権益投資とは、《企業所得税法実施条例》第119条によると、元本及び利息の返済の必要がなく、投資者が企業の純資産に対して所有権を有する企業が受入れた投資を指す。

率に関する暫定規定》（工商企字［1987］第 38 号）により、外資企業に対しては、投資総額[※3]と資本金の比率に規制があり、投資総額の一定の比率以上を資本金とすることが義務付けられている。

そして、当該工商局にかかわる出資義務が、外貨管理に係る外資企業に対する借入制限に準用されるようになった。国家発展計画、財政部、国家外貨管理局が 2003 年に公布した《外債管理暫定弁法》第 18 条により、「外商投資企業が借り入れる中長期外債の累計額と短期外債の残高の合計は、審査批准部門が批准したプロジェクトの総投資額と登録資本金[※4]の差額内でなければならない」とされ、その後、一部改正がなされたものの、2016 年 7 月現在でも、外資系企業が親子ローン等中国外から行う資金調達は、原則、投資総額と登録資本金の差額までとされている。

③過大支払利子税制

2016 年 7 月時点において、過大支払利子税制の導入予定はない。

（3）行動 6　租税条約の濫用防止

①租税協定の特典を享受するための審査と届出

2009 年 8 月に国家税務総局が公布した《非居住者が享受する租税協定の特典の管理弁法（試行）》（国税発［2009］124 号）により、租税協定の特典を享受するための審査、届出の手続が示された。条約の適用には、所定の手続を要する。

配当、利子、特許権等の使用料、キャピタルゲインに係る租税協定の特典を享受しようとする場合、以下の資料を記入、提出し、審査の申請を行わなければならない。

(i) 非居住者が享受する租税協定の特典審査申請表
(ii) 非居住者が享受する租税協定の特典身分情報報告表

※3　《中華人民共和国外資企業法実施細則》第 19 条によると、外資企業の投資総額と業の開業に必要となる資金の総額で、その生産規模の必要に応じて投入した基礎的建設のための資金と生産のための流動資金の総額を指す。

※4　「中華人民共和国外資企業法実施細則」20 条によると、外資企業の登録資本金とは、外資企業の設立のために工商行政管理機関において登記した資本総額であり、国外の投資者が拠出を許諾したすべての出資額を指す。

(ⅲ)租税協定を締約した相手方の主管当局が前年度開始以後に発行した税務居住者の身分証明

(ⅳ)所得の取得と関連する所有権証書・契約・協議・支払証憑等の権利証明又は仲介・公証機構の発行した証明

(ⅴ)税務機関が提供を要求する租税協定特典の享受と関連するその他の資料

PE 及び営業利益（事業所得）、の独立個人役務（自由職業所得）、非独立個人役務（給与所得）、その他に係る租税協定の特典を享受しようとする場合、以下の資料を記入、提出し、届け出なければならない。

(ⅰ)非居住者が享受する租税協定の特典備案報告表

(ⅱ)租税協定を締約した相手方の主管当局が前年度開始以後に発行した税収居住者の身分証明

(ⅲ)税務機関が提供を要求する租税協定特典の享受と関連するその他の資料

さらに、委託投資[※5]の場合における配当及び利子に係る租税協定による特典の享受に当たっては、2014 年 4 月、国家税務総局が公布した《「受益者」の認定に係る補足規定》（国家税務総局公告［2014］第 24 号）により、関連する資料の提出が要求される。

「受益者」の地位に不利になる要素について、《租税協定にある「受益者」をいかに理解し、また認定するかについての国家税務局の通知》（国税函［2009］601 号）第 1 条（一部抜粋）によると、「『受益者』とは、所得、あるいは所得の源泉となる権利又は資産に対して所有権と支配権を有する者であり、一般的に、実質的な経営活動に従事する個人、会社、あるいはその他のいかなる団体もなり得る。代理人、導管会社等は『受益者』とはならない」とされている。また、同第 2 条において、「受益者」の地位の

※5　委託投資とは、第 24 号公告によると、非居住者が自己資金を中国国外の専門機関に直接委託し、中国居住者企業に対する持分、債権投資に用いることを指す。なお、中国国外の専門機関とは、所在する国家又は地域の政府の許可を得て、証券ブローカー、アセットマネジメント、資金および証券の保管等の業務に従事する金融機関を指す。

判定に不利になる要素が次のとおり列挙されている。

　「『受益者』の地位を判定する際に、技術面、あるいは国内の法的な視点のみから理解することはできず、租税協定の目的（即ち、二重課税の回避と脱税防止）を出発点とし、『形式より実質を重んじる』原則に従い、具体的な事例の実際状況をみながら分析及び判定をしなければならない。一般的に、下記の要素は申請者の『受益者』地位の判定に不利となる。

1. 規定された期間（例えば、所得を得てから12か月）内に所得の全部若しくはほとんど全て（例えば60％以上）を第三国（地域）の居住者へ支払う、又は配分する義務が申請者にある。
2. 所得の源泉となる財産あるいは権利を有するほかに、申請者によるその他経営活動がない、又はほとんどない。
3. 申請者が会社等の実体である場合、申請者の資産、規模及び配置人員が比較的小さく（あるいは少なく）、所得金額との整合性を取り難い。
4. 所得あるいは所得の源泉となる財産又は権利に対して、申請者の支配権あるいは処置権を持たない、又はほとんど持たず、リスクも負担しない、又はあまり負担しない。
5. 締約相手国（地域）は関連の所得に対して課税しない、又は免税とし、又は課税するが実際の課税率がきわめて低い。
6. 利息の発生と支払いの根拠となる貸付契約以外に、債権者と第三者との間に、金額、利率及び締結日等の面で類似するその他貸付金あるいは預金契約が存在する。
7. 特許権使用料（以下「ロイヤルティ」という）の発生と支払の根拠となる版権、パテント、技術等の使用権譲渡契約以外に、申請者と第三者との間に、版権、パテント、技術等の使用権、あるいは所有権に関する譲渡契約が存在する。
8. 異なる性質の所得に対して、上述の要素への総合的な分析を通じて、申請者が『受益者』の条件（本通知の第1条）に合致しないと認める場合、申請者を『受益者』と認定すべきではない」

(4) 行動7　恒久的施設（PE）認定の人為的回避の防止
①地域の対応

　江蘇省国家税務局が公布した《2014年度－2015年度国際租税コンプライアンス管理計画》において、租税回避のリスクの高い事例として、次が挙げられた。「中国国内の発注者との契約を国外企業が中国子会社と共同で締結する。実際には、国外企業が中国へ人員を派遣して業務を提供する。しかし、契約上は、そのほとんどの業務を国外企業が提供するとし、ごく一部の業務のみを中国子会社が提供する。これにより、中国における課税を回避又は少なくする」

②中国におけるコミッショネア・アレンジメントや類似の戦略

　《国家税務総局による＜中華人民共和国政府とシンガポール共和国政府の所得に対する租税に関する二重課税回避及び脱税防止のための協定及び協定書条項解釈＞の公布に関する通知》（国税発［2010］75号。以下「75号文」という）により、PEに係る用語の定義の解釈が示された。なお、当該通知は、シンガポールとの租税協定に係るものであるが、「我が国が国外と締結した関連する条項規定がシンガポールとの租税協定の内容と一致する場合、その他の租税協定と同様の条項の解釈及び執行についても、シンガポールとの租税協定の条文解釈規定を同様に適用する。シンガポールとの租税協定の条文解釈とこれまでに公布された関連する租税協定の解釈及び執行に係る文書が異なる場合、シンガポールとの租税協定の条文解釈を正とする」とされている。

　75号文第5条5（4）によると次のように規定されている。

　「『反復』の用語については、詳細、正確な統一された基準はなく、契約の性質、企業の業務の性質と代理人の関連する活動の頻度等を総合的に併せて判断しなければならない。ある状況においては、企業の業務の性質により、その取引数量は少ないものの、契約締結に係る業務に多くの時間を要することがある。例えば、飛行機、大型船舶、あるいはその他の高額商品の販売等が挙げられる。もし代理人がこのような企業のために、ある国

内で商機を探し、販売交渉などに関与する場合、そのような者が企業に代わってたとえ1件でも販売契約を締結すれば、当該代理人は「反復」の基準を満たし、企業の従属代理人となる」

また、75号文第5条5（5）は以下のとおりである。

「いわゆる権限の『行使』については、形式よりも実質を重視する原則をもって理解する。もしも代理人が一方の締約国において、契約の詳細についての交渉と判断等、各事項に係る契約締結のための活動を行い、かつ、それが企業に対して拘束力を持つ場合、たとえ最終的に当該契約が他者により企業の所在地国、若しくはその他の国において締結されたとしても、当該代理人は当該一方の締約国において契約締結の権限を行使したとみなされる」

③中国における「準備的又は補助的」の定義

75号文第5条4（一部抜粋）によると、次のように規定されている。

「『準備的又は補助的』活動を従事する場所は、通常、次の特徴を有している。

- 当該場所は独立した経営活動に従事するものではなく、かつ、その活動は企業全体の活動の基本的又は重要な構成部分を形成しない。
- 当該場所が「準備的又は補助的」として列挙された活動を行うに当たり、自社のためのみのサービスを行い、他の企業のためにサービスを行わない。
- その職責が事務的なサービスに限定されており、かつ直接的な営利効果をもたらさない。ある状況下においては、ある機構と場所は、形式上は本項の規定に合致するものの、その業務の実質からみるとPEを構成すると判断される場合がある。例えば次の場合である。
  1. あるシンガポール企業の主要業務は、顧客に対する調達サービスであり、これによりサービスフィーを徴収している。当該企業は中国に事務所を設置し、その事務所の業務として、中国において調達活動を行う。当該事務所の業務性質はシンガポール企業の本

部の業務性質と完全に一致しており、当該事務所の活動は準備的又は補助的とはいえない。
2. あるシンガポール企業が中国に固定的場所を設置し、当該企業が中国の顧客に販売した機械設備の修理、メンテナンスや中国顧客への部品の提供を行う。当該活動は、企業の本部が顧客のために行うサービスの基本的かつ重要な構成部分であり、当該固定的場所の活動は準備的又は補助的とはいえない。
3. あるシンガポール企業が中国に宣伝活動を行うための事務所を設置する。当該事務所は、自社のための業務宣伝のみならず、同時に、その他の企業のためにも業務宣伝を行う。当該事務所の活動は、準備的又は補助的とはいえない。

その他、ある固定的場所が、準備的又は補助的としてPEとならない活動と同時に、PEとなる活動も行う場合、PEが構成されるとみなし、かつ、これらの2つの業務活動の所得を合算して納税しなければならない。例えば、企業が貨物引渡し倉庫を使用すると同時に商品販売を行う場合、PEがあるとして課税する」

④中国における契約の分割の取扱い

75号文第5条3（2）3（一部抜粋）によると次のように規定されている。「同一企業が従事する商業関連性又は連続性を有する複数のプロジェクトは『同一プロジェクト又は関連するプロジェクト』とみなさなければならない。ここにいう『商業関連性又は連続性』は、具体的な状況により判断しなければならない。複数のプロジェクトが関連するプロジェクトであるか否かの判断の際には、次の要素を考慮しなければならない。
1. 複数のプロジェクトが1つのマスター契約に含まれているか否か。
2. 複数のプロジェクトが各々異なる契約に属している場合、これらの契約が同一の者、あるいは関連する者により締結されているか否か。また、前のプロジェクトの実施が次のプロジェクトの実施の必要条件となっているか否か。

3．複数のプロジェクトの性質が同じであるか否か。
4．複数のプロジェクトが同一の人員によって実施されているか否かなど。」

　なお、期間のカウント方法については、《国家税務総局による＜中国内地と香港特別行政区の所得に対する租税に関する二重課税回避及び脱税防止のためのアレンジ＞に関する条文解釈と執行に関する問題についての通知》（国税函［2007］403号。以下「403号文」という）第4条（2）が参考になる。403号文は日中租税協定の解釈にも適用されることが明記されているわけではないが、現行の実務取扱い上、参考にされている。「一方の企業が従業員、あるいは雇用したその他の人員を通じて他方へ提供するサービス活動のPEの構成に係る問題の判断における『いかなる12か月中の連続あるいは累計6か月』については、『月』を計算単位とし、具体的な日数は考慮しない。当該月の計算は暫定的に次の方法により把握する。香港企業が中国内地のあるプロジェクトのためにサービス（コンサルティングサービスを含む）を提供し、当該企業の派遣したその従業員がサービスプロジェクトの実施のために1回目に内地に到着した月から起算して、サービスプロジェクトを完了し従業員が最後に内地を出発した月までを計算期間とする。当該期間において、例えば、連続して30日間従業員が内地においてサービス活動を行わない場合、1か月分を控除することができる。当該計算により6か月を超える場合、内地においてPEが構成されるものとする。12か月を超えるサービスプロジェクトについては、従業員が当該プロジェクトの継続期間中における到着月あるいは出発月により算出したあらゆる12か月を1つの計算期間とする」

⑤中国におけるPEの課税

　中国においては、2007年に公布され、2008年から施行されている《企業所得税法》により、既にAOAに類似した概念が取り入れられている。《企業所得税法》第3条2は次のとおりである。「非居住企業が中国国内に機構、拠点を設立している場合、その設立した機構、拠点が取得した中国国内を

源泉とする所得、及び中国国外で発生したがその設立した機構、拠点と実際に関係のある所得について、企業所得税を納付しなければならない」

また、《非居住者企業所得税みなし課税管理弁法》（国税発【2010】19号。以下「19号文」という）第3条においても、次のとおりとされている。「非居住企業が租税徴収管理法及び関連法律法規に照らして帳簿を設定しており、合法かつ有効な証憑と帳簿に基づき決算し、かつその実際に実行した機能と負担したリスクに合致する原則に基づき、課税所得額を正確に計算する場合、これに基づき企業所得税を申告納付する」

さらに、75号文第7条1においても、次のように規定されている。「シンガポール企業が中国国内にPEを構成する場合、中国は、当該PEの取得した利益に対して課税権を持つ。ただし、当該PEに帰属する利益のみに限る。ここでいう「当該PEに帰属する利益」とは、当該PEの取得する中国国内源泉所得のみならず、さらに、その中国国内外において取得した当該恒久的施設と実際に関係のある各種の所得も含む。これには、配当、利息、賃貸料、特許権などの使用料などの所得が含まれる。ここでいう実際の関係とは、一般的に、株式、債券、工業産業権、設備及び関連する活動など、直接の所有の関係、あるいは実際の経営管理などの関係を有することを指す」（一部抜粋）

⑥みなし利益率

中国におけるPEに対する企業所得税の課税所得の計算方法は、前述の19号文第3条により、原則、帳簿に基づく実際の所得についてのものとされている。ただし、その一方、19号文第4条において、「非居住者企業の会計帳簿が不健全であり、資料に不足があり、帳簿を検査することができないか、あるいは、その他の原因により、その課税所得を正確に計算し申告することができない場合」、収入総額課税、原価費用課税、経費課税といった3つの推定課税方式を適用するものとされている。また、19号

第5条により、税務機関は次の標準により非居住者企業の利益率[※6]を確定することができるとされている。

　建築請負、設計、コンサルティング役務：15％から30％

　管理業務：30％から50％

　その他：15％を下回ってはならない。

なお、税務機関は、非居住者企業の実際の利益率が上記の標準よりも明らかに高いと考える場合、上述の標準よりも高い利益率によりその課税所得を推定することができるとされている。

19号文第6条により、設備の販売と同時に技術指導、監督サービスを提供し、設備売買契約のなかにサービスの対価が明記されていない場合には、税務機関は、PE課税の対象とする役務収入を査定することができ、原則、売買代金の10％を下回らないとされている。

また、《外国企業常駐代表機構の税収管理の暫定弁法》（国税発［2010］18号）により、外国企業の駐在員事務所に推定課税方式が適用される場合、みなし利益率[※7]は15％を下回ってはならないとされている。

⑦出向者の人件費の立替に係るPE課税

国外法人から中国法人に出向した人員の人件費をいったん、国外法人が当該出向者へ支払い、これを中国法人に負担させようとする場合、もしも中国法人としての職責は形式的なもので、実質的には、当該出向者は国外法人の人員として業務を遂行したとみなされると、国外法人から中国法人へのサービス提供に係るPE課税につながることがある。

（5）行動8-10　移転価格税制と価値創造の一致

2015年9月に公布された募集案において改定の予定が示された。なお、2016年7月時点においては最終化されていない。国家税務総局の考えを理解するための参考までに、募集案におけるポイントを記載する。

※6　収入総額に対する利益率。収入総額を正確に算出することができない場合、コストと費用の総額と当該利益率を用いて収入総額を割り戻して算出し、これに当該利益率を乗じて利益の金額を算出する。

※7　収入額に対する利益率。

①無形資産（募集案第6章）

募集案第6章によると次のとおりである。

- BEPSプロジェクトにおける「開発、改良、維持、保護、利用」に、さらに「プロモーション」が加えられている。

「無形資産による収益の配分は、経済活動と価値貢献に合致すべきである。各関連者が無形資産の開発、価値上昇[※8]、維持、保護、応用[※9]とプロモーション等の活動のなかにおいて果たした機能、使用した資産、負担したリスク及び投入した必要となる資金、人材と他の資源により、無形資産の価値の実現方式を考慮し、各者の無形資産の価値に対する貢献の程度を判定し、各者の間で分配する」（一部抜粋）

- 「現地化応用開発、製品の試作、量産の実現、品質のコントロール」が重要な機能として列挙されている。

「無形資産の価値創出に貢献する重要な機能には、次が含まれる。研究開発プロジェクトの管理とコントロール、マーケティング案の設計、創造的な活動の指導と企画、研究開発活動の実施、市場情報の収集と分析、販売ルートの構築、顧客関係の管理、ブランドの宣伝プロモーション、ブランドの維持及び現地化応用開発、製品の試作、量産の実現、品質のコントロール等の活動」（一部抜粋）

なお、国家税務総局は、募集案の公布前である2012年にも、国連より発行された「発展途上国のための移転価格実務マニュアル：中国実務編」（以下「国連マニュアル」という）において、無形資産の移転価格税制上の取扱いにつき自国の見解を述べている。国連マニュアルにおいては、中国法人がハイテク企業の税制優遇を享受しているにもかかわらず、一方で、移転価格対応においては、中国法人が価値ある無形資産を有していないと矛盾した主張をする納税者の例が挙げられている。ハイテク企業とは、《企業所得税法実施条例》及び《ハイテク企業認定管理弁法》

※8 当該中国語の直訳による。BEPSプロジェクトについての翻訳によると一般的に「改良」とされる。
※9 当該中国語の直訳による。BEPSプロジェクトについての翻訳によると一般的に「利用」とされる。

によると、「国家の重点支持の対象となるハイテク技術領域内において、研究開発と技術成果への転化を継続して行い、企業の核心的な主体的な知的財産権を形成し、かつ、これを基礎として経営活動を展開する中国国内に登録された居住企業」とされている。ハイテク企業に対しては、25％である企業所得税の法定税率から10％低減された15％を適用して納税申告をする税制優遇が用意されている。

- 地域性特殊要因を無形資産としているわけではないが、地域性特殊要因への配慮が強調されている。

「無形資産による収益を確定する際には、企業が所属するグループのグローバルな運営フロー、無形資産とグローバルな業務のその他の機能、資産とリスクの相互作用、マーケティングプレミアム、コストセービング等の地域性特殊要因と企業の所属するグループ内部のシナジー効果等による価値創造の要素を全面的に分析し、合理的な分配を行うべきである」（一部抜粋）

なお、募集案第5章特別納税調査及び調整第57条においても、「税務機関は、調査対象企業の関連者間取引を審査する際に、コストセービング、マーケットプレミアム等の地域性特殊要因を分析し、かつ、調査対象企業がもたらした価格に反映されていない利益を合理的な方法を用いて確定しなければならない」とされている。

- ロイヤルティを見直すべき条件が列挙されている。募集案第75条は次のとおりである。

「関連企業に支払ったロイヤルティは、以下の状況に基づき、適時に料率を調整しなければならない。

（一）無形資産の価値そのものが変化していないか

（二）ビジネス慣例による取引契約にロイヤルティの調整システムがあるか

（三）無形資産の使用の過程において、取引の各当事者が履行する機能、使用する資産及び負担するリスクに変化が生じていないか

（四）無形資産の受領者側が無形資産に対して行う継続的開発、価値上昇、維持、保護、応用とプロモーション」

国家税務総局は、国連マニュアルにおいても、無形資産とロイヤルティに言及しており、多国籍企業グループの無形資産は、中国法人の操業開始時点においてはそのビジネスに寄与していたとしても、時間の経過とともに、中国法人が中国での事業を通じて技術と経験を蓄え、逆に中国法人が多国籍企業グループの既存の無形資産の価値上昇に貢献する可能性を示唆している。そして、事業開始時に導入され、その後10年以上、見直しがなされていないロイヤルティ契約による支出については、疑問を呈するとしている。

また、2014年7月29日付けで、国家税務総局は、《国外への多額の費用の支払いに関する租税回避防止税務調査についての通達》（税総弁発[2014]146号通達。以下「146号通達」という）を提示し、各地の税務機関に対して、国外関連者へ多額のサービスフィーやロイヤルティ（通知上は特許権使用料）を支払った企業の実体を調査するように指示した。その趣旨は、「国外関連者に対してサービス費とロイヤルティを支払った企業を対象とし、タックス・ヘイブン等の低税率国と地域に対する支払について重点的に調査する。各地は取引が合理的な商業目的と経済実質を持っているか否かを分析したうえで、費用支払の合理性を確定する」とされた。146号通達において、ロイヤルティについては、①タックス・ヘイブンに対するロイヤルティ、②関連する機能を負担しないか、簡単な機能しか負担しない国外関連者へのロイヤルティ、③国内企業が無形資産の価値に特殊な貢献があるか、無形資産そのものの価値が低下したにもかかわらず、国外への高額なロイヤルティについて、特に重点的に調査することとされた。

さらに、2015年3月18日付けで、国家税務総局は、《企業の国外関連者への支払いに関する企業所得税の問題についての公告》（国家税務総局公告2015年第16号。以下「16号公告」という）を公布し、企業の

国外関連者への支払いについて、「税務機関は、関連者との間で締結された契約書あるいは協議書、及び取引が真実に発生し、かつ独立企業原則に則っていることを証明する関連資料を提出し、登録するよう企業に要求することができる」とした。16号公告においては、「企業が国外関連者の提供する無形資産を使用するために支払う必要のあるロイヤルティについては、当該無形資産の価値創造に対する関連者各社の貢献の程度を考慮し、各自が享受する経済利益を確定するべきである。無益資産の法的所有権を有しているのみで、その価値創造に貢献をしていない関連者に対して企業が支払うロイヤルティは、独立企業原則に合致しておらず、企業所得税の課税所得額の計算上、損金算入することはできない」とされている。経済利益をもたらさない無形資産に係るロイヤルティについては損金不算入とすることが示されている。

「関連者間で無形資産の使用権を譲り受けるために支払ったロイヤルティは、当該無形資産が使用者にもたらした経済利益に相応すべきである。企業に経済利益をもたらさない無形資産について、企業が支払ったロイヤルティにつき、税務機関は、特別納税調整を実施する権利があり、企業の課税所得額の計算上、損金算入してはならない」(一部抜粋)

②簡易的な機能及びリスクを負担する多国籍企業の子会社(募集案第58条)

募集案第58条によると、「国外関連者に対して、来料加工[10]あるいは進料加工[11]等の簡単な生産、簡単な代理販売、委託研究開発を提供する企業は、戦略決定の誤り、稼動率の不足、製品の販売不振、研究の失敗等に起因するリスク及び損失を負担すべきではなく、合理的な利益水準を確保しなければならない」とされている。

---

[10] 加工を受託する国内企業は、外貨を支払って材料を輸入する必要はなく、国外企業から提供された輸入材料を用いて、国外企業の要求に基づき加工若しくは組み立てをして加工賃のみを受領する。完成品は国外企業から販売される(《税関加工貿易貨物監督管理弁法》)。

[11] 加工を受託する国内企業が外貨を支払って材料を輸入する。完成品も加工を受託する国内企業から輸出販売される(《税関加工貿易貨物監督管理弁法》)。

③調査における中位値までの調整（募集案第54条）

　募集案第54条によると、「税務機関が四分位法を用いて調査対象企業に対して特別納税調整を実施する際、調査対象企業の利益水準が比較対象の中位値を下回る場合、中位値を下回らないよう調整しなければならない」とされている。なお、現行の2号通達第41条においても、同様の規定がある。2016年7月時点において、四分位内にあるものの中位値未満である年度の取扱いについて明文化された規定はないが、実務取扱い上、中位値まで調整される事案がある。

④コストシェアリング協議（募集案第9章）

　募集案第9章におけるコストシェアリング協議に係るポイントは次のとおりである。

(ⅰ)「コストの確定に当たっては、地域性特殊要因の影響を分析、評価しなければならない」とされている。例えば、中国の人件費が低いために、中国の無形資産の研究開発の価値が低く見積もられていないか、販売価格若しくは販売量を予測収益の評価基準に採用する場合、中国市場のプレミアムが生じていないかが確認される可能性が示唆されている。

(ⅱ)募集案においては、コストシェアリングの参加者となるための条件としてBEPSプロジェクトで掲げられた「参加者がコストシェアリング活動に関連するリスクをコントロールする能力と権限を有していなければならない」との要件は記載がない。

⑤グループ内役務提供

　2016年7月時点において、募集案においては、低付加価値グループ内役務提供に関する規定はない。また、募集案においても記載がない。

　一方、募集案の公布前から、国家税務総局は、国外関連者へのサービスフィー、ロイヤルティ等の非貿易支出については税務管理を強化してきた。ロイヤルティ取引に係る国家税務総局の主要な見解は上述していることから、以下においては非貿易支出への税務管理強化のなかでもグループ内役

務提供について説明する。

(i)《企業所得税税法》第49条により、マネジメントフィー（中国語では管理費）の支払いは損金不算入とされている。この点について、2014年4月、国家税務総局が国連に対して提示した《サービスフィー及びマネジメントフィーに関する見解》（以下「サービスフィーに関する国連向けレター」という）によると、マネジメントフィーは一般的に株主活動に関連するものであるとの国家税務総局の考えが示されている。

(ii)サービスフィーに関する国連向けレターのマネジメントフィー以外の主なポイントは次のとおりである。

(a)受益性のテストはサービスの受領者側のみならず、提供者側の観点からも実施すべきである。親会社が子会社へサービスを提供するとしても、それが親会社の自身の戦略管理に関するものであったり、サービス受領者となる子会社よりも親会社にとってより多くの便益がある場合には、親会社は子会社に対価を請求すべきではない。

(b)受益性のテストに当たっては、そのサービスが子会社にとって必要であったかについても分析すべきである。例えば、親会社によるアドバイザリーや法務サービスは中国の製造子会社にもある程度、役立っているかもしれないが、子会社の機能とコスト対効果観点からすれば、必要とはいえないかもしれない。

(c)グループ内役務提供については、サービス取引の対価が既に他の取引価格ポリシーを通じて補填されていないかに配慮すべきである。

(d)移転価格ガイドライン2010年版における株主活動の範囲は狭すぎる。発展途上国に所在する子会社にも自社のマネジメントチームがあり、親会社からは承認のみが必要な場合がある。このような場合のマネジメントフィーは重複する活動か株主活動に対するものであり、請求すべきでない。

(e)中国子会社側では、グループ内役務提供に係る資料の信憑性の確

認が困難という問題がある。グループ内役務提供は様々な配賦要素を用いて間接請求法が用いられることが多いが、役務を提供する親会社側でのコストの情報が入手しづらい。また、中国子会社のみの情報では、全体像が把握しづらく、他国の子会社も同様の便益を受け、同様の方法によりサービスフィーを支払っているかが不明瞭である。

(iii) 2014年6月、国家税務総局国際税務司 司長 廖体忠は、ワシントンでの税務討論会において、国外の親会社が中国子会社から受領するサービスフィーの調査を強化し、特に次の6項目によりテストすることを表明した。

(a) 受益性のテスト：親会社が中国子会社へ提供するサービスにより、親会社がより多くの便益を享受する場合、中国子会社からサービスフィーを受領すべきではない。

(b) 必要性のテスト：中国の単一機能企業（例えば、来料加工企業）が親会社の提供する法務及び財務サービスを必要とするか否か。このような企業が自社のためにサービスが必要だとすれば、同様のサービスをより低い価格で第三者から受けることができないかを疑う。

(c) 重複性のテスト：現地のマネジメント層が、権限上、親会社からの承認を必要とする場合、このような管理サービス（例えば、決裁承認の管理）は、重複する活動、若しくは株主活動である可能性があり、中国子会社に対して対価を請求すべきではない。

(d) 価値創造のテスト：合理的に認識できる経済及び商業上の価値の増長をもたらすサービスについては、サービスの受け手の経営状況の改善が確認されるか、合理的に予測することができる。親会社による子会社の管理戦略の承認は、権限上の必要によるもので、認識可能な経済若しくは商業上の価値を真に創出しているわけではない。

(e) 補償性のテスト：親会社が子会社に提供するサービスが、関連者間取引の取引価格若しくはその他の関連者間取引を通じて既に補償さ

れていないか。
　　　(f)真実性のテスト：税務機関がサービスの真実性を判断することができなければ、サービス取引の合理性を判断することは難しい。
(ⅳ)また、上述した146号通達において、サービスフィーについては、次のサービスフィーについて特に重点的に調査することとされた。
　(a)株主活動に対応するサービスフィー（中国法人の経営、財務、人事等の事項に対する企画、管理、管理監督等の活動）
　(b)グループの統一的な管理のためのサービスフィー
　(c)国内企業が自社で実施することができるか、第三者により提供された重複する活動に対するサービスフィー
　(d)国内企業が自社で負担する機能とリスクとは無関係か、負担する機能とリスクと関係があるがその経営には相応せず、置かれている経営段階に合致しないサービスフィー
　(e)サービス取引とその他の取引が同時に発生し、その他の取引の価格に既にサービスの対価が加味されている場合のサービスフィー
(ⅴ)16号公告においては、特に国外関連者に対する次の労務の対価は、損金不算入とすることが明記された。
　(a)企業の負担する機能、リスクあるいは経営と関係がない労務活動
　(b)関連者が企業の直接、あるいは間接的な投資者の投資利益を保障するために、企業に対して実施するコントロール、管理及び監督などの労務活動
　(c)関連者から提供されたが、企業が既に第三者から購入したかあるいは既に自ら実施した労務活動
　(d)企業があるグループに所属することによって追加的な収益を獲得したものの、当該企業に対する具体的な労務活動をグループ内の関連者から受けていない場合
　(e)既にその他の関連者間取引において補償された労務活動
　(f)その他、企業に直接あるいは間接的な経済利益をもたらすことのな

い労務活動

（6）行動12　義務的開示制度
①事前ルーリング制度

2013年12月に国家税務総局が公布した《大企業の特殊性に配慮した税務サービス業務のさらなる強化に関する意見》（税総発［2013］145号）により、大企業の税務問題については試験的に事前ルーリング制度を適用することが示されている。

また、2015年1月に国務院法制弁公室が公布した《租税徴収管理法の改正草案》（パブリックコメント募集案）の第46条においても「税務機関は納税者の適用する税法の事前ルーリング制度を構築する。納税者は将来に発生することが予測され、重要な経済利益に関係する特定の複雑な事項について、直接に税法の制度を適用して税額を計算することが難しい場合、事前ルーリングを申請することができる。省以上の税務機関は、納税者に適用される税法の問題に対して法定権限内において書面により事前ルーリングを行うことができる。納税者は事前ルーリングに従ったうえで、未納付若しくは過少納付の税額が生じたとしても、納税の責任を免除される」としている。なお、2016年7月時点において、当該《租税徴収管理法の改正草案》は最終化されておらず、発効していない。

②間接財産譲渡

中国課税財産[※12]を間接譲渡する取引当事者の双方及び持分を間接譲渡される中国居住者企業に対し、その報告は任意としながらも、規定に基づき資料を提出した場合の罰則軽減措置が提示されている。

2009年12月、国家税務総局は、《非居住者企業の持分譲渡所得の企業所得税管理強化に関する通知》（国税函［2009］698号。以下「698号文」という）を公布し、中国法人の持分を中国国外に所在する中間持株会社が

※12　非居住企業が直接保有していた場合の譲渡所得が中国の税法規定を当てはめると中国で企業所得税の課税対象となる、中国国内の機構、場所の財産、中国国内の不動産、中国居住企業の権益性投資資産等を指す。

保有している場合に、当該中間持株会社の株式が譲渡される際の中国における キャピタルゲイン課税について規定した。698号文によると、非居住者は、中国法人の持分を間接的に譲渡する場合、譲渡される国外持株会社の所在地国（地域）の実際の税負担が12.5%を下回るか、居住者に対してもオフショア所得が非課税とされている場合、持分譲渡契約の締結日から30日以内に、持分が譲渡された中国居住企業の所在地主管税務機関に報告することとされた。

ただし、その後、2015年2月、国家税務総局は《非居住者企業の間接財産譲渡の企業所得税の若干問題に関する公告》（国家税務総局公告2015年第7号。以下「7号文」という）を公布し、間接譲渡の課税対象に持分譲渡所得以外に不動産譲渡所得を加え、また、合理的商業的目的の有無に基づく判断を下記のとおり改正した。

7号文第4条によると、以下の状況に同時に合致する場合、合理的商業目的を有さないと直接認定される。

(i) 国外企業持分の75%以上の価値が直接あるいは間接的に中国課税財産に由来する。

(ii) 中国課税財産の間接譲渡取引発生前1年以内のいかなる時点においても、国外企業の資産総額（現金は含まない）の90%以上が直接、あるいは間接的に中国国内投資により構成される、あるいは中国課税財産の間接譲渡取引発生前1年以内に、国外企業が取得する収入の90%以上が直接、あるいは間接的に中国国内に由来する。

(iii) 中国課税財産を直接、あるいは間接的に有する国外企業などが所在国家（地区）で登記し、法律が要求する組織形式を満たしていても、実際の履行において機能および引受リスクに限りがあり、その経済実体を有していると証明するには足りない。

(iv) 中国課税財産の間接譲渡取引により国外で納税する所得税の税負担が中国課税財産の直接譲渡取引により中国で負担する可能性のある税金を下回っている。

7号文第6条によると、以下の状況に同時に合致する場合、合理的商業目的を有すると認定される。
(i)取引双方の持分関係が以下の状況の1つを有する。
- 持分譲渡側が直接、あるいは間接的に持分譲受側の80％以上の持分を保有する。
- 持分譲受側が直接、あるいは間接的に持分譲渡側の80％以上の持分を保有する。
- 持分譲渡側と持分譲受側が直接、あるいは間接的に80％以上の持分を同一者に保有されている。

 国外企業の持分50％超の価値が直接、あるいは間接的に中国国内不動産に由来する場合、上述の80％という持分比率は100％でなければならない。上述の間接保有持分は持株関係のある各企業の持株比率に基づいて乗数計算する。
(ii)今回の間接譲渡取引が発生していない場合と比べて、今回の間接譲渡後に改めて発生する可能性のある間接譲渡取引に係る中国所得税負担が減少しない場合
(iii)持分譲受側が当該企業あるいはそれと持分関係を有する企業の持分（上場企業の持分を含まない）をもって全持分取引の対価を支払う場合

なお、7号文第5条により、次のいずれかの状況に合致する場合、課税されない。
(i)非居住者企業が公開市場で同一上場国外企業の持分を買い入れ、併せて売却して取得した中国課税財産の間接譲渡所得
(ii)非居住者企業が中国課税財産を直接保有し、併せて譲渡する状況において、適用可能な租税条約などの取決めにより、当該財産の譲渡所得は中国における企業所得税の納付を免除できる場合

7号文第8条によると、不動産又は持分の間接譲渡による所得が企業所得税を課すべきとされる場合、関連する法律規定又は契約の約定により持分譲渡側に対して直接に関連する対価（譲渡対価など）を直接に支払う義

務を負う団体、あるいは個人が源泉徴収義務者となる。源泉徴収義務者が納付すべき税金を源泉徴収しないか、あるいは満額源泉徴収しない場合、持分譲渡側が納税義務発生日から7日以内に主管税務機関へ税金を申告納付し、併せて持分譲渡収益と税金の計算に関連する資料を提出しなければならないとされている。

　また、7号文第9条には、間接財産譲渡の報告について規定されており、これによると、次のとおりである。

　「中国課税財産を間接譲渡する取引双方及び持分を間接譲渡される中国居住者企業は、主管税務機関へ持分譲渡事項を報告し、併せて以下の資料を提出することができる。

1. 持分譲渡契約、あるいは協議書（外国語の場合は同時に中国語訳を添付して送信することが必要。以下同様）
2. 持分譲渡前後の企業持分構成図
3. 域外企業及び中国課税財産を直接、あるいは間接的に保有する傘下企業の直近2年度の財務会計報告表
4. 中国課税財産の間接譲渡取引が本公告第一条を適用しない理由を記した文書」

　上記の7号文9条のとおり、「提出することができる」とされており、報告は任意であるものの、7号文第8条及び13条により、源泉徴収義務者又は持分譲渡側が国外企業持分譲渡契約、あるいは協議書を締結した日から30日以内に上記第9条の規定する資料を提出すれば、責任の軽減若しくは延滞利息に基準利率に5％の上乗せがされないことが規定されている。

（7）行動13　多国籍企業の企業情報の文書化

　2016年6月付けで国家税務総局は《関連申告及び同時文書管理の規範化に係る事項に関する公告》（国家税務総局公告2016年第42号。以下「42号公告」という）を公布した。42号公告は2016年度（2016年1月1日開始事業年度）から施行される。なお、42号公告は、関連者の定義、企業

所得税の確定申告書の添付となる関連者間取引往来表と同時文書に係る規定である。移転価格税制、CFC税制、過少資本税制、コストシェアリング協議等を網羅する2号文の全面的な改正ではなく、一部の差替えとなる。2015年9月、国家税務総局は、募集案を公布しているが、2016年7月時点において最終化されていない。42号公告の対象とされた条項以外の2号文のその他の部分を含む、より網羅的な規定は、今後、別途に改正される。

①国別報告書

42号公告による国別報告書の位置付けは、企業所得税の確定申告書の附表となる関連者間取引往来表の一部である。ただし、直前会計年度の連結総収入が55億人民元を超える最終持株会社となる居住者企業又は多国籍企業から国別報告書の報告企業として指定された居住企業以外は、記入する必要がない。そのため、原則、多国籍企業の中国子会社が中国税務機関から直接に提出要求を受ける状況は限定されている。その所属する多国籍企業グループがその他国の関連規定に基づき国別報告書の準備を要する場合において、移転価格調査の対象となったが、中国が国家間の情報交換により国別報告書を入手できなかった場合に、例外として、中国税務機関は中国子会社に国別報告書を要求することができるとされている。

②マスターファイル

次のいずれかの条件に合致する企業に義務が生じる。なお、国内関連者との間でしか関連者間取引がない場合には不要となる。

(i)年度に国外関連者との間で取引を行っており、かつ当該企業が連結される財務諸表の最終持株会社の所得する企業集団が既にマスターファイルを作成している。

(ii)年度の関連者間取引の総額が10億人民元を超える。

期限は、多国籍企業の最終持株会社の会計年度終了から12か月内に準備、税務機関から要請があった日から30日以内の提出とされている。なお、中国語で準備する必要がある。

③ローカルファイル

　年度の関連者間取引金額が次のいずれかの条件に合致する企業に義務が生じる。なお、既に実施されている事前確認に係る関連者間取引については準備する必要がなく、以下の金額にも含めなくてよい。また、国内関連者との間でしか関連者間取引がない場合には不要となる。

(ⅰ)有形資産の所有権譲渡金額（来料加工業務については年度の輸出入通関価格により計算）が２億人民元を超える

(ⅱ)金融資産の譲渡金額が１億人民元を超える

(ⅲ)無形資産の所有権譲渡金額が１億人民元を超える

(ⅳ)その他の関連者間取引の金額合計が４千万人民元を超える

　期限は、取引の発生した年度の翌年６月30日までに準備し、税務機関から要請があった日から30日以内の提出とされている。中国語で準備する必要がある。

　ローカルファイルの記載項目については、特に、次の留意を要する。

(ⅰ)バリューチェーン分析

　　バリューチェーン分析として、次の記載が要求されている。

　　(a)グループ内の業務フロー、物流及び資金フロー。商品、役務及びその他の取引の設計、開発、製造、マーケティングと販売、納品、決済、消費、アフターサービス及び最終的なリサイクル等の各段階とその関与者を含む

　　(b)上述の各段階の関与者の直近財務年度の財務諸表

　　(c)地域性特殊要因の企業の創造価値への貢献の定量化とその帰属

　　(d)グローバルなバリューチェーンにおけるグループの利益の配分原則及び配分結果

(ⅱ)関連者間サービスに係る記載

　　関連者間サービスについては、次の事項を記載することとされている。

　　(a)関連者間サービスの概要。サービス提供者と受領者、サービスの具体的内容、特性、展開方式、価格設定の原則、支払形式、サービス

発生後の各者の受益状況等
(b) サービスコストと費用の集計方法、項目、金額、配賦基準、計算過程と結果等
(c) 企業及びその所属する企業グループが非関連者との間でも同様、あるいは類似するサービス取引がある場合、価格設定の原則と取引結果について、関連者とのサービスと非関連者との間での相違に係る詳細な説明

(iii) 複数年度検証の受け入れ可能性

BEPSプロジェクトにおけるローカルファイルの記載項目にある「複数年度検証を実施する理由の説明（必要に応じて）」は、ローカルファイルの記載事項として列挙されていない。

④確定申告書の添付となる関連者間取引往来表

同時文書の義務に達しない場合にも必要となる確定申告の附表となる関連者間取引往来表において、国外関連者の実効税率や、企業内部の部門の業務範囲と人員数などが要求される。また、国外関連者、国外非関連者、国内関連者、国内非関連者の4種類の販売先のセグメント損益も要求される。

⑤国別報告書の自動的情報交換に関する多国間協定

2016年5月12日、中国は、その他の38か国とともにOECDによる国別報告書の自動的情報交換に関する多国間協定に調印した。

◆ 韓国

1．概要

OECD 行動	対応
1	・2015年7月1日以後から国内事業場のない非居住者または外国法人が電子的役務を供給する場合、事業者登録をするよう付加価値税法で義務化される。
4	・過少資本税制の適用対象の借入金範囲が（国外支配株主から国外支配株主とその特殊関係人へと）拡大し、適用倍数は3倍から2倍になる。
6	・租税特典の濫用を防止するため、法人税法、国際租税調整に関する法律に実質課税原則をおいた。
8－10	・2010年7月のOECDの移転価格ガイドラインの改正内容を反映して2010年末に国租法を大幅に改正した後は改正事項はない。
13	・2015年12月15日に国租法を改正し、特定要件を満たす企業の場合、ローカルファイルとマスターファイルを法人税課税標準の申告期限までに提出するよう義務化した。 ・新たな移転価格文書化ルールでは、文書化ルールが適用されるのは、年間売上高が1,000億韓国ウォン（約8,300万米ドル）超であり、かつ、関連者の国際取引高が500億韓国ウォン（約4,100万米ドル）を超える韓国企業および韓国内にPEを有する外国の企業が対象となる。 ・国際取引情報統合報告書を提出しないときは過料が賦課される。
14	・2015年から外国系中小企業（売上5百億ウォン以下）を対象に、簡便APA制度を施行（ただし、一方APAに限る）した。
15	・多国間租税行政共助協約への署名など、多数国間の情報交換、徴収協調など、多数国間で行われている税政協力に参加している。

韓国でのBEPSの取扱いについては、15の行動計画のうち、特に、行動1、行動4、行動13に注目している。

以下に韓国での主要な行動項目に関するそれぞれの内容の概略を記載する。

2．韓国の主要対応策

（1）行動1　電子経済―電子的役務を供給する国外事業者の役務供給と事業者登録に関する特例（付加価値税法第53条の2）

①導入背景

従来の韓国の付加価値税法は、役務の国際取引に対して付加価値税法上の納税地は事業者の事業場であり、韓国内にPEのない外国法人が役務を提供する場合には、事業場がないため付加価値税の申告及び納付の義務が

ないとみなしてきた。

　しかし、情報通信技術の発達は、役務の供給地と消費地が一致しない「遠隔地役務取引」という新しい形の役務取引を発生させ、それによって役務の取引場所と納税地に対する新しい概念定立とこのような役務取引に対する付加価値税の課税根拠を設けることが必要になった。

　これに関連する例の１つとして、国外事業者の電子的役務の提供がある。言い換えれば、国内事業者が海外オープンマーケット等を通じて国内に電子的役務を提供する場合には、付加価値税を申告・納付するのとは違って、韓国内に事業場のない国外事業者が海外オープンマーケット等を通じて国内に電子的役務を提供する場合には、付加価値税が課税されていなかったのである。

　国内の消費者が同一の経路を通じて同一の電子的役務を購買して消費しても、供給者が国内に事業場を有しているかどうかによって付加価値税が課税されるかどうかが変わってくる不合理が発生するわけである。そこで、国内の消費者が海外オープンマーケット等から購買する電子的役務に対して、海外オープンマーケット事業者等が国内で事業者登録（以下「簡便事業者登録」という）を行って、付加価値税を申告・納付するようにした。

②簡便事業者登録

　(i)概要

　　韓国の付加価値税法によると、国内事業場のない非居住者（ＢtoＣのみが対象）又は外国法人が情報通信網を通じて国内に電子的役務[※1]を提供した場合、その事業開始日から20日以内に国税情報通信網[※2]にアクセスして国外事業者に関連する情報を入力する方式で国税庁長に事業者登録をしなければならない。

※1　電子的役務とは、①ゲーム・音声・動画ファイル、電子文書、又はソフトウェアのような著作物などであり、光又は電子的方式で処理して符号・文字・音声・音響、及び映像等の形で制作又は加工されたもの、② ①による電子的役務を改善することをいう。2015年7月1日以後に提供する役務から簡便事業者登録の対象となる。

※2　http://www.hometax.go.kr

(ⅱ)付加価値税の申告及び納付

　　簡便事業者登録をした国外事業者は、国税情報通信網にアクセスして次の事項を入力する方式で付加価値税の予定申告及び確定申告をしなければならず、当該申告による付加価値税は国税庁長が定めるところによって外国為替銀行の口座に払い込まなければならない。

　　(a)事業者の氏名及び簡便事業者登録番号
　　(b)申告期間に国内に提供した電子的役務の提供価額の総計、控除を受ける仕入税額及び納付する税額
　　(c)そのほかに必要な事項として企画財政部令で定めるもの※3

　　電子的役務の対価を外貨で受け取った場合には、課税期間終了日現在における基準為替レートを適用して換価した金額を課税標準とすることができる。

(ⅲ)税金計算書及び領収証（以下「税金計算書等」という）の発給義務の免除

　　事業者が国内において財貨や役務を提供した場合、税金計算書等を発給する義務が存在するが、簡便事業者登録をした事業者は国外事業者として主に消費者を相手に少額決済対象役務を提供するという点を考慮して税金計算書等の発給義務を免除した。

（2）行動4　利子損金算入制限―過少資本税制（Thin-cap）適用基準の強化

①導入背景

　グローバル経済のもとでは、国境を越えて財貨と役務の供給が行われるだけではなく、資本の投資も国境を越えて発生する。投資の種類は大きく出資と貸付の2つに分けることができるが、前者の場合は投資に対する対価は配当であり、後者の場合は利息という形で与えられる。配当は被投資国の課税所得計算時に損金として認められないが、利子の場合は損金とし

※3　付加価値税法施行規則に委任しているが、現在までそのほかに必要な事項として規定されたものはない。

て認められるという違いがあり、結果的に投資形態によって子会社が負担する税額が変わり、純資産が変わることによって、配当できる金額が変わるので株主の所得にも影響を及ぼすため、できるだけ貸付の形式をとって被投資法人の法人税を減少させようとする傾向があった。それゆえ、韓国では国際租税調整に関する法律（以下「国租法」という）を通じて出資の一定倍率を超過する借入金に対しては、被投資法人の課税所得計算時に支払利息を損金に算入しないものとする規定を導入した。

韓国の場合、1995年12月6日に国租法を制定するときに過少資本税制を初めて導入し、その後、2014年12月23日の法改正時に国内に進出した多国籍企業の過度な利子費用の控除を防ぎ、投資資金の自己資本化を誘導するために過少資本税制の適用基準をさらに強化した。

②国租法改正規定

過少資本税制の適用を強化するために、国外特殊関係人の借入金超過積数の計算時に金融業を除いた全ての業種に対して従来は3倍数を適用していたが、2014年12月23日の法改正時に2倍数に改正し、従来の「国外支配株主から借り入れた金額」から「国外支配株主から借り入れた金額」以外に「親族等の国外支配株主の特殊関係人から借り入れた金額」を含むものに、適用範囲を拡大した。

（3）行動13　企業情報の文書化―国際取引情報統合報告書の提出義務及び未提出に対する過料規定の導入

①導入背景

多国籍企業の国際取引の増大及びそれによる利益の移転等に対する規制が強化される趨勢であり、韓国も一定規模以上の売上高及び国際取引規模を有している法人の場合、国際取引情報統合報告書の提出義務を課して国際取引に対する資料提出義務を強化した。また、国際取引調査において取引に関連する資料は必須であるため、資料提出義務の不履行に対する制裁規定を設けているが、国際取引情報統合報告書の提出義務の不履行に対しても制裁規定を新設した。

②移転価格文書化に関連する国租法の反映内容

(i)国際取引情報統合報告書

韓国では、2016年12月20日の国租法改正を通じて、下記の2つの条件を全て満たす納税者の場合には事業活動及び取引内容等に関して、ローカルファイル（local file）、マスターファイル（master file）、及び国別報告書（Country by Country Report：" CbCR"）を提出することとした。

- 年間売上高が1,000億ウォンを超過
- 年間の国外特殊関係人との取引額[※4]が500億ウォンを超過

上記の条件を全て満たす企業の場合、当該事業年度の法人税課税標準の申告期限（事業年度終了日から3か月以内）までに納税地を管轄する税務署長にローカルファイル、マスターファイル、及びCbCRを提出しなければならない[※5]（電子的形態での提出も可能）。 各々の報告書は行動13で勧告された内容に準じており、次のとおりである。

(a)ローカルファイルの内容：系列グループ内の個別法人の次の情報を含む。

- 組織構造
- 事業内容
- 国外特殊関係人との取引内訳
- 上記の取引に関する価格算出情報
- 財務現況

(b)マスターファイルの内容：系列グループの次の情報を含む。

- 組織構造
- 事業内容

※4　国外特殊関係人との取引額は、役務取引と財貨取引、及び貸与及び借入取引の合計額で計算される。
※5　納税地を管轄する税務署の長は、納税義務者が大統領令で定めるやむを得ない事由により、国際取引情報統合報告書を法人税申告期限までに提出できない場合であって納税義務者の申請を受けた場合には、1年の範囲でその提出期限の延長を承認することができる。

- 無形資産の内訳
- 資金調達活動
- 財務／税務現況

　ローカルファイルは韓国語の報告書を提出しなければならない。マスターファイルは英語又は韓国語の報告書の提出が可能だが、英語の報告書の提出時には韓国語翻訳版を1か月後に提出しなければならない。

◆ 米国

1. 概要

OECD 行動	対応
4	・2016年10月に財務省は過少資本税制及びアーニングス・ストリッピングに対処する規制を発表した。
6	・2016年2月に独自のモデル租税条約の改訂が最終化した。
8 – 10	・2015年9月に財務省暫定規則（1.482 - 1）を発表した。
13	・国別報告書にかかわる財務省最終規則が2016年6月に発表され、2016年6月30日以降に開始する事業年度から情報を求められる。 ・国別報告書の提出義務は、直前年度の連結総収入金額が8億5千万米ドル以上の多国籍企業グループの最終親会社である米国企業に適用され、最終親会社の法人所得税申告書とともに提出する必要がある。

　今日に至るBEPSの潮流は、2010年のギリシャ問題に端を発する欧州の財政危機の最中、米系多国籍企業による過度な節税策への批判が高まったことが始まりである。例えば、2010年秋には、グーグルがダブルアイリッシュ、ダッチサンドイッチといった節税策により600億米ドルの節税を行っているとの報道がなされ、同年末には、軽課税国スイスの統括会社に利益を集中させていたスターバックスが英国で法的根拠のない法人税を納付する事態に追い込まれた。こうした背景のなか、OECD主導のBEPSプロジェクトが具体化していくこととなる。

　これに対し、米国でのBEPSに対する当初の反応は概して薄く、オバマ政権や連邦議会周辺でも特に目立った動きはなかったが、2015年に入り、財務省は国別報告制度を税務調査効率化の観点から歓迎しており、現在与えられている法的権限の枠内で施行制度の導入が可能であると考えているとの同省高官のコメントが報じられた。

　また、同年6月、お膝元のワシントンDCにおけるOECD年次国際租税会合の開催前日、連邦議会上院財政委員会のハッチ委員長（共和党、ユタ州選出）と同下院政策委員会のライアン委員長（当時。後に下院議長。共和党、ウィスコンシン州選出）が連名でルー財務長官宛に公開書簡を送

付し、財務省が議会の了承を得ることなく、BEPSをめぐる国際交渉や米国内での制度施行を進めないよう、釘を刺した。この公開書簡で両委員長は、秘密保持の保証が乏しいまま、米系多国籍企業のデリケートな情報が外国政府に提供されることに重大な懸念を示し、財務省が立法手続を経ずに既存の行政権限のみに基づき国別報告書の提出を納税者に義務付けることができると考える法的根拠を説明するメモの提出を要求した。財務省はこれを黙殺する形で、翌期のガイダンス作成計画に「内国歳入法第6011条及び同6038条に基づく移転価格リスク測定のための国別報告書に関する財務省規則」を加え、BEPS対応準備を推し進めた。これに対し、両委員長は、同年8月に再び公開書簡を送付し、財務省のBEPS関連作業が費用便益の観点から妥当かどうかを会計検査院が検査することができると恫喝したが不発に終わり、12月に国別報告書に関する規則草案が発表された。

米国財界の反応としても、米国商工会議所等から企業秘密の流出を懸念するコメント等は聞かれたものの、米国がBEPSの枠組みを拒否した場合に、米国外の関連会社が現地国で二次的報告を要求され、租税条約の秘密保護規定の枠外で情報の提供を迫られるのは得策ではないとの判断に傾いた。

2．米国の主要対応策
（1）行動4　利子損金算入や他の金融取引の支払いを通じた税源浸食の制限

上述のとおり、BEPSの行動計画に基づく議会による立法は不在の米国だが、支払利息を利用した米国からのアーニングス・ストリッピングに関しては財務省が行政機関として行使できる権限を利用し、過少資本税制及び支払利息を利用したアーニングス・ストリッピングに網を掛ける目的の財務省規則を最終化している。しかし、当規則の内容も、行動4の提案とは内容的に関連がなく、独自の規定を展開しているにすぎない。

(2) 行動6　租税条約の濫用防止

OEDCにより行動6の報告書が作成・公表されるのと並行する形で、米国は独自のモデル租税条約の改訂に着手し、2016年2月に最終化し、一般公開している。内容的には一部、PEにかかわる部分で行動6と共通する考え方も見られるものの、基本的にはここでも行動計画の提案を受け入れることはなく、あくまでも独自の内容で最終化されている。

(3) 行動8-10　移転価格税制と価値創造の一致

BEPS行動8-10の最終化に伴う大幅な税制改正は、現在のところ発表されておらず、既存の移転価格税制を補足及び明確にすることで対応することが見込まれる。しかし、その補足内容は独立企業原則を明確にするものに限られ、BEPSで提案されている内容であっても、独立企業原則に例外及び乖離するルールを設けることについては、米国は批判的な態度を示している。例えば、米国財務省はBEPSにおける「キャッシュ・ボックス」(cash box)に焦点が当てられていることに懸念を示している[※1]。BEPSはキャッシュ・ボックスを、資金が豊富で、経済的機能をほぼ有していない事業体と位置付け、同事業体が提供する資金に対する対価はリスク・フリー・リターンのみに限定すべきであると提案している。この状況に対して米国財務省高官は、キャッシュ・ボックスに焦点を当てることで、資金提供はそもそも限定的な価値しかないと主張している一部のOECD加盟国に配慮した形の議論になっているが、経済的機能を有している事業体が資金提供を行うのであれば、リスク調整後のリターンを対価として得るべきであり、資金提供の対価は必ずしも限定的ではないと主張している。

しかし、米国政府は2015年9月に財務省暫定規則（1.482-1）（以下「規則案」という）を発表しており、当規則案は上記米国財務省高官の意見を否定し、BEPSが提案する価値創造（value creation）基準を肯定する内容になっている。なお、規則案が最終化されるタイミングは未定である。

※1　Bloomberg BNA Daily Tax Report、Stack: No Big Changes to Transfer Pricing Rules from BEPS, 13 October 2015

（4）行動13　多国籍企業の企業情報の文書化

　国別報告書にかかわる財務省最終規則（1.6038-4）（以下「最終規則」という）は2016年6月に発表され、2016年6月30日以降に開始する事業年度から情報を求められることになる。最終規則の概要は以下のとおりである。

- 提出義務：直前事業年度において連結売上高が850万米ドル以上の米国多国籍企業の米国親会社
- 提出期限：所定の様式（Form 8975）を米国親会社の連邦税申告書提出期日（延長を含む）かForm 8975に記載されている期日までに提出
- 財務データの情報源：法定財務諸表、税務申告書用データ、管理会計計算書などから使用するデータを選択することができる
- 書類の保存義務：根拠資料を保存しておく義務があるが、Form 8975で使用したデータと申告書又は財務諸表と照合する義務はない
- 使用通貨：米ドルのみ
- 米国最終親会社以外の会社による代理提出制度：あり（2016年1月1日以降に開始する事業年度より）

　マスターファイル及びローカルファイルに関しては規定が発表されていないため提出義務はない。しかし、米国以外の規定に基づきマスターファイルを準備しているのであれば、税務調査時に提出を求められる可能性がある。ローカルファイルに関しては、現行の移転価格文書化規定が同等の情報を求めていることから、米国税務当局としては別途ローカルファイルの提出を納税者に求める必要性は低いと考える。

◆ ブラジル

1．概要

OECD 行動	対応
2	・「Interest on Net Equity（"INE"）」INEの源泉税の税率増加と金利設定の上限設定を議論されている。
3	・ブラジルの CFC 税制は BEPS の内容よりも一般的に厳しい形となっている。
5	・OECD に沿ったタックス・ヘイブンのリストを規定する法案が審議中である。
6	・ブラジル、アルゼンチン、ベリーズ、コロンビア、コスタリカ、エルサルバドール、グアテマラ、メキシコとの多数国間協定（Multilateral Agreement）を組成し、国際税務関連に関する、相互協力を行う合意に至っている。 ・既にアルゼンチン、ベリーズ、ブラジル、コロンビア、コスタリカ、メキシコ、ウルグアイとは、それぞれの納税者の税務情報を自動交換できる制度を導入し、各国も相互に合意をしている。
8 – 10	・ブラジルでは独特の移転価格税制を保有している。
13	・ブラジルに国別報告書を導入する指令が公表された。

　ブラジルは、G20 の加盟国で BEPS 対応の責任がある。そういった立場も含め、ラテンアメリカ各国内での情報交換を活発に行う多数国間協定（以下「Multilateral Agreement」という）にも署名し、諸国との連携を深めるなかで今後の透明性の高い税務制度の礎を作るとみられる。また、ブラジル国内では BEPS を意識した国際税務に関する税務調査が増加するだろうと思われる。その傍ら、行動 8-10 並びに行動 13 に至る移転価格制度における BEPS の概念を導入することには関心があるものの、現行では独自の移転価格税制を保ちつつあることが現状である。今後さらなる対応をとることになるか注目が集まるところである。

　以下、各 BEPS 主要行動項目に対するブラジルの動向を解説する。

2．ブラジルの主要対応策

（1）行動2　ハイブリッド・ミスマッチに係る取決めの効果の無効化

　ブラジル法人における株主への配当には、通常の「配当」形式と「Interest on Net Equity（以下「INE」という）」形式がある。INE はブラジル法人が株主に配当として支払う要素がある一方、法人税のメリットが享受でき、法人は支払配当を INE で行うと同時に、その支払配当分を課税所得から控除できることにより、支払法人税額を下げる効果を持っている。その一方で、INE の特徴として「配当」と相違するのは、「配当」は源泉税の課税対象ではないが、INE は源泉税の課税対象として、特殊な免除を受けていない株主や、ブラジル居住者並びに非居住者が INE を受け取った際に、支払者が、株主が支払うべき源泉税を徴収し、税務当局に収めることになる。

　この INE に対する源泉税は 15％から 18％へ引き上げられる予定であったが、その法令は制定されなかった。INE の廃止を 2018 年まで徐々に目指す法案もあったが法令化されなかった。

（2）行動3　外国子会社合算税制（CFC 税制）の強化

　ブラジルでは現行の CFC 税制の内容をさらに具体化することで、CFC 適用対象となる取引のさらなる課税上の透明性を目指す。ブラジル連邦歳入庁は、2016 年 12 月 30 日にオーストリアにホールディングカンパニーを設ける法人について指令を公表した。所得を生み出す経済的な活動がないオーストリアのホールディングカンパニーはタックス・ヘイブンのリストに加わった。また、法人税法の改正（法令 12,973 番）は新しい CFC 税制の導入により、原則的に行動 3 のガイドラインに沿った形となった。

（3）行動5　有害税制への対抗

　OECD の判定に沿ったタックス・ヘイブンのリストを規定する法案（PL275／2014）が審議中である。

（4）行動 6　租税条約の濫用防止

ブラジルでは、アルゼンチン、ベリーズ、チリ、コロンビア、コスタリカ、エルサルバドール、グアテマラ、メキシコとの Multilateral Agreement を組成し、国際税務関連に関する、相互協力を行う合意に至っている。

（5）行動 8-10　移転価格税制と価値創造の一致

ブラジルでは独特の移転価格税制を保有していることは周知のとおりである。ブラジルでは移転価格算定方法においての国内法では固定マージン率が用いられている。事前確認制度（APA）は導入されていない。また、機能分析、リスク分析が不要である。今回の行動 8-10 に対応する移転価格に関するブラジル税務当局の正式な制定発表は現在のところ行われていない。

（6）行動 12　義務的開示制度

ブラジルでは、納税者による税務面からの情報開示義務が税務電子申告や税務規制特別制度で増えた。

一方、2015 年末に法人の納税義務者の主なタックス・プランニングの開示についての法令がブラジル議会で否決された経緯がある。そういった状況下でも、納税者の情報開示の義務化に関しては、税務当局が引き続き強化する傾向がある。

（7）行動 13　多国籍企業の企業情報の文書化

2016 年 12 月 29 日、ブラジル連邦歳入庁は、ブラジルに国別報告書を導入する指令を公表した。国別報告書の適用初年度を 2016 年 1 月 1 日以降に開始する事業年度とし、2017 年 6 月に公的電子帳簿システムにおいて財務帳簿に提出することを義務化している。対象となるのは、グループの連結売上高が 7 億 5,000 万ユーロを超える多国籍企業グループである。

◆ コロンビア

1．概要

OECD 行動	対応
3	・現在 CFC ルールの適用を検討しており、2017 年税制改正に盛り込まれる可能性がある。
6	・租税条約濫用防止法が適用される予定となっている。 ・トリーティショッピングを阻止する具体策として LOB ルールの簡略版と PPT ルールを組み合わせた適用を検討している。
13	・国別報告書の導入が検討されている。

　OECD 加盟国を目指すコロンビアとしては BEPS に積極的に対応をすることで、OECD 加盟国への意識を高めていこうとする動きがある。現在コロンビア税務当局による BEPS 対応には法制化に至っていない点も多くあるが、2017 年度の税制改正には BEPS の概要を踏まえた革新的な改正を行うといわれている。

　現在、BEPS 対応を試みている主な項目として以下が挙げられる。

2．コロンビアの主要対応策

（1）行動 3　外国子会社合算税制（CFC 税制）の強化

　コロンビアでは現在 CFC 税制の適用を検討しており、2017 年税制改正にその内容が盛り込まれる可能性がある。

（2）行動 6　租税条約の濫用防止

　租税条約濫用防止法適用についても今後適用を予定する旨の公表があった。また、トリーティショッピングを阻止する具体策として、BEPS 行動 6 で促すとおり、LOB（Limitation on Benefits）ルールの簡略版と PPT（Principal Purpose Test）ルールを組み合わせて適用することを検討中である。

（3）行動13　多国籍企業の企業情報の文書化

　さらにコロンビア当局では国別報告書の導入を検討中であり、こちらも2017年税制改正に盛り込まれるか注目したい。

◆ チリ

1．概要

OECD 行動	対応
3	・2016 年に CFC ルール内の不労所得に関するルール（"Tax Passive Income"）が導入された。
4	・過少資本税制の借入金と資本と割合を 3：1 に引き下げたことにより、金利の損金算入額の制限が厳格化された。
6	・2015 年 10 月から租税条約濫用防止法の適用を実施した。 ・ブラジル、アルゼンチン、ベリーズ、コロンビア、コスタリカ、エルサルバドール、グアテマラ、メキシコとの多国間協定（"Multilateral Agreement"）を組成し、国際税務関連に関する、相互協力を行う合意に至っている。 ・既にアルゼンチン、ベリーズ、ブラジル、コロンビア、コスタリカ、メキシコ、ウルグアイとは、それぞれの納税者の税務情報を自動交換ができる制度を導入し、各国も相互に合意をしている。
8 – 10	・BEPS の概念を織り込んだ移転価格ならびにビジネス・リストラクチャリングに関する税制を導入した。
13	・2017 年から国別報告書が導入予定となっている。

　OECD 加盟国であるチリは BEPS の内容に理解を示しながら、ある程度の対応策を既に法制化しており、今後追加の適用を積極的に行う姿勢はとっていない。チリ税務当局によるさらなる検討のうえ、適用が妥当と思われる内容のみ適宜、段階的に法制化を行うのではないかといわれている。以下にチリ税務当局が BEPS の対応を行った行動内容を記載したい。

2．チリの主要対応策
（1）行動 3　外国子会社合算税制（CFC 税制）の強化
　チリでは 2016 年に CFC 税制内の不労所得に関するルール（Tax Passive Income）を導入した。
（2）行動 4　利子損金算入や他の金融取引の支払いを通じた税源浸食の制限
　チリ税務当局は、借入金の株主資本に対する割合を 3 対 1 に引き下げたことにより、過少資本税制を厳格化し金利の損金算入額に制限を加えた。

（3）行動6　租税条約の濫用防止

租税条約濫用防止法の適用を 2015 年 10 月より行った。

また、ブラジル、アルゼンチン、ベリーズ、コロンビア、コスタリカ、エルサルバドール、グアテマラ、メキシコとの Multilateral Agreement を組成し、国際税務関連に関する、相互協力を行う合意に至っている。既にアルゼンチン、ベリーズ、ブラジル、コロンビア、コスタリカ、メキシコ、ウルグアイとは、それぞれの納税者の税務情報を自動交換できる制度を導入し、各国も相互に合意をしている。

（4）行動8-10　移転価格税制と価値創造の一致

チリ税務当局では BEPS を検討したうえでの移転価格、並びにビジネス・リストラクチャリングに関する税制を既に導入している。

（5）行動13　多国籍企業の企業情報の文書化

チリ税務当局では国別報告書の導入を 2017 年より施行予定である。様式としては移転価格ガイドラインのフォーマットを使用し、現在の移転価格文書のアペンディクスとして掲載される予定である。

また、行動 13 に基づくマスターレポートやローカルレポートについて法的には準備を求められていないが、税務上のコンプライアンスとして関連者間取引の移転価格メソッドを記入した用紙を毎年税務申告時に提出することが求められるため、移転価格のドキュメンテーションレポートの作成を毎年行うことが好ましいと考えられる。

第4章 BEPSにおける各国の対応

◆ メキシコ

1．概要

OECD 行動	対応
2	・2014年度税制改正による、損金不算入の例としてはメキシコの納税者と海外居住者が関連者であり、かつ一定の要件を満たしている場合、支払利息、ロイヤルティ、技術支援料は損金とならない。 ・マキラドーラについては2014年1月1日以降において既に、マキラドーラとして認定される要件が現行より厳しくなっている。 ・シェルター（Albergue）についても現行では、2014年度税制改正により、移行4年以内に、PEを設立するか、メキシコ国内の関連会社に製造を移行する必要がある。
4	・海外居住者が、導管実体（path-through entity）であった場合、その支払いが、その海外居住国において存在しないと認められる場合（本支店間の支払いのような形態）、またその支払いが、その海外居住国において益金とならない場合の支払利息には損金不算入になる。
6	・メキシコ税務当局は、関連者間取引に関して、支払先の海外居住者に対して租税条約の恩恵を受けていることを、証明する内容を要求できる体制をとっている。
7	・PEの定義や、"Individual Agent"の定義を広義なものにする旨で、人為的な回避行為の防止を行っている。 ・また、"Individual Agent"にちなんでCommissionaireの狭義な定義を行ったり低価値活動に対する精査強化等、税務当局の審査は厳しさを増している。 ・支店やPEの場合、親会社への送金が配当の支払いとみなされ、課税される。
8–10	・メキシコの移転価格税制においては、OECDの移転価格ガイドラインに準拠する部分が多く、今回のBEPSについても前向きに導入をする予定である。 ・Substance（実体）を中心とするBEPS条項に対して、Form（書式）を重んじるメキシコとしては、現行の法人税記載のなかで、このような新たなコンセプトを吸収することは現状難しい。 ・メキシコでは間接的な費用に関する費用分配の税務控除については、実態を伴う費用でない限り、推定コストをベースとした費用分配は、控除の否認要因となっている。 ・BEPSでは低価値なサービスに関しては、現状は移転価格メソッドを選定し、その結果を分析として使用するという従来の手法と変わらない。 ・マキラドーラについては2014年度の税制改正をベースに課税所得の算出は、セーフハーバー、もしくは事前確認制度（APA）を選択しなくてはならない。
12	・税務監査、DISIFに加え、納税者はDIM（Anexo 9）という情報申告も追加で行う必要がある。 ・2016年よりマキラドーラ向けにDIENSEという情報申告書の提出も必要となる。 ・メキシコの金融機関には、口座保有者の情報を税務当局へ報告をする義務化を2016年税制改正に て導入している。
13	・2016年税制改正では、メキシコにPEを持つ法人を含む納税者で一定の基準を超える企業については、1）マスターファイル、2）ローカルファイル、3）国別報告書の3つの文書を税務当局に提供することを義務付けている。 ・これら書類の提出は2016年内より開始する年度から対象となり、2017年12月末日までに第一回目の書類を提出することとなっている。 ・現行の税法上では移転価格に関して、正確、かつタイムリーな文書の準備がされていないと、メキシコの公共機関との契約が組めず、また罰金も課せられる。

メキシコでのBEPSの取扱いは、ラテンアメリカ国内において、ブラジルと同様、積極的に行われている。また、BEPSを意識した動きは2014

275

年度の税制改正より既にその要素を含めた内容を基礎とした改正を行っており、2016年度の税制改正では特に行動13を法制化している。メキシコでのBEPS取扱いについては15項目のうち、特に以下の項目に注目している。

行動 2.　ハイブリッド・ミスマッチに係る取決めの効果の無効化
行動 4.　利子損金算入や他の金融取引の支払いを通じた税源浸食の制限
行動 6.　租税条約の濫用防止
行動 7.　恒久的施設（PE）認定の人為的回避の防止
行動 8.　移転価格税制と価値創造の一致：無形資産
行動 9.　移転価格税制と価値創造の一致：リスクと資本
行動 10.　移転価格税制と価値創造の一致：その他取引
行動 12.　義務的開示制度
行動 13.　多国籍企業の企業情報の文書化

２．メキシコの主要対応策

以下にメキシコでの主な行動項目に関するそれぞれの内容の概略について記載をしたい。

（１）行動2　ハイブリッド・ミスマッチに係る取決めの効果の無効化

他国同様、メキシコでも既にハイブリッド・ミスマッチによる支払項目の否認は積極的に行われている。これらの支払項目の否認に関しては2014年度の税制改正においては既にその見直しが行われ、特に以下の、行動4と併せて損金不算入項目は増加傾向にある。

2014年度の税制改正による損金不算入の例としては、メキシコの納税者と海外居住者が関連者である場合、以下のいずれかの要件を満たしている、支払利息、ロイヤルティ、技術支援料は損金とならないこととなった。

（ⅰ）海外居住者が、導管実体（path-through entity）であった場合。ただし、その構成者である株主などがその収入を申告し、それが市場価格である場合を除く。

(ii)その支払いが、その海外居住国において存在しないと認められる場合（本支店間の支払いのような形態）
　(iii)その支払いが、その海外居住国において益金とならない場合

　また、マキラドーラ※1については2014年1月1日以降において既に、外国の事業主体（principal）の居住国が、メキシコとの租税条約を保持し、かつ、マキラドーラが移転価格上の規制を満たす場合、メキシコにおいては、その事業主体のPEは存在しないことを再確認しているが、マキラドーラとして認定される要件が以前より厳しくなっている。

　(i)マキラドーラの製品は、擬似輸出（exportación virtual）を含めて、100％輸出されなければならない。
　(ii)マキラドーラは、製造を行わなければならない。現行の品質向上のためのプロセスのみでは認定されない。
　(iii)マキラドーラの収入は、全てマキラドーラの主体的な製造活動によるものでなければならない。
　(iv)マキラドーラの使用する生産設備の少なくとも30％は、海外の事業主体が所有しなければならない。ただし、その機械設備は、以前他のマキラドーラ、あるいは、メキシコ国内の関連者が所有したものであってはならない。

　また、シェルター（Albergue※2）についても現行では、この制度を利用したメキシコ国内での製造もPEとして認定されないが、既に2014年度税制改正により、改正後4年以内に、PEを設立するか、メキシコ国内の関連会社に製造を移行する必要がある。

（2）行動4　利子損金算入や他の金融取引の支払いを通じた税源浸食の制限

　行動4の記載にあるような固定比率ルール（Fixed Ratio Rule）導入に

※1　マキラドーラとは1965年にメキシコ政府が海外企業誘致と国内の雇用促進を主な目的として制定した税制上の優遇制度で製品の輸出することを条件に原材料・部品、機械などを無関税で輸入できる保税加工制度をいう。
※2　Albergueとはメキシコ税制での納税者向けのタックス・シェルター制度のことをいう。

ついては金利の支払額が減価償却控除前利益（EBITDA）の10％〜30％に収まるべくルールを導入するかは引続き注視する必要がある。固定比率ルールの水準は産業によってはレバレッジを高くして事業を運営する必要性があるため、一概な水準を設定することには慎重な議論が必要である。二重課税を阻止するべく、資本除外ルール（Equity Escape Rule：当該法人の負債資本比率がグループ全体での負債資本比率を上回らない場合には金利支払を認めるルール）や繰越し、繰戻しの制度の導入も今後対応に注目したい。

（3）行動6　租税条約の濫用防止

メキシコ税務当局でもトリーティショッピングを阻止するため、行動6が掲げるミニマム・スタンダードを満たすような見直しを行っている。既に2014年度税制改正により、メキシコ税務当局は、関連者間取引に関して、支払先の海外居住者に対して租税条約の恩恵を受けていることを、証明する内容を要求できる体制をとっている。税務当局から当該要求を受けた場合、海外居住者の得た収入について租税協定の恩恵を受けており、かつ、この収入は、居住国において益金となることを、法定代理人を通じて書面において宣誓しなければならない。

また2014年1月1日以降、日本メキシコ租税条約では第10条の配当に課される源泉税規定が変更されている。変更後の源泉税は以下のとおりである。

(i) 日本居住者への最高税率：15％

(ii) 日本居住者がメキシコ会社の25％の株式を前年度末以前6か月以上保有していた場合：5％

(iii) (ii)の条件に加え、日本居住法人が株式上場しており、かつ、50％以上の株式について下記の要件のいずれか、あるいは複合的に満たす場合は、その所得は日本でのみ課税される。

（注）源泉税0％

(a) 政府等の公共機関が保有する場合

(b)日本居住者の一人以上が保有する場合

(c)日本居住法人の一法人以上が保有し、かつ、その法人の株式が上場されているか、その法人の50％以上の株式が日本居住者の1人以上に保有されている場合

　そのほか、今回の行動6が促すとおり、トリーティショッピングを阻止する具体策として、LOB（Limitation on Benefits）ルールとPPT（Principal Purpose Test）ルールのいずれか、若しくは併用を含むのか、今後注視したい。

（4）行動7　恒久的施設（PE）認定の人為的回避の防止

　行動7の内容に従い、メキシコでもPEの定義や、エージェント（Individual Agent）の定義を広義なものにする趣旨で、人為的な回避行為の防止を行っている。また、エージェントにちなんでコミッションエージェント（Commissionaire）の狭義な定義を行い、低価値活動に対する精査強化等、税務当局の審査は厳しさを増しているようにみえる。

　また、支店等のPEの場合、親会社への送金が配当の支払いとみなされ、課税される等、こちらも税務当局による積極的な態度がみられる。ただ、現段階において法人と違い税務上の純利益勘定に対しての規定や特にPEに対する明確な規定が現在ないため、税務当局の今後の見解を待つ必要がある。

　上記行動6で指摘をしたPPTルールの適用有無と併せて、行動7に適用になるか今後の動向に注目したい。

（5）行動8-10　移転価格税制と価値創造の一致

　メキシコの移転価格税制においては、OECDの移転価格ガイドラインに準拠する部分が多く、今回のBEPSについても前向きに導入をする予定である。ただ、Substance（実体）を中心とするBEPS条項に対して、Form（形式）を重んじるメキシコとしては、現行の法人税記載のなかで、このような新たなコンセプトを導入することは難しいと思われる。例えば、実体を重視するOECDの移転価格ガイドラインは、関連者間の契約

279

書をレファレンスとして考え、あくまで実体を重視している。こうしたBEPSの最終報告書に対し、契約書や証明書面に重きを置く、現在のメキシコ法人税法はアプローチが異なるため、完全な対応ができているとはいえない。よって、BEPSで謳っているリスクを判定するための6ステップ分析にいたっては、契約書に重きを置いているメキシコ法人税法（特に移転価格）においては相当な議論が必要になるであろう。そして、BEPSで触れている実体を重視するための「経営判断の所在」についても各国のエンティティの機能と役割を理解し、グループ全体の価値に対する各国の貢献度をみていくということが概念的には含まれていくであろうが、現在のメキシコ法人税法は対応が実現していない。また、DEMPE（Development, Enhancement, Maintenance, Protection, and Exploitation）というルールについても、特に製造業に関しては海外での主導で行われるケースが多いため、実際メキシコの国内法に含まれるかは不明である。

　また、メキシコでは間接的な費用に関する費用配分については、最高裁で一部は認められたものの、実体を伴う費用でない限り、推定コストをベースとした費用配分は、損金算入の否認要因となっている。また、最終報告書では低付加価値なサービスに関しても生じた費用に5％のマークアップを乗せることをガイドラインとしているが、現状は移転価格算定方法を選定し、その結果を分析として付加するという従来の手法と大きく変わらない。

　メキシコでは行動8-10の報告書の一部のみ適用していくこととなるであろう。

　マキラドーラについては既に移転価格スタディーを利用した優遇税制の2方法は廃止され[※3]、かつ、2003年に施行されたフォクス大統領のマキラドーラに対する優遇大統領令も廃止された。

※3　以前、所得税法で認められている計算方法又は調整方法を用いた移転価格分析報告書を作成することや、取引営業利益率法（transactional operating profit margin method）を用いた移転価格分析報告書を作成することでアームスレングスを証明できればマキラドーラの優遇税制の対象となっていたが2014年税制改正によりこれらの方式による優遇税制の適用は廃止された。

2014年度の税制改革をベースに課税所得の算出は、次のいずれかの方法に変更されている。

(i) セーフハーバー（Safe Harbor）

事業主体の所有する機械設備と在庫を含めた総資産の6.9%か

総費用の6.5%のいずれか高い方

(ii) 事前確認制度（APA）

また、企業単一税（IETU）の廃止により、カルデロン前大統領の優遇法人税率が廃止され17.5%から30%の一般法人税率に上昇した。結果、マキラドーラに対しては、多額の税負担が課せられることとなっている。

(6) 行動12　義務的開示制度

従来からの税務監査、DISIF[4]に加え、DIM（Anexo 9）[5]という情報申告を納税者は行わなくてはならない。海外関連者間取引がある場合、金額にかかわらず、申告の必要がある（過年度の海外関連者間取引額が30百万ペソ以下は3月31日までに申告。30百万ペソ以上は6月30日までに申告）。

また、2016年よりマキラドーラ向けにDIEMSE[6]という情報申告書も提出しなくてはならなくなっている（2016年は12月予定、翌年より6月になる予定）。

以前からの情報開示に加え、より多くの申告を提出することとなっている。

(7) 行動13　多国籍企業の企業情報の文書化

2016年税制改革にはBEPS第13項に含まれる移転価格に関連する内容を含んでいる。メキシコにPEを持つ法人を含む納税者で一定の基準を超

※4　DISIF（Declaración Informativa sobre su Situación Fiscal）とは税務監査の適用を受けない法人や一定の条件を満たした法人が毎年一定時期に税務当局に提出する税務関連情報申告書を指す。

※5　DIM（Declaración Informativa Múltiple）とはメキシコ税務当局が納税者に要求する、各種情報報告書を指す。特にAnexo 9は海外居住の関連当事者との取引情報についての開示を求め、毎年、一定時期までに申請をする。

※6　DIEMSE（Declaración Informativa de Empresas Manufactureras, Maquiladoras y de Servicios de Exportación）とはメキシコ、マキラドーラ企業向けの情報申告制度として税務当局が導入する新たな情報開示制度を指す。

える企業については　①マスターファイル　②ローカルファイル　③国別報告書の3つの文書を税務当局に提供することを義務付けている。これら書類の提出は2016年内より開始する年度から対象となり、2017年12月末日までに第1回目の書類を提出することとなっている。現行の税法上では移転価格に関し正確かつタイムリーな文書が準備されていないと、メキシコの公共機関との契約が組めず、また罰金も課せられる。

　BEPS対応については日本国内でも対象企業による準備が進んでいるが、日本のための資料準備に加え、メキシコでの基準を満たす日系企業についてはローカルファイルやマスターファイルの提出が必要であるため、今後対応を考えていかなくてはならない。

　メキシコ国内法に基づく基準は以下のとおりになるが、特にマスターファイルとローカルファイルについては、日本のグループ総収入の1,000億円を上回る基準より低い設定で行われているため、日本での準備を不要とする法人について、どう対応すべきか各納税者による検討が必要である。

①**マスターファイル**

　前年度において、644,599,005ペソ以上の課税収入がある会社等一定基準を満たした場合、当該企業グループの組織図、無形資産情報、関連当事者間との財務活動情報、税務・財務情報等を提出

②**ローカルファイル**

　前年度において、644,599,005ペソ以上の課税収入がある会社等一定基準を満たした場合、当該企業の組織図、事業内容・事業戦略の概要、関連者間取引の概要、当該企業の財務情報、比較対象企業・取引の財務情報等を提出

③**国別報告書**

　①②同様の一定基準を満たし、前年度連結売上120億ペソ以上の最終親会社が、グローバルの課税管轄レベルでの収入・納税額、国ごとの経済指標（収入、税引前利益、従業員数、固定資産等）、全てのグループ企業リスト等を作成。外国企業の子会社は作成不要

第4章 BEPSにおける各国の対応

◆ インド

1．概要

OECD 行動	対応
1	・2016年度インド政府予算案において提案された平衡税が、2016年5月27日に、2016年度財政法の一部として制定された。インドにPEを保有しない非居住者が、特定のデジタルサービスの対価として受け取った、または受け取る総額に対して、6％の平衡税が課される。
2	・政府が抑止効果を期待しているため、一定の規定が導入される予定となっている。
3	・CFC税制の導入はまだ決定されていない。全体像（投資家心理、対外投資、コンプライアンスに係る負担、関連費用等）を吟味のうえ、決定されることが予定されている。
4	・利子損金算入を制限するルールが何らかの形で導入される見通しである。 ・移転価格のベンチマークでの利子「率」の比較では不十分。利子支払額をテストする必要がある。
5	・実態に連動していない優遇税制がなく、プライベート・ルーリングの制度が設けられていないため、行動5の影響は大きくない見通しとなっている。
6	・PPTルールとLOBルールを組み合わせた手法が導入される可能性がある。
7	・行動計画で提案されている変更を鑑み、現行手法とともに事実関係に、より重点を置いて検討し、人為的なアレンジメントに照準が絞られる見通しである。
8－10	・最終報告書は、価値貢献に応じて利益を配分するというインドの見解に合致している。 ・勧告の一部は、直接法制化される可能性がある。
13	・文書化に関するルール及びガイダンスは今後、通達される。 ・2016年に発表した財政法案では、インドに構成事業体を有し、グループの連結売上高が7億5,000万ユーロを超える多国籍企業が、この新たな要件の対象となる。最初の国別報告書は、2016年4月1日以降に開始する事業年度から作成する必要があり、各対象事業年度の法人税の申告書提出期限、すなわち、11月30日以前に所定の法人税所管の税務当局に提出する必要がある。
14	・ミニマム・スタンダードの導入を確約した。

インド政府は国連のBEPSの状況に関する各国へのアンケートに答え、以下の事項を同国におけるBEPSの慣行として特定している。①国外関連者への支払いを通じた濫用的な移転価格による利益移転、②源泉地国における電子経済の非課税、③トリーティショッピング、及び④PEの人為的回避である。これらの行為についてOECDのBEPS最終報告書は、それぞれ①行動1、②行動3、③行動4、④行動6、⑤行動7、⑥行動8-10、⑦行動13、⑧行動15で幅広く取り上げている。

283

2．インドの主要対応策
（1）行動1　電子経済に係る課税上の課題への対処

　行動1では、BEPSに対抗する措置の1つとして平衡税の導入が検討された。これにならい、「オンライン／デジタル広告サービス」に平衡税が導入され（2016年6月1日施行）、約1,500米ドルの金額基準を超える場合6％で課税される。興味深いのは、平衡税が既存の所得税法（1961年成立）ではなく、別の法令で規定されたことである。行動1に準拠して、CBDTは電子経済における課税を調査研究し報告書を作成する委員会を立ち上げたが、最終的にこれによって平衡税が導入されることとなった。財務省並びに所得税部門からの上級職員、業界代表、インド勅許会計士協会代表、及び個人専門家によって、同委員会は構成された。委員会は平衡税の対象とすることのできるその他のデジタルサービスを特定したが、これにはクラウド・コンピューティング、ウェブサイトのデザイン、ホスティングとメンテナンス、デジタルスペースの提供、デジタル・プラットフォーム、ラジオ、テレビによる広告、商品及びサービスのオンライン販売に関する役務提供、ソフトウェア及びアプリケーションのオンラインによる利用又はダウンロードなどがある。インドの既存のサービス税制[※1]は、当初限定したサービスを対象とし段階的にその範囲を広げ、最終的には「例外リスト」に記載された以外の全てのサービスに適用されることとなったが、平衡税もこれと同様の進展を見せると見込まれる。委員会が示唆する平衡税の対象となるサービスの増加、そして税率の6％から8％への増加（こちらも委員会による推奨事項である）は、時間の問題であろう。

（2）行動3　外国子会社合算税制（CFC税制）の強化

　行動3において外国子会社合算税制（以下「CFC税制」という）が勧告される以前に、インドは当時の所得税法に代わる予定であった直接税法

※1　サービス税（サービスに賦課される間接税で大半の場合、サービスの消費者が負担）は当初特定のサービスだけを対象として課税されていた。しかし、毎年のように新しいサービスが課税対象となり、現在では、「除外リスト」により対象外とされたサービスの他は全てのサービスが課税対象となっている。

へCFC税制導入について議論をしていた。直接税法は撤回されたが、そこで提案された重要な変更事項は徐々に所得税法に盛り込まれていった。しかし、インドは発展途上の経済圏であり、国際的な事業展開をより自由に行う必要があるという政府の考えによって、CFC税制は導入されなかった。このように、CFC税制の導入は時期尚早であり、インドの成長を阻害することとなる。とはいえ、インドは、国外で具体的な実体を有さずに運営する事業体について、国外所得をインドで課税する、事業の実質的管理の場所（Place of Effective Management：POEM）ルールを導入している。

（3）行動4　利子損金算入や他の金融取引の支払いを通じた税源浸食の制限

行動4の利子損金算入や他の金融取引の支払制限に関して、インド政府はその最終的見解を固める前に、この勧告を非常に慎重に検討することとなる。それは、インドへの大規模な投資は融資の形をとっており、資本需要を抱える多くの企業は、融資に依存しなければ資本を獲得することができないためである。

（4）行動6　租税条約の濫用防止

租税回避のためのトリーティショッピングを防止し条約の濫用に対抗することは、税務当局にとって長い間の課題である。このような条約濫用対抗措置として、一般的租税回避防止規定（以下「GAAR」という）が2017年4月1日に施行される予定だが、これは直接税法2010で既に規定されていたものであり、特別に租税回避を目的とした取決め、又は取引を対象としている。多くの審議と納税者からの意見を受けた後、インド政府はGAARを通じて、単に租税回避を目的として行われた場合、そのような取引や導管の取決めを税務当局が再構築するという権限拡大の意図を表明したものである。インドは既にトリーティショッピングにつながる手段へ対抗する意図を表明しており、行動6はGAAR導入に対するインドの姿勢を正当付けている。上級税務職員によれば、BEPS最終報告書におい

てさえも、インドの法律におけるGAARの条文に対して否定的なことは何も述べられていない。実際、行動6はGAAR導入をその主要な目標の1つに挙げており、BEPS勧告はさらに進んだものであるとインドは確信している。インド税務当局によれば、既に国際的な傾向、又は規定は、より一般的租税回避防止を志向するようになり、BEPS成果物はこのような国内法によるGAAR法制を補完するものである。

　政府のもう1つの懸念事項は、タックス・ヘイブンを通じた株式の譲渡によるキャピタルゲインの租税回避である。インド政府は先ごろモーリシャス及びキプロスとの租税条約改正、並びにシンガポールとの租税条約におけるキャピタルゲイン例外規定の再考を促す高官協議によって、このような濫用に歯止めをかけている。行動6は、また、ミニマム・スタンダードとして、各国が条約において濫用防止を表明すること、そして特典制限（以下「LOB」という）ルール（条約の恩典を適格者に限定する客観的ルール）及びPPTルール（条約の恩典を取決めについて否認する主要目的テストに基づく主観的ルール）のいずれか、又は双方を組み合わせた防止策を採用することを求めている。インド政府は2つのアプローチの組合せの採用を考えている模様である。最初のテストとしてより客観的なLOBルールを適用することで、多くの取決めが制限の対象となる。取決めがLOBルールの対象とはならないが、明らかに条約の意図しない利益を得るという証拠がある場合に限り、PPTルールを適用することになる。したがってLOBルール及びPPTルールのアプローチの組合せが用いられた場合には、真正な取決めがこれらの対抗措置によって否定される例は多くないであろう。

（5）行動7　恒久的施設（PE）認定の人為的回避の防止

　行動7は、BEPSによってもたらされる濫用的取決めを利用した、PEの人為的回避を防止するために、現行の条約におけるPEの定義の再評価を重点的に取り上げている。行動7は作業の重要分野として次のように特定している。①コミッショネア・アレンジメントや類似の戦略について、

OECD モデル租税条約第5条第5項及び第6項における従属代理人 PE の現在の範囲を拡大する変更を勧告、②例外的活動の特定によって、準備的又は補助的活動の例外規定の間違った使用を確実に防止し、細分化禁止規則を導入、及び③人為的な契約分割のチェックである。現場の税務職員による攻勢的な姿勢がこれらの勧告を受けてさらに強くなり、いくつかの例では、常に外国法人はインドで PE を構成すると考え、当初の調査による認定だけでなく税務訴訟においても同様の考えを示している。多国籍企業が準備的又は補助的活動の例外規定を誤って使用した場合、現場の職員は直ちにこれを認めず、したがって、インドに PE を有するとされる。しかし、現場職員のとるアプローチにかかわらず、インドの税務裁判では従来常に租税条約において合意された条項を認め、そのような判決が下されてきていることに留意するのが適切である。したがって、行動7で提案された勧告が多国間協定、若しくは二国間の取決めによって導入されない限り、インドの税務裁判では行動7の勧告に沿ったものではなく、現行の条約の文言に従った判決が下されるであろう。

（6）行動8-10　移転価格税制と価値創造の一致

　行動8-10は、グループ企業間でリスクの移転又は過度な資本を配分するという納税者の濫用的な移転価格算定方法に対抗しようとするものである。

　独立企業原則についての改訂ガイダンスは、特に次の事項について言及している。①実際の取引の特定、②リスクの統制の意味、③実際の取引を移転価格上考慮しないことのできる状況、並びに④グループ間役務提供に対する移転価格の算定、費用分担契約、及びコモディティ取引についての指針である。

　インドの移転価格法が行動8-10を有効とする画期的な変化を遂げる可能性は低い。しかし調査手続においては、税務当局により強力な支援を与えることになり、それによって税務当局は、契約された取決めと実際の行動との間に何らかの相違を感じた場合、「実際の取引を正確に記述する」

ことを断固として求めるであろう。

（7）行動 13　多国籍企業の企業情報の文書化

　インドの移転価格税制は最近改正され、行動 13 で推奨される「三層構造の文書化要件」が、前年度の連結売上高が 7 億 5,000 万ユーロ超の多国籍企業に対し 2016 年 4 月 1 日から施行されている。この要件がどのように実施されるかについての詳細な規則はまだ公表されていないが、改正法は行動 13 で協議された案に沿ったものである。国別報告書で開示が求められるデータは、その多くが本来的に社外秘であり戦略的なものである。十分な保護措置が取られておらず、これらのデータについては情報保護上の懸念がある。国別報告書は税務当局にとってのリスク評価ツールであり、今後、税務当局は大きな情報源を手にすることになる。そのため詳細な規則（所轄税務署に対する直接税中央委員会（以下「CBDT」という）からの内部ガイドラインの発遣を含む）によって、国別報告書を移転価格調査で利用することのできる状況を明記することが望まれる。

（8）行動 15　多数国間協定の策定

　行動 6 で提案された変更点の多くは、同計画が提案する対抗措置を採用するための多数国間協定の締結で導入されるが、インドはこのような多国間協定の署名を待つことはしない模様である。上級税務職員の一人がある公開フォーラムで語ったところによれば、行動 15 に基づいて締結される多数国間協定と二国間の取決めとの間に抵触が起きる可能性は低いとのことである。これは、多数国間協定による変更は二国間協定による変更よりも優先されるため、(多数国間協定を選択した) 各国が多数国間協定に参加する段階で、二国間で既に採用されている手続を補完することになる。

（9）総括

　このようにインドに拠点を有する多国籍企業は、新たな規範において問題なく継続していけるかを判断するために、サプライチェーン、企業の保有及び資金調達ストラクチャーを再検討する必要に駆られることとなる。

　インド政府は、OECD の勧告についてさらに利害関係者と協議を行う

模様であり、インドの租税及び経済シナリオにできるだけ融和的に統合していくことを目指している。

◆ 欧州連合（EU）及び英国・オランダ・ドイツ

1．概要

■ EU

OECD 行動	対応
1	・特別の行動が必要とされていないということに EU は合意するが、一般的租税回避防止に関する諸施策（general anti-avoidance measures）がデジタル経済上のリスクに対応するのに十分であるかどうかをモニタリングしていく。 ・Ｂ２Ｃの電子サービス課税に係る仕向地主義（destination principle）への転換を含む 2008 年改正 VTA 指令が既に 2015 年 1 月 1 日から発効している。
2	・2014 年 7 月、ハイブリッド・ローンによる「二重非課税」を防止する条項の導入を目的とする「親子会社指令」の改正が採択された。 ・2016 年 7 月に採択された「租税回避防止指令(Anti-Tax Avoidance (ATA) Directive)」；以下「ATA 指令」という）には、ハイブリッド・ミスマッチの取決めに対応するための条項が含まれている。
3	・ATA 指令には、CFC ルールが含まれている。
4	・ATA 指令には、利子損金算入制限規定が含まれている。
5	・タックス・ルーリング：2017 年以後、全てのクロスボーダーのルーリングに関する自動的情報交換が EU 加盟国に義務化される。 ・パテントボックス：EU 加盟国は、自国のパテントボックス税制を（2014 年の行動規範グループによる）ネクサス・アプローチと合致させるようにすることを合意している。
6	・2016 年 1 月、欧州委員会は、EU 加盟国が締結する租税条約には、EU 法を遵守するように留意しつつ、主要目的テスト（PPT）に基づく一般的租税回避防止規定を導入することを勧告している。
7	・2016 年 1 月の ATA パッケージで、欧州委員会は、EU 加盟国が締結する租税条約には、改訂後の OECD モデル租税条約第 5 条（PE の定義）の新条項を使用することを奨励している。
8 – 10	・Joint Transfer Pricing Forum (JTPF) が、移転価格に関する EU のアプローチのレビューおよび改定作業を行っている。 ・JTPF の作業には、移転価格における経済的分析の多用、企業の内部システムの有効利用、および移転価格行政の改善が含まれている。
11	・アグレッシブなタックス・プラニングのいくつかのタイプが EU 加盟国の実効税率に与える影響に関する研究が、EU で進行中である。
12	・欧州委員会は、この問題を課税上の透明性（tax transparency）の課題の一部としてレビューを継続していく。
13	・2016 年 1 月の ATA パッケージで、OECD の行動 13 の勧告による国別報告書を EU 加盟国の税務当局間で自動的情報交換の対象とすることを加盟国に義務化することが提案され、当該義務を導入する「課税分野における行政協力指令」の改訂が 2016 年 5 月、採択された。 ・EU では、上記の OECD の行動 13 とは別に、EU 独自の要件に基づく国別報告書の公衆への開示義務制度（public CbCR）の導入（「会計指令」の改訂案）に関する審議が継続中である。
14	・2016 年 11 月までに、欧州委員会は、EU における紛争解決を改善する措置を提案する予定である。
15	・2016 年 1 月の ATA パッケージで、欧州委員会の租税条約に関連する問題についての見解を提示しており、EU 加盟国は多国間協定の交渉に際して考慮すべきものとされている。 ・ATA 勧告は、欧州委員会の租税条約に関連する問題についての見解を提示しており、EU 加盟国は多数国間協定の交渉に際して考慮すべきものとされている。

第4章 BEPSにおける各国の対応

■英国[※1]

OECD行動	対応
1	・VATは、B2Cの電子サービス課税に係る仕向地主義（destination principle）への転換を含むEUの2008年改正VAT指令に基づく国内法改正（2015年1月1日から適用）により、既にOECDの勧告には概ね対応済みである。 ・新たなデジタル技術やビジネスモデルの急速な進展状況に照らして、特定の租税上の課題に対応するための追加施策の必要性を判断するために、対外協力及びOECDの今後の取組みに継続して参画する。
2	・2016年度財政法には、目的テストに基づく既存の裁定取引防止（Anti-arbitrage）ルールに代えて、OECDで合意されたリンキング・ルールを導入するハイブリッド・ミスマッチ対策条項が含まれており、2017年1月1日から適用される。 ・OECDの勧告に概ね沿ったものであるが、恒久的施設（PE）に関連するハイブリッド・ミスマッチにも適用範囲が拡大されている。
3	・現行CFCルール（2012年改正）に関する改正の予定はない。
4	・2017年度財政法（案）には、OECDが勧告するベストプラクティス・アプローチに沿った利子損金算入制限規定が含まれており、2017年4月1日から適用される。 ・既存の利子損金算入制限規定の一つであるWorldwide Debt Capルールは、これに伴い廃止されるが、より制限的な修正Debt Capルールにより代替される。 ・新ルールは、税務上のEBITDAの30%を上限とする固定比率ルール及び修正Debt Capルール並びにグループ比率ルール、さらに、純利子200万ポンドを閾値とするデ・ミニミス・ルール等を導入する。
5	・2016年度財政法には、OECDで合意された修正ネクサス・アプローチに沿ったパテントボックスの税制改正が含まれており、新ルールは原則として、2016年7月1日以後に創造された知的財産又は同日以後にパテントボックスに申請した企業に適用される。 ・パテントボックスは、2013年4月1日から適用開始された知的財産に係る優遇税制であるが、新ルールは、研究開発に係る総支出に占める適格支出（自社内における研究開発の直接支出額等）の割合を優遇税制（税率10%）の対象となる適格所得の算定方法にリンクさせることにより、十分な実体を伴う経済活動を優遇税制適用の前提条件とし、利益移転を防止することを政策目標としている。 ・2017年以後、全てのクロスボーダーのルーリングに関する自動的情報交換がEU加盟国に義務化される。
6	・日英租税条約を含むいくつかの既存の租税条約には、特典制限（LOB）条項が含まれている。 ・日英租税条約を含むいくつかの既存の租税条約には、主要目的テスト（PPT）が含まれている。 ・多国間協定による租税条約改正による対応策に関して、下記の行動15を参照。
7	・PE認定の人為的回避防止規定を含む国内法改正による対応策としてOECDによる勧告（2015年10月）に先立ち、2015年4月1日から、迂回利益税（Diverted Profit Tax; 以下「DPT」という）を導入している。 ・DPTは、①外国法人が英国における課税対象となる存在（PE）の認定を人為的に回避している場合及び、②英国法人又は外国法人の英国PEがあり、経済実体を欠く事業又は取引を起因とする一定の税負担軽減（effective tax mismatch）が発生する場合が適用対象となり、一種のペナルティとして、通常の法人税率よりも高い25%の税率が適用される。上記の2つの適用対象のうち、①は行動7に関連しているといえる。 ・多数国間協定による租税条約改正による対応策に関して、下記の行動15を参照。
8 – 10	・2016年度財政法には、英国の移転価格ルールとOECDで合意された最新の移転価格ガイドラインとの連携関係を維持するための改正が含まれている。
11	・各国租税上のリスク分析の向上に資するデータへのアクセスを改善するため、納税者の機密を保護しつつ、国際的に一貫した方法によりデータを提供する。

※1　英国歳入関税庁（HMRC）が2016年3月16日に公表した"Business tax road map"を基に、加筆修正

OECD 行動	対応
12	・英国では義務的開示制度が 2014 年に導入されているが、租税行政に関する OECD フォーラムを通じて、国際的な取組みを行う。
13	・行動 13 の勧告による国別報告書について、2016 会計年度を報告対象初年度とし、2017 年末を最初の提出期限日とする制度を既に導入済みである。 ・さらに、2016 年度財政法には、議会による修正決議の結果、上記の行動 13 を超えた国別報告書の開示義務制度（public CbCR）を英国歳入関税庁（HMRC）が必要に応じて導入する権限を有するという条項が含まれている。
14	・英国は、強制的・拘束的な仲裁規定（mandatory binding arbitration）を紛争解決手段として採用することを公約し、多国間協定の条項の一部としての立案作業に協働して取り組んでいる。
15	・英国は、100 か国以上が参画する多国間協定立案作業の議長国を務めており、多数国間協定は 2016 年末までに完了している。

■オランダ

OECD 行動	対応
1	・VAT は、Ｂ２Ｃの電子サービス課税に係る仕向地主義（destination principle）への転換を含む EU の 2008 年改正 VAT 指令に基づく国内法改正（2015 年 1 月 1 日から適用）により、既に OECD の勧告には概ね対応済み。
2	・2016 年度税制改正で、EU の親子会社指令改正によるハイブリッド・ミスマッチ対策条項に基づき資本参加免税制度が改正され、2016 年 1 月 1 日より施行されている。 ・EU による ATA 指令の採択により、ATA 指令に含まれるハイブリッド・ミスマッチ対策条項につき国内法制化の義務があり、2019 年 1 月 1 日から施行される予定であるが、詳細は未定である。
3	・EU による ATA 指令の採択により、ATA 指令に含まれる CFC ルールにつき国内法制化の義務があり、2019 年 1 月 1 日から施行される予定であるが、詳細は未定である。
4	・EU による ATA 指令の採択により、ATA 指令に含まれる利子損金算入制限規定につき国内法制化の義務があるが、詳細は未定である。
5	・2017 年度税制改正において、OECD で合意された修正ネクサス・アプローチに沿ったイノベーションボックスの税制改正を 2017 年 1 月 1 日より施行される。 ・2017 年以後、すべてのクロスボーダーのルーリングに関する自動的情報交換が EU 加盟国に義務化される。
6	・オランダは日蘭租税条約を含む多くの租税条約に LOB 条項を採用しているほか、いくつかの発展途上国との租税条約では条約濫用防止条項に合意している。 ・また、実体に関する国内法上の要件が制定され、情報交換協定の数も増やしている。 ・日蘭租税条約上の LOB 条項が EU 法に違反するため修正を要請するという欧州委員会による理由付意見の発出の動向が注目される。 ・多国間協定による租税条約改正による対応策に関して、下記の行動 15 を参照。
7	・オランダは恒久的施設（PE）の新たな概念を支持している。 ・多国間協定による租税条約改正による対応策に関して、下記の行動 15 を参照。
8 – 10	・2013 年 11 月に施行された移転価格法令に依拠するオランダの既存の移転価格方針は、行動 8 – 10 の成果物に含まれる OECD の新移転価格ガイドラインに沿っている。さらに、2015 年 12 月に施行された法令により行動 13 に基づく移転価格文書要件が加えられた。
13	・行動 13 の勧告による国別報告書について、2016 会計年度を報告対象初年度とし、2017 年末を最初の提出期限日とする制度を既に導入済みである。
14	・日蘭租税条約にも含まれているが、新条約の締結または既存条約の改正の際には、拘束力を有する仲裁条項を入れるというのがオランダ当局の意向である。
15	・オランダは、100 か国以上が参画する多国間協定の立案作業に参画しており、多国間協定は 2016 年末までに署名に向けた準備が 2016 年末までに完了している。

第4章　BEPSにおける各国の対応

■ドイツ

OECD行動	対応
1	・VATは、B2Cの電子サービス課税に係る仕向地主義（destination principle）への転換を含むEUの2008年改正VAT指令に基づく国内法改正（2015年1月1日から適用）により、既にOECDの勧告には概ね対応済み。
2	・一定のハイブリッド・ミスマッチ防止規定としては、裁定取引防止（Anti-arbitrage）ルールが既にあるが、OECDの勧告に基づく改正については検討中。 ・EUによるATA指令の採択により、ATA指令に含まれるハイブリッド・ミスマッチ対策条項につき国内法制化の義務があり、2019年1月1日から施行される予定であるが、詳細は未定である。
3	・ドイツには、既に詳細なCFCルールがある。 ・EUによるATA指令の採択により、ATA指令に含まれるCFCルールにつき国内法制化の義務があり、2019年1月1日から施行される予定であるが、詳細は未定である。
4	・2007年以降、支払利子の損金算入可能額に30％のEBITDA比率制限を課すルールを既に導入している。 ・ライセンス料の支払いに関しても、支払利子の制限のルールと類似のルールを適用するべきかディスカッションが行われている。 ・また、支払利子に関して"principle of correspondence"（利子の受取国において課税がされた場合のみにドイツで損金算入がされるという原則）が適用されるかのディスカッションが始まっている。
5	・2017年以後、全てのクロスボーダーのルーリングに関する自動的情報交換がEU加盟国に義務化される。
6	・ドイツは、新日独租税条約を含む多くの租税条約にLOB条項やPPTを採用している。 ・ドイツの税法は、租税条約をオーバーライドする国内法規定、国内法としての租税条約濫用防止規定を含んでおり、その一部は最近強化されている ・ドイツ憲法裁判所は、最近、租税条約をオーバーライドする国内法規定が国際法違反に当たらないという判断を下した（2 BVL 1/12）。 ・多国間協定による租税条約改正による対応策に関して、下記の行動15を参照。
7	・多国間協定による租税条約改正による対応策に関して、下記の行動15を参照。
8 – 10	・行動8-10の根本的な原則である独立企業間原則は既にドイツで適用されている。当該原則はドイツの全ての租税条約に含まれている。
13	・行動13の勧告による国別報告書について、2016年1月1日以後開始事業年度を報告対象初年度とし、2017年末を最初の提出期限日とする制度を既に導入済みである。
14	・ドイツは、強制的・拘束的な仲裁規定（mandatory binding arbitration）を紛争解決手段として採用することを公約し、多国間協定の条項の一部としての立案作業に協働して取り組んでいる。
15	・ドイツは、100か国以上が参画する多国間協定の立案作業に参画しており、多国間協定は署名に向けた準備が2016年末までに完了している。

　欧州連合（EU）は、28か国の加盟国により構成されており、そのうち、22か国はOECD加盟国でもあるが、ブルガリア、リトアニア、マルタ、ルーマニア、クロアチア、及びキプロスの6か国は、OECD加盟国ではない[※2]。BEPSプロジェクトは、そもそも、2012年にG20がOECDに対

※2　OECD加盟国は、35か国。なお、加盟国数は、いずれも2016年9月現在の数字。

して行動計画の策定を要請したことを端緒としており、OECD＋G20の共同プロジェクトとして推進されている。EU は G20[※3]の構成メンバーとして、当初から、BEPS プロジェクトに積極的に参画している。

EU の全加盟国は、OECD による自動的情報交換（AEOI）の署名国であり、「税の透明性及び税務目的の情報交換に関するグローバル・フォーラム」の加盟国[※4]でもある。また、EU の全加盟国は、多国間条約である税務行政執行共助条約[※5]の署名国でもあり、エストニアを除く 27 か国は、「租税条約改正のための多国間協定」（行動 15 関連）に既に署名している。

EU が OECD＋G20 の BEPS 各行動にどのように対応しているかを個別に検討する前に、EU の諸機関の機能と役割を確認しておくことが理解を深めるうえで有用と思われる。そこで、まず初めに、欧州委員会、理事会（閣僚理事会）、欧州議会、欧州理事会という 4 つの主要機関について概観する[※6]。

（1）欧州委員会（European Commission）[※7]

欧州委員会は、政策の立案及び法案の提出という EU の立法（提案）機関としての役割、並びに、EU 法の施行及び遵守・監督という EU の行政執行機関としての役割を兼ねている。

EU の立法手続の特徴として、法案提出権（立法提案権）が、原則として、欧州委員会に独占されているということがある。欧州議会や理事会は、法案を自ら提出することはできず、一定の手続を経て欧州委員会に法案提出を要請することはできるが、欧州委員会はそれに応じる義務はない。

また、欧州委員会は、採択された EU の法令（規則、指令等）を実施す

※3　G20（The Group of Twenty）の構成メンバーは、19 か国及び EU であるが、19 か国のうちには、OECD 加盟国でない 9 か国（アルゼンチン、ブラジル、中国、インド、インドネシア、ロシア、サウジアラビア、南アフリカ、トルコ）が含まれている。
※4　グローバル・フォーラムの加盟国は、135 か国（2016 年 8 月現在）
※5　正式名称は「租税に関する相互行政支援に関する条約」
※6　EU の諸機関に関する記述については、中村民雄『EU とは何か』（信山社、2015 年）、庄司克宏『はじめての EU 法』（有斐閣、2015 年）、及び庄司克宏『新 EU 法　基礎篇』（岩波書店、2013 年）等を参照している。
※7　欧州委員会に関する記述については、駐日欧州連合代表部 EU MAG　2016 年 5 月号（http://eumag.jp/question/f0516/）も参照している。

■図表1　EUの主要機関

欧州議会	理事会（閣僚理事会）
EU市民を代表して立法を採択・意見を表明 5年ごとのEU市民による直接選挙で選ばれる議員で構成	立法を採択・EU加盟国間の国益を調整 各EU加盟国の閣僚級の代表で構成 政策分野ごとに会合を編成
欧州理事会	欧州委員会
EUの大局的な方針を決定 各EU加盟国の首脳（国家元首又は政府の長）、常任議長である理事長及び欧州委員会委員長で構成	EUの公益の観点から政策を立案 立法を提案、EU法の執行及び遵守 28人の委員及び3万人以上の職員を擁する官僚機構

出典：欧州連合代表部　EU MAG　2016年5月号を基に加筆修正

るとともに、各EU加盟国がEU法を遵守・執行しているかどうかを監視し、EU法違反があれば、EU司法裁判所に提訴する等の行政を執行している。

　欧州委員会は、日本の省庁に相当する45の分野別の総局（Directorate-General：DG）及びサービス（Services）により構成されている。租税問題に関して最も重要な役割を果たしているのは、税制・関税同盟総局（Taxation and Customs Union Directorate-General、以下「DG TAXUD」という）であるが、近年では、後述する「国家補助」（State Aid）に関連して、EU競争法遵守の観点からEU加盟国のタックス・ルーリング等を監視・調査する競争総局（Competition Directorate-General、以下「DG COMP」という）の役割の重要性も高まってきている。

（2）理事会（Council）

　理事会は、各EU加盟国政府の閣僚級代表（大臣）により構成されており、欧州理事会（European Council）と混同されやすいことから、「閣僚理事会」（Council of Ministers）又は「欧州連合（EU）理事会」（Council of the European Union）とも呼ばれている。理事会は、欧州議会とともに、EUの立法（採択）機関としての役割を果たしている。

①通常立法手続と特別立法手続

　理事会は、欧州委員会からの立法提案に基づいて、立法採択権を有するが、多くの場合は、「通常立法手続」をとおして、理事会と欧州議会とが共同で立法を対等に採択する権限を共有する。通常立法手続の場合、理事会の議決方式は、「特定多数決」が原則とされており、欧州委員会が提案

した法案の場合には、可決要件は、55％以上のEU加盟国（15か国以上）の賛成、かつ、賛成諸国の人口の合計がEU総人口の65％以上とされている。ただし、実際には、特定多数決によらず、コンセンサスの形成による決定が理事会の慣行となっている。

一方、税制を含む一定の分野では、議会の役割が限定される「特別立法手続」に従い、理事会が単独で立法を採択する。ただし、税制に関する事項は、理事会の全会一致の賛成が必要とされる。この税制に係る特別立法手続においては、欧州議会は諮問的意見を表明することができるに留まり、欧州議会が表明する意見には法的拘束力もない。

②経済・財務相理事会（Economic and Financial Affairs Council、以下「ECOFIN」という）

理事会は単一の機関ではあるが、理事会の会合は政策分野別に開催されている。その分野別理事会の1つに、経済・財務相理事会（ECOFIN）があり、各加盟国の経済大臣と財務大臣で構成されている。税制関連の立法採択機関としての役割は、このECOFINが担当している。なお、理事会は、6か月単位の輪番制で議長国（presidency）を置いているが、近年、議長国は就任後に、BEPSの行程表（roadmap）を公表しており、ECOFINによる立法採択に関する短期（6か月）及び中期の計画を認識することができる。

③行動規範（Code of Conduct）グループ

ビジネス課税に関する行動規範範（Code of Conduct on Business Taxation）グループは、主として、ビジネス課税に関する行動規範（1997年12月に採択）の対象となる潜在的な有害税制の発見と査定を行っている。さらに、有害税制に関する情報の提供を監督している。

行動規範に従って、EU加盟国は、有害な租税競争の原因となるような既存の税制を廃止し、将来、新たにそのような税制の導入を行わないことを公約している。行動規範は、法的拘束力のある政策手段ではないが、行動規範を締結することで一定のレベルの政治的影響力を行使することが可

能となり、結果的に、新たな法律の制定に至る場合もある。

　2016年3月、理事会は、ビジネス課税に関する行動規範グループのプロセスを強化し、行動規範グループの作業の透明性を高めるという結論を採択した。

（3）欧州議会（European Parliament）

　前述したとおり、欧州議会は、通常立法手続においては、立法の採択に関しては理事会と対等の権限を共有する。他方、特別立法手続においては、議会は意見を表明する（諮問する）役割しか担っておらず、理事会は議会による決議等により拘束されることはない。したがって、租税に関する立法の採択に関しては、欧州議会は諮問的意見を表明することしかできない。

　また、欧州議会は、法案を自ら提出することはできない。しかしながら、欧州議会は、近年、租税政策に関して積極的に取り組んでおり、欧州委員会に対して立法提案を要請する多数の勧告を報告書として作成し、欧州議会の決議で採択している。これらの決議には、法的拘束力はないが、欧州委員会による立法提案を政治的に後押しする役割を果たしている。

①タックス・ルーリング等に関する特別委員会

　欧州議会は、2015年2月、「タックス・ルーリング及び性質又は効果の面で類似する他の諸施策に関する特別委員会（以下「TAXE」という）」を結成した。当該委員会は、1991年1月にまで遡り、EU加盟国のルーリング慣行をレビューすることを委任された。数か月にわたる実情調査に関する公聴会を経て、TAXEは報告書を公表し、それが、2015年11月25日の欧州議会の本会議において圧倒的多数で採択された。この報告書では、OECDのBEPS行動計画が妥協の産物であり、租税回避の問題に十分に対応しきれてはいないという認識に基づいて、EUレベルでのさらなる行動の必要性が強調されている。2015年12月2日、欧州会議は新たな委任のもとで、TAXEの取組みを6か月間継続するための措置を承認した。

②経済・金融委員会（Economic and Monetary Affairs Committee：ECON）

　欧州議会のメンバーは、常任委員会に分かれて活動しているが、常任委員会は、とりわけ、立法上の提案又は法令改正について指導する役割を担っている。

　2014年11月のルクセンブルクのタックス・ルーリングに関する違法な漏洩（いわゆる「ルクスリークス」事件）後、「国家補助」に関する欧州委員会による継続調査に対する公衆の関心の高まりを受けて、欧州議会は、EUにおける租税の透明性、租税政策にかかわる調整及び収斂に関する立法報告書の作成に着手することを決定した。同年12月、欧州議会は、ECONが作成した報告書を欧州委員会への勧告として採択した。

（4）欧州理事会（European Council）

　欧州理事会は、各EU加盟国の首脳（国家元首又は政府の長）、常任議長である理事長及び欧州委員会委員長により構成される。欧州理事会は、EUの最高意思決定機関ではあるが、理事会（閣僚理事会）とは異なり、立法権限は有していない。一般的な政治方針及び優先順位などのEUの大局的な方針を決定する。年4回の定例会合のほか、臨時会合もよく開催されている。欧州理事会の意思決定は、原則として、コンセンサスの形成により行われる。

2．EUの主要対策

（1）BEPSに対するEUの取組み―政策課題

　前述したとおり、EUはG20の構成メンバーとして、BEPSプロジェクトに積極的に参画しているが、EU加盟国内にはOECD加盟国ではない国も6か国あり、EU域内の全加盟国に対して一貫した整合性のある税制を同時に導入するためには、EUレベルでの立法措置や執行が必要となる。さらに、EUは、OECDとはやや異なる独自の政策課題を掲げている。例えば、租税に関する透明性の向上という政策課題の面で、一般的には、

OECDによるBEPSの政策課題からは乖離しているとみられている「国別報告書の開示義務（public CbCR）」を立法化しようとしている。

2012年12月、OECDによるBEPSイニシアティブの開始に先立ち、DG TAXUDは、行動項目（Action Plan to strengthen the fight against tax fraud and tax evasion）を発表して、アグレッシブなタックス・プランニング等に対処するためのイニシアティブを立ち上げている。それ以来、EUの政策課題とOECDの政策課題との調整を図りながら、継続的にこれらの行動項目に取り組んでいるが、EUのBEPSに対する一連の取組みは、2015年3月に発表された「租税の透明性パッケージ」（Tax Transparency Package）並びに2016年1月に発表された「租税回避防止パッケージ」（Anti-Tax Avoidance Package）という欧州委員会による2つの政策パッケージに概ね集約されていると思われる。

①租税の透明性パッケージ

2015年3月、欧州委員会は、EU域内の法人税回避及び有害な租税競争に取り組むための政策課題の一環として、EU域内における課税上の透明性を高めるための一連の諸施策として、「租税の透明性パッケージ」（Tax Transparency Package）を発表した。

最も重要な項目としては、事前確認制度（APA）を含むクロスボーダーの（事前）タックス・ルーリングに関するEU加盟国間の自動的情報交換義務の導入が挙げられる。他の項目としては、一定の税務情報の開示（public disclosure）などの課税上の透明性を要求する新制度の実現可能性を検討することや、ビジネス課税に関する行動規範のレビューを実施し、EU域内における公正で透明な租税競争を確保すること等がパッケージとして提案された。

② 2015年6月の行動計画

2015年6月、欧州委員会は、EU域内の法人課税改革のための包括的な行動計画（A Fair and Efficient Corporate Tax System in the European Union：5 Key Areas for Action）を公表した。この計画には、2011年

のEUの共通連結法人税課税標準（Common Consolidated Corporate Tax Base、以下「CCCTB」という）の提案を再検討することが含まれていた。欧州委員会は、CCCTBの義務化と段階的実施（すなわち、共通の法人税課税標準に関する合意が得られるまで、連結に関する作業を先送りにすること）を提案した。共通の法人税課税標準の導入により、EU加盟国間の税制の不整合を除去し、有害な租税競争の範囲を縮小することが期待されている。

　ECOFINは、欧州委員会が、アグレッシブなタックス・プランニング対策をCCCTB指令案の提案から切り離し、それらの対策をEUにおける租税回避防止指令案に統合することにより、CCCTB提案を分割するよう提案した。したがって、欧州委員会には、立法上の提案及び非立法上の提案として、以下の2つのパッケージを提出するという任務が課せられた。

- CCCTBプロジェクト再開のための新たな立法上の提案
- 立法上の対策及び非立法上の対策からなる租税回避防止パッケージ

③租税回避防止パッケージ

　2016年1月28日に欧州委員会は、次の4つの柱によって構成される租税回避防止のための政策課題（Anti-Tax Avoidance Package、以下「ATAパッケージ」という）を発表した。このATAパッケージは、過去数年間に及ぶ欧州委員会を始めとするEU諸機関によるBEPS関連の取組みの1つの集大成として位置付けられる。

- 租税回避防止指令（Anti-Tax Avoidance Directive、以下「ATA指令」という）
- 租税条約濫用防止のための勧告
- 国別報告書の自動交換義務を導入するための行政協力指令の改正
- 効果的な課税のためのEUの対外戦略のフレームワークに関する提言

第4章　BEPSにおける各国の対応

■図表2　租税回避防止パッケージの構成要素

租税回避防止パッケージ			
概要説明（Chapeau Communication）			
租税回避防止指令	租税条約に関する勧告	改正行政協力指令	対外戦略に関するコミュニケーション
法的拘束力を有する租税回避対抗措置	濫用防止のための租税条約改正に関する助言	税務当局間の国別報告書の情報交換	良好なタックス・ガバナンスの国際的な促進
スタッフ・ワーキング文書			
アグレッシブなタックス・プランニングに関する研究			

出典：欧州委員会のウェブサイト※8

（2）BEPS に関連する EU のこれまでの実績―OECD の BEPS 行動との対応関係

①親子会社指令の改正《行動2》

(i)ハイブリッド・ローン対抗条項

　　親子会社指令（Parent-Subsidiary Directive）は、異なる EU 加盟国に所在する関連企業間での配当支払に係る源泉徴収税を廃止し、かつ、子会社からの利益配当に係る親会社レベルでの「二重課税」を防止することにより、EU 域内の企業グループ間の利益配当の領域において、租税上の障壁を撤廃することを元来の目的としていた。

　　ところが、近年、この親子会社指令を利用した租税回避行為が問題視されるようになり、2014 年6月、ECOFIN は、ハイブリッド・ローンの取決め（当事者の一方には資本として、他方には負債として取り扱われるローン）を起因とする、企業グループ内の分配利益に係る「二重非課税」を防止する条項の導入を目的とする親子会社指令の改正を採択した。

(ii)一般租税回避防止規定[9]

　　さらに、（行動2ではカバーされない租税回避への対策として）

※8　"Anti Tax Avoidance Package"
　　https://ec.europa.eu/taxation_customs/business/company-tax/anti-tax-avoidance-package_en
※9　利子・使用料指令にも GAAR を導入するという改正案がまだ審議中である。

301

2015年1月、ECOFINは、親子会社指令への一般租税回避防止規定（General Anti-Abuse Rule、以下「GAAR」という）の導入に係る改正を採択した。

EU加盟国は、上記(i)及び(ii)の両改正を2015年12月31日までに国内法に反映させなければならないこととされた。

②有害税制への対抗―行政協力指令[※10]の改正《行動5》

(i) タックス・ルーリング及び事前確認制度（APA）に係る自動的情報交換義務

2015年12月、ECOFINは、タックス・ルーリング及び事前確認制度（Advance Pricing Arrangements、以下「APA」という）を自動的情報交換義務の対象に追加することを目的とする「租税分野における行政協力」指令の改正を採択した。加盟国は、本改正を2018年12月31日までに国内法に反映させなければならないこととされた。

新たなルールは、2017年1月1日から適用開始される。改正指令のもとで、EU加盟国はクロスボーダーの事前タックス・ルーリング及びAPAに関する自動的情報交換が義務付けられることになる。さらには一定の制限内で欧州委員会に、サマリーを報告する義務を負う。欧州委員会は、安全なセントラルディレクトリを開発し、交換の対象となる情報をそこに保存することを計画している。

なお、EU加盟国は、2017年1月1日までの5年間に発行、修正、更新されたルーリングについて情報交換を実施する義務を負うが、2012年から2013年の間に発行されたルーリングについては、2014年1月1日時点で有効であったもののみが情報交換の対象となる。

③有害税制への対抗―国家補助（State Aid）《行動5》

EU加盟国が選択的に（selective）納税者に「国家補助」を賦与することは、一般的に、EU法違反として認められない。国家補助と考え得る

※10　正式名称は、課税分野における行政協力指令（Administrative Cooperation in the Field of Taxation）

措置が、欧州委員会の事前承認を経ずに採用されたことを発見した場合、DG COMPは、国家補助調査を開始することができる。原則として、以下の４つの要件を全て満たした場合には、「国家補助」と認定される。

(i)国家による介入若しくは国家のリソースを通じた介入
(ii)介入が選ばれた対象者のみを優遇
(iii)競争が歪んだか歪む可能性
(iv)介入がEU加盟国間の貿易に影響を及ぼす可能性

企業が、違法な国家補助と認定されるような税制の恩恵を受けていた場合には、当該企業は、税務上の恩典の結果生じた税金の減額分に加えて、（複利計算による）利子を返還しなければならない場合がある。

2013年以降、欧州委員会は、様々なタックス・ルーリングや税制を精査してきた。

例えば、オランダとルクセンブルクが多国籍企業２社に交付した２つのタックス・ルーリングに関して、2015年10月21日、欧州委員会は、オランダとルクセンブルクが当該多国籍企業に対して違法な国家補助を賦与したとする最終的な決定を公表した。この決定は、欧州委員会が、2014年にアイルランド、ルクセンブルク及びオランダに関して開始した４つの調査のうちの２つに対する決定である。両加盟国ともEU一般裁判所（下級審）に訴え、必要に応じて最終的には、EU司法裁判所に上訴する予定であることを発表した。欧州委員会は、両加盟国に対し、現地子会社に賦与したとされる利益を返還請求するよう命じた。

また、最近の例として、2016年8月30日、欧州委員会は、アイルランドが多国籍企業に対して違法な国家補助を賦与したとする最終的な決定を公表した。欧州委員会は、アイルランドが賦与した２つのタックス・ルーリングが当該企業による納税額を人為的に低くしたという決定を下した。

④租税回避防止指令（ATA指令）《行動２、３、４》

2016年7月12日、ECOFINは、ATA指令を正式に採択した。このATA指令は、OECDのBEPS行動による勧告をEUにおいて調和のとれ

た形で確実に実施するために、OECD 加盟国ではない 6 か国を含め、EU 全加盟国が遵守しなければならないミニマム・スタンダードを設定している。

　この ATA 指令の 5 項目のうち 3 項目（ハイブリッド・ミスマッチ、CFC 税制、及び利子の損金算入制限）は、OECD の BEPS 行動を実施するものであるが、他の 2 項目、すなわち、出国税（exit taxation）及び GAAR は、2011 年の EU の CCCTB 提案に係る租税回避防止の側面に対処するものである。

> **適用時期**
> EU 加盟国は、出国税以外の項目は 2018 年 12 月 31 日までに国内法制化しなければならないが、出国税については、2019 年 12 月 31 日がその期限とされている。同等に有効な利子の損金算入制限に係る個別的規定を有する EU 加盟国については、OECD がミニマム・スタンダードに合意するまで、若しくは、最も遅くとも 2024 年 1 月 1 日まで、当該規定の適用が認められる。

(i) ハイブリッド・ミスマッチ《行動 2》

　　ハイブリッド・ミスマッチにより、二重損金算入が発生する場合には、源泉地国である EU 加盟国のみが損金算入を認め、益金算入を伴わない損金算入が発生する場合には、支払者側の EU 加盟国は損金算入を否認すべきとされる。2016 年 7 月 12 日の採択では、適用範囲が EU 加盟国間のハイブリッド取引に限定されているが、第三国（非 EU 加盟国）とのハイブリッド取引にも適用範囲を拡げる立法提案が欧州委員会から提出されたが、まだ加盟国間での合意が成立していない。当初の予定では、2016 年末までに合意に達する予定であったが、2017 年の早期採択に向けて最終調整の議論が進められている。

(ii) CFC 税制《行動 3》

　　CFC 税制の適用対象となる「外国子会社」（以下「CFC」という）には、事業体（entity）のみならず、納税者において、その所得が非課税若しくは免税とされる「恒久的施設」（以下「PE」という）も含めるべ

きとされている[※11]。

　ここでいう、CFCとは、議決権、資本、又は利益請求権のいずれかの50%超が直接又は間接に保有されており（事業体の場合）、かつ、事業体・PEの実際納税額が、当該事業体・PEが納税者のEU加盟国の法人税法のもとで課税されたと仮定した場合の法人税額の50%未満である場合の事業体・PEと定義される。

　次に、上記で定義されたCFCの未分配所得のうち、合算課税の対象とされる所得は、以下の(a)又は(b)の所得

(a) 以下の区分による所得

- 利子などの金融資産から生じる所得
- ロイヤルティなどの知的財産（IP）から生じる所得
- 配当、及び株式処分による所得
- ファイナンスリース（financial leasing）による所得
- 保険業、銀行業などの金融活動による所得
- 経済的な付加価値の（ほとんど）ない財・サービスの関連会社間取引により所得を稼得するインボイシング会社による所得

(b) 税務上有利な取扱いを得ることを本質的な目的（essential purpose）とする「真正でない」（non-genuine）取決めから稼得する事業体・PEの未分配所得

　ただし、上記の(a)については、原則として、CFCが人員、設備、及び施設により裏付けられた実質的な（実態のある）経済活動（substantive economic activity）を行う場合には、適用を除外される[※12]。

※11　CFCの定義にPEを含める背景としては、EU加盟国には、いわゆるテリトリアル方式を採用し、外国支店等の所得を非課税ないしは免税とする（ことを選択できる）国が数多く含まれていることが考えられる。

※12　ただし、CFCの居住地又は所在地が欧州経済領域（EEA）加盟国でない場合には、このsubstantive economic activityによる適用除外規定を（EU加盟国の国内法制化に当たり）採用しなくてもよいとされている。したがって、この適用除外規定は、EU司法裁判所の判例法等を斟酌して、EU加盟国のCFC税制がEU法違反とされないようにすることを意図したものと考えられる。

また、上記の(b)については、当該事業体・PEが、重要な人的機能が遂行される法人によって支配されていないと仮定した場合には、当該事業体・PEの所得の全部ないしは一部を生み出している、資産の保有又はリスクの引き受けをしてはいなかったであろうという限りにおいて、「真正でない」取決めとみなされる。

(ⅲ)利子損金算入制限《行動４》

　支払利子の損金算入の上限をEBITDA（利子、税金、減価償却費及び償却費控除前の課税所得）の30％に制限するが、当該法人の自己資本／総資産の比率がグループの同比率よりポイントの２％以下までの場合、超過支払利子について損金算入を容認する規定（資本除外ルール）、及びグループの第三者に対する超過支払利子をグループのEBITDAで除して算定するグループ比率に基づく損金算入を容認する規定（グループ比率ルール）が含まれている。さらに、300万ユーロのデ・ミニミス基準が設けられ、一定の適用除外規定もある。

(ⅳ)出国税

　出国税は、アグレッシブなタックス・プランニングの目的のためだけに、法人がその税務上の居住地や資産を国外へ転出することにより、転出元である加盟国の税源を浸食することを防止するための規定である。出国税の納税は、EU/EEA域内で、５年間の分割払いが認められる。

(ⅴ)一般租税回避防止規定（GAAR）

　加盟国の税務当局が、税務上の恩典を受けることを主たる目的の１つとして行い、それが当該税法の趣旨に反するような「真正でない（non-genuine）」取決めを法人税の算定上はないものとする（ignore）ことを規定している。経済実態を反映した正当な商業上の理由がない限りにおいて、その取決めは「真正でない」ものとみなされる。ただし、ATA指令においては、立証責任の負担関係については、特に言及されていない。

⑤ 2016 年 5 月 25 日の理事会による採択

　上述の 2016 年 7 月 12 日の ATA 指令の正式採択に先立つ 2016 年 5 月 25 日の ECOFIN において、2016 年 1 月 28 日発表の ATA パッケージの 4 本の政策課題の柱のうち、ATA 指令以外の 3 本の柱が採択されている。そのうちの 2 本の柱は以下のとおり。

(i) 行動 5：有害税制への対抗—効果的な課税のための EU の対外戦略の枠組（Communication on an External Strategy for Effective Taxation）

　　この対外戦略の枠組みには、例えば、非協力的な第三国のリストを EU が作成し、EU 加盟国の能力・権限を損なうことなく、EU レベルでの調和の取れた防御措置をとることなどが含まれている。

(ii) 行動 6 及び 7：租税条約濫用防止のための勧告（Recommendation on measures against tax treaty abuse）

　　この租税条約濫用防止のための勧告には、例えば、OECD の行動 6 及び 7 に関する勧告の実施が EU 法に準拠することを確実にするよう、欧州委員会による勧告には留意することなどが含まれている。

⑥ 多国籍企業の企業情報の文書化《行動 13》

　そして、ATA パッケージの最後の柱である国別報告書の自動的情報交換義務を導入するための行政協力指令の改正も上記と同じ 2016 年 5 月 25 日の ECOFIN において、採択された。

(i) 自動的情報交換義務（改正行政協力指令）

　　2016 年 5 月 25 日、ECOFIN は、行政協力指令による自動的情報交換義務の対象となる情報の範囲に、OECD 行動 13 に基づく「国別報告書」を加えるという改正を採択した（以下「改正行政協力指令」という）。この改正行政協力指令は、EU レベルで、一定規模以上の大規模多国籍企業に対して、OECD 行動 13 の国別報告書（CbCR）を実施するという意義を有する。また、開示基準や開示項目等も、OECD 行動 13 の国別報告書に準拠したものとなる。

　　2016 年 1 月 1 日以後に開始する会計年度が報告対象初年度となる。

グループの究極的な親会社（以下「UPE」という）が、その税務上の居住地であるEU加盟国の税務当局に対して、報告することが義務付けられる。ただし、UPEがEU加盟国の居住者でない場合は、(EU加盟国若しくは非EU加盟国の）代理親会社又は加盟国所在の子会社が、国別報告書を提出することが必要となる（二次的報告）。改正行政協力指令は、この二次的報告の適用開始時期については、国内法制化に当たり、2016年1月1日以後に開始する会計年度を報告対象初年度とするか、1年延期して、2017年1月1日以後に開始する会計年度を報告対象初年度とするかの選択肢をEU加盟国に与えている。国別報告書の提出期限は、会計年度末から12か月以内とされる。また、EU加盟国の税務当局は、会計年度末から15か月以内に国別報告書をEU加盟国間で自動的に情報交換することが義務付けられることになる。

日本企業への影響
　上述のとおり、国別報告書の自動的情報交換義務は、欧州で事業展開する日本企業にも適用される可能性がある。本邦では、平成28年度の税制改正により、国別報告書の提出義務は2016年4月1日以後に開始する事業年度が報告対象初年度とされる一方で、上記EUの改正指令に基づくEU加盟国の国内法で、2016年1月1日以降に開始する事業年度を報告対象初年度として適用される可能性がある[13]。そのため、3月決算法人においては影響がないと考えられるものの、12月決算法人、1月決算法人又は2月決算法人については、上記EUの改正指令により、国別報告書の提出開始が1年前倒しになる可能性がある。
　この場合において、2016年1月1日から2016年3月31日までに開始する事業年度に係る国別報告書は、本邦税務上は提出義務がないため、EU加盟国の国内法の規定に従って子会社の居住地国において「子会社方式」による国別報告書の提出義務が子会社に課されることになるのではないかということが懸念されていた。
　OECDは、2016年6月29日、「国別報告書の実施に関するガイダンス」を公表し、経過措置として、このような場合には、最終親会社の居住地国の税務当局に対

---

[13] 既に、英国、オランダ、スペインは2016年1月1日以降に開始する会計年度を報告対象初年度とする旨の立法化を行っている。

> して国別報告書を自主的に提出すること（「代理親会社報告（Parent Surrogate Filing）」）を認めるというガイダンスを示した。
> 　これを受けて、日本の国税庁は、2016年10月に「国別報告事項を自主的に提供した場合の取扱いについて」を公表し、OECDのガイダンスに即した取扱いを適用することを明らかにした。これにより、上記の懸念は解消されたといえる。

(ⅱ)国別報告書の開示義務（会計指令改正案）

　2016年4月12日、欧州委員会は、多国籍企業の法人所得税に関する情報の透明性を高めるための施策として、「会計指令（Directive 2013/34/EU）」の改正案（以下「会計指令改正案」という）を欧州議会及び理事会へ提案した。（執筆時点で）まだ、理事会で採択されておらず、最終的に立法化されるか否かは不透明ではあるが、会計指令は、EU加盟国の全会一致の賛成を要する租税上の措置ではないため、EU加盟国の特定多数決の賛成が得られれば、同改正案は理事会で採択されることとなる。

　今回の会計指令改正案は、EUにおいて事業を行う多国籍・大規模企業に対し、一定の税務情報に関する「国別報告書」（以下「EU Public CbCR」という）の年次報告・開示（public disclosure）を義務付けることを目的としており、以下のとおり、行動13の勧告による「国別報告書」（以下「OECD BEPS CbCR」という）とは異なる制度趣旨に基づく。

- 多国籍・大規模企業の税務に関する説明責任（accountability）を加重し、企業の社会的責任（CSR）を促進する。
- EU市民が多国籍企業の税務戦略並びに社会福祉への貢献を精査・評価することを可能とする。
- EU（中小規模）企業の競争力を保護（safeguard）する。

　上記の制度趣旨に基づき、改正案における開示項目もOECD BEPS CbCRとは異なる点がある。EU Public CbCRには、タックス・ガバナンスの基準に関して、EUが定める一定の水準を満たしていないと

みなされる一定の租税管轄法域のリスト（上述のとおり、リストはEUが作成予定）に掲載されている国に係る情報についても国別に報告・開示しなければならないとされている。

また、EU加盟国、及び上記のEUによる認定リスト上の国以外の日本を含む第三国（非EU加盟国）に係る情報は、一括・集計された「その他」という1つの報告単位とされて、報告・開示することとされている。

なお、開示情報は、改正指令の基準に準拠して報告・開示されているかを確認するため、法定監査人による確認（check）を受ける必要があり、対象企業は、自社のウェブサイト上で、5年間継続して情報を開示しなければならないとされている。

この改正案は、EU企業だけでなく、親会社がEU以外の企業グループにも適用されるので、EU加盟国に子会社、又は支店を有する日本企業も遵守する必要がある。

会計指令改正案の概要は以下のとおりである。

(a)報告・開示義務者

- 新たな報告・開示義務は、連結純売上高が7億5千万ユーロ超の多国籍企業（以下「適格グループ」という）に適用されます。報告・開示義務は次の場合に生じる[※14]。
  ・EUに本拠を置く適格グループの究極的な親会社である企業で連結純売上高が7億5千万ユーロ超の場合
  ・親会社がEU加盟国以外にある適格グループのEU域内における大規模及び中規模の企業[※15]で、究極的な親会社の連結純売上高が7億5千万ユーロ超の場合

[※14] 既に「資本要件指令（Capital Requirements Directive）」に基づく開示をしている銀行グループは、一定の要件を満たす場合には開示義務が免除される。親会社がEU加盟国以外にある銀行グループが、「資本要件指令」のもとでは報告・開示義務の対象となってはいない場合には、上記の基準値を超える場合には、改正「会計指令」のもとで報告・開示義務が課されることとなる。
[※15] 改正指令案の説明文書において、「小規模会社」と呼ばれる従業員50人未満及び／又は売上高の小さい（詳細は各国の基準による）の会社については報告・開示義務を免除することが提案されている。

・連結純売上高が7億5千万ユーロ超であるEU加盟国以外の親会社の適格グループの企業等のEU支店が、当該支店所在地国の定める一定の基準値を超える場合

(b)報告・開示項目

法人所得税に関する情報は以下のとおりである。

- 連結財務諸表に含まれる全ての関連会社の事業を含む究極的な親会社の事業活動
- 事業内容の性質に関する簡潔な記載
- 従業員数
- 純売上高（関連会社間・非関連者間を区分表示しない）[※16]。
- 税引前利益又は税引前損失
- 当期の税金費用（繰延税金又は未確定の納税引当金は含まれない）
- 納税額
- 留保利益

上記の情報は、各EU加盟国別、及びEU指定リスト（作成予定）上の一定の法域別の報告・開示が義務付けられる。また、非EU加盟国については、国別ではなく、非EU加盟国の全てについて集計した情報を報告・開示することになる。なお、EU加盟国内又は上記の指定リスト上の法域の同一法域内の複数企業のデータは、各法域単位で集計して報告・開示しなければならない。

また、前述の改正行政協力指令による国別報告書の開示項目（行動13に準拠）で求められる①収入の「関連者」と「非関連者」との区分情報、②「資本金」、及び③「有形資産」に関する情報の3項目の開示は、会計指令改正案による国別報告書では求められていない。

※16　改正指令により開示が義務付けられる情報と連結財務諸表に開示されたものとは一致しない可能性がある。

なお、報告・開示に使用する通貨単位は、連結財務諸表に使用された通貨単位となる。

(c)適用開始時期

　現時点で立法過程を予測するのは非常に困難である。会計指令改正案は4回の審議を経なければならない可能性があり（欧州議会で2回、理事会で2回）、このうち2回には時間的制限がなく、他の2回は最長で4か月かかることがある。改正行政協力指令が採択された場合、発効後1年以内に全てのEU加盟国に国内法制化が義務付けられることになる。最初の情報開示は、改正行政協力指令採択後少なくとも2年以後に開始する事業年度から適用が開始され、開示情報は、企業のウェブサイト上で、5年間以上継続してアクセスが可能な状態とする必要がある。

　この改正指令案は、開示義務を課すという点で、行動13の要件を超えるものとなるため、OECD及びG20における合意を反故にするものであるという反対意見もあり得るが、他方、今回の欧州委員会による提案は、EUの会計指令の改正として提案されている。これが租税上の措置ではないとされる場合には、全会一致を必要とせず、特定多数決が得られれば、理事会で採択されるため、法制化される可能性は高いともいえる。指令の採択後、全てのEU加盟国は1年の猶予期間内に、指令に準拠した国内法を立法化する義務を負うことになる。

　情報開示の結果、一般公衆によっても精査されることとなる情報を管理するためには、その情報がどのようにみられるかという点に関する十分な理解が必要となる。企業は、自社のEU及びグローバルな事業活動とそれに関連する租税について、新たに、一般公衆レベルの監視も受けることとなり、風評リスクに直面することもあり得る。この新たなルールがもたらす影響を総合的に判断するために、他の情報開示（ディスクロージャー）の要件と併せた検討が必要と

第4章　BEPSにおける各国の対応

なるであろう。

■図表3　Country-by-Country Reporting（CbCR）の諸制度

■図表4　OECD/EU BEPS CbCR と EU Public CbCR との比較

OECD/EU BEPS CbCR

税務管轄	収入* 非関連者	収入* 関連者	収入* 合計	税引前利益（損失）	支払法人税	発生法人税（当期）	資本金	利益剰余金	有形資産（現金／現金同等物を除く）	従業員数
日本	7,000	7,000	14,000	3,000	300	1,000	10,000	10,000	3,000	7,500
アイルランド	4,000	1,800	5,800	580	60	60	100	5,000	50	500
米国	3,000	4,000	7,000	700	200	200	5,000	-2,000	600	2,500
XXX（タックス・ヘイブン）	900	100	1,000	250	0	0	100	5,000	20	0
スイス	600	400	1,000	250	50	50	100	100	50	100
ドイツ	700	900	1,600	250	50	50	100	1,000	100	500
オランダ	100	900	1,000	250	50	50	100	1,000	25	500
英国	1,000	900	1,900	190	40	35	100	1,000	300	500
中国	2,000	500	2,500	300	25	65	100	100	700	1,000
台湾	600	400	1,000	100	25	19	100	100	60	100
ポーランド	100	400	500	50	15	15	50	100	25	50
ロシア	100	400	500	50	15	15	50	100	50	50
タイ	600	150	750	200	15	27	50	100	500	500
トルコ	50	700	750	75	20	20	50	100	20	50

EU Public CbCR

税務管轄	*純売上高	税引前利益（損失）	発生法人税（当期）	支払法人税	利益剰余金	従業員数
アイルランド	5,800	580	60	60	5,000	500
XXX（タックス・ヘイブン）	1,000	250	0	0	5,000	0
ドイツ	1,600	250	50	50	1,000	500
オランダ	1,000	250	50	50	1,000	500
英国	1,900	190	35	40	1,000	500
ポーランド	500	50	15	15	100	50
その他税務管轄（日本を含む非・EU加盟国）	27,500	4,675	650	1,396	8,600	11,800

(注*)「収入（revenues）」vs「純売上高（net turnover）」
　　OECD BEPS CbCR の「収入」には特別利益及び利子所得が含まれるが、EU Public CbCR の「純売上高」には含まれない
　　EU「会計指令」のもとで、「純売上高」とは、割引、付加価値税及び売上高に直接関連するその他税を控除後の製品売上及び役務提供による金額
　　EU Public CbCR の「純売上高」には、「関連者間売上高」を含める（OECD BEPS CbCR のような関連者・非関連者の区分開示は不要）

第4章 BEPSにおける各国の対応

■図表5　OECD/EU BEPS CbCR と EU Public CbCR との比較

OECD/EU BEPS CbCR　様式2

税務管轄	税務管轄に所在する事業体	税務管轄が事業体の所在地とは異なる場合の税務管轄	主な事業活動											
			研究開発	知的財産の保有管理	購買・調達	製造・生産	販売・マーケティング・物流	管理・経営・サポートサービス	サービス	グループファイナンス	金融サービス	保険	株式等の保有	休眠	その他
日本			X	X		X	X	X	X				X		
アイルランド			X			X		X							
米国			X			X									
XXX（タックス・ヘイブン）											X				
スイス			X		X		X		X						
ドイツ						X		X							
オランダ										X					
英国						X		X					X		
中国						X	X	X							
台湾						X		X							
ポーランド						X									
ロシア						X									
タイ					X	X		X							
トルコ						X									

様式3

EU Public CbCR　（様式2　参照**）

税務管轄	税務管轄に所在する事業体	税務管轄が事業体の所在地とは異なる場合の税務管轄	主な事業活動											
			研究開発	知的財産の保有管理	購買・調達	製造・生産	販売・マーケティング・物流	管理・経営・サポートサービス	サービス	グループファイナンス	金融サービス	保険	株式等の保有	休眠	その他
アイルランド			X			X		X							
XXX（タックス・ヘイブン）											X				
ドイツ							X		X						
オランダ										X					
英国							X		X				X		
ポーランド							X								
その他税務管轄（日本を含む非･EU加盟国）			X		X	X	X		X						

（注**）EU Public CbCR の「主な事業活動」の記載方法
　　　特定の「様式」は公表されてはいないが、『OECD 移転価格ガイドライン 文書化』の「第5章 Annex III 第2表」による分類法に基づくことができるという旨が記されている

315

# 第 5 章

経営上の課題としての BEPS

経営上の課題としてのBEPS[※1]

　BEPSによる国際課税のパラダイム変革後の新たなビジネス環境のもとで、合理的な経営判断を行うためには、その環境変化が自社の事業に及ぼす影響について認識することが重要となる。そこで、本章では、BEPSが企業経営にもたらす影響について、3つのテーマを採り上げて、BEPS後の国際事業戦略の観点から、企業がいかに対応していくべきかを検討する。

　まず、BEPSがファイナンス及び財務に対して与える影響について検討する。次に、BEPSがグローバルのオペレーティング・モデルに及ぼす影響を検討する。最後に、BEPSがM&Aのディールの価値やストラクチャーにもたらす影響を検討する。これらの検討を通じて、BEPSが税務だけではなく、より広範なビジネスの機能やプロセスに影響する経営上の重要な課題であるということが明らかになるであろう。

1. ファイナンス及び財務に対するBEPSの影響

　ファイナンス及び財務は、OECDのBEPSに係る作業のなかで重要な部分を占めており、全15の行動のうち主として、以下の行動が関連している。

- 行動8-10による移転価格原則の改訂
- 行動6及び15による租税条約に係る租税回避防止規定の導入
- 行動2における国際的な租税裁定に対する国内法による対抗策
- 行動4における利子の損金算入額の上限設定に対する国際的に整合性のあるアプローチ

※1　本章は、EYの各分野の専門家が執筆・寄稿したINTERNATIONAL TAX REVIEW TAX REFERENCE LIBRARY NO 105 "BEPS Is Broader Than Tax: Practical Business Implications of BEPS" から一部を抜粋し、適宜、補筆・編集した。

- 行動 5 による有害な税制に対する対抗策
- 行動 13 による重要なファイナンス及び財務取引の文書化（マスターファイル及びローカルファイル）

（１）移転価格ガイドライン―行動 8-10 の影響

　行動 8-10 の勧告に従った移転価格ルールが各国で国内法制化される場合、グループ内の金融取引及び金融事業体の移転価格に重大な影響を与えると考えられる。

　第 2 章（100 頁）で詳述したように、行動 8-10 に基づき改訂された移転価格ガイドラインは、「経済的に重要なリスク（Economically Significant Risk：ESR）」に焦点を当てている。OECD によると、ESR の重要性はリスクから生じる潜在的な損益の蓋然性と規模に依存し、ファイナンス及び財務に係る価値がグループ内でいかに創造されるかということに関する広範な機能分析の結果により決定される。ESR が特定されると、どの事業体がそれを管理しているかを立証しなければならない。

　この点で、従来、多くの国における移転価格税制上の標準的な慣行では、リスク配分に関しては契約上の取決めに従うものとされていたが、これが関連者間の不適切な利益配分を許容することにより BEPS の一要因となっていたという認識に基づき、リスク配分に関するルールが以下のように改訂されることとなった。

　リスクを管理するには、ESR を負担する機会を受け入れるか拒否するかの決定、及びその決定の実際の遂行とともに ESR への対応について決定を行う能力（capability）が必要とされる。ESR を契約上、負担する事業体が ESR を管理していない場合、又は ESR を負担する財務的能力（capacity）を有していない場合、ESR は実際にそれを管理し、財務的能力を有するグループ内の事業体に割り当てられる。

　したがって、リスクテイクの機会に資金供与を行ってはいるが、関連する他の経済活動にはほとんど従事していない、資金潤沢な事業体（「キャッシュ・ボックス」と呼ばれる）に関する移転価格税制上の取扱いは、大き

な影響を受ける可能性がある。そのような事業体がESRに関して上記のような管理を行っていることが立証されない場合には、当該管理を実行しているグループ内の事業体がリスク・プレミアムを享受する資格があるとされ、キャッシュボックスはリスク・フリー・リターンのみを享受する資格があるとされるということが示唆されている。

多くの多国籍企業は、金融活動のみに従事するファイナンス・カンパニーを擁している。ファイナンス・カンパニーが関与する取引は単純なローンの供与から、より複雑な資金供与、保証の提供、ヘッジ取引及びキャッシュ・プーリングまで、幅広い活動にわたる場合がある。グローバル化の一途を辿り、マトリックス経営にまで至る多国籍企業のビジネスモデルにおいて、実際にESR管理を行う者が金融活動に従事する事業体とは乖離している場合があり、その所在地を特定するのが困難な場合がある。このような場合には、キャッシュボックスの場合と同様に、行動8-10による移転価格ルール改訂の影響を受ける可能性がある。

行動8-10の広範にわたる影響を踏まえると、グループ内金融取引に関して、支払者、受領者、受領者の親会社を管轄する各国の移転価格税制上のルールに準拠しているということを確認するために、金融取引をレビューする必要がある。また、生じ得る解釈の相違点を理解するため、この分野における各国税務当局のアプローチを注意深くモニタリングする必要がある。利子に関連するBEPSの行動の多くは整合性を高めることを企図しているが、行動8-10は、各国税務当局間の解釈の相違により、少なくとも短・中期的には、二重課税のリスクや税務争訟をもたらす原因となり得るという点に留意が必要となる。

（2）租税条約—行動6及び15の影響

多くの国は、自国の課税ベースを防護するために金融取引の支払いに対して源泉徴収税を課しているが、国境を越えた資本の流出入を促進するため、租税条約上の一定の要件を満たす場合には源泉徴収税を減免する規定を設けている。第2章（80頁）で詳述したように、行動6は、租税

条約の濫用による租税回避を防止するために、主要目的テスト（Principal Purpose Test：PPT）又は特典制限（Limitation of Benefits：LOB）条項等を既存の条約に導入するべきであると勧告している。

　また、第2章（169頁）で詳述したように、行動15により、整合性を確保するため、租税条約に関連する諸施策を多数国間協定によって直接実行することが勧告されている。2016年12月31日までに多数国間協定を最終化し、署名できるようにすることが目標であり、当該協定への署名は各国の任意選択とされる。

　このような進展により、一般的には、源泉地国が自国からの金融取引の支払いに関する精査に着手するインセンティブが高まると想定される。行動6と行動8-10の複合的な影響が国際金融取引の支払いを取り巻く環境の不透明性を高め、租税条約の適用関係及び金融取引による利益の受益者に関する判断は、各国により異なる解釈を受ける可能性がある。

　このような解釈の不一致は二重課税の潜在的なリスクとなり得る。税務リスクを最小化するために、ファイナンス及び財務に係る取引の再設計が必要となる場合もある。具体的には、各国税務当局間の相違が明らかになるにつれて、ファイナンス及び財務に係る取引に、これまで利用してきた一般的な取引の雛形が使えなくなり、各国の状況に合わせてカスタマイズした取引で対応することが必要となる場合も出てくると思われる。

（3）行動2の影響

　配当については税務上、損金算入を認めず、利子費用については税務上、損金算入を認めることが、多くの国では、租税法の基本原則の1つとされている。OECDは行動2の報告書において、金融取引に対する課税に関しても各国間で一貫したアプローチが存在しておらず、税務上の取扱いの非対称性が、二重非課税を利用した国際的な租税回避の機会を惹起していることを詳細な事例で提示した。

　第2章（36頁）で詳述したように、OECDは行動2の報告書において、各国間での一貫性のある税務上の取扱いを行うルール（リンキング・ルー

ル）に基づいて国内法を改正するよう勧告している。リンキング・ルールのもとでは、相手国の税務上の取扱いに応じて自国の税務上の取扱いが左右され得るため、年々改正される相手国の税制を調査し、金融取引に係る税務上の取扱いについて納税者が確認し、税務当局に説明する等の追加手続が必要となる可能性がある。

（4）行動4の影響

　第2章（64頁）で詳述したように、行動4の報告書において、OECDが利子の損金算入及び他の金融取引の支払いに関連する税源浸食を制限するために勧告したベストプラクティス・アプローチは、事業体の純利子損金算入額が、支払利子・税金・減価償却・償却控除前の利益（EBITDA）に特定の率を乗じて算出された金額に制限する「固定比率」ルールの導入である。

　さらに、控除可能な利子費用がグループの連結ベースの純外部利子費用と整合するように、グループ比率免除規定が容認されている。各国はグループ比率ルールを導入しないことを選択できるが、この場合には、固定比率ルールを多国籍グループと国内グループに対して無差別的に適用する必要がある。

　現状の資金調達方法が、行動4による固定比率ルールの適用により、金融費用の損金不算入額の増加となる場合、他の事業体への外部からの借入といった、異なる資金調達方法への変更を検討する余地もあり得る。

（5）行動5の影響

　第2章（75頁）で詳述したように、行動5におけるネクサス・アプローチは知的財産に係る優遇税制の文脈で策定されてはいるが、ファイナンス関連などの他の優遇税制に対しても、ネクサス・アプローチは適用できる。ネクサス・アプローチは、今後ますます重要になると予想され、これまで享受していたファイナンス関連の優遇税制の恩典が制限される場合もあり得る。

　第2章（75頁）で詳述したように、行動5では、税務の透明性を確保し、

当局間の情報の非対称性を解消することを目的として、ルーリングの自発的情報交換を義務付ける勧告がなされている。このルーリングの自発的情報交換は既存の金融取引に対する各国税務当局による精査の強化につながる可能性があり、今後、各国において税制上のループホールを封じる施策が実施されることが想定される。

（6）行動13の影響

　第2章（142頁）で詳述したように、行動13には、マスターファイル及びローカルファイルにおけるファイナンス及び財務に関する重要な関連者間取引の文書化規定、及びファイナンス及び財務を対象とするルーリング又は合意に関する規定がある。この行動13の勧告は、OECD加盟国等による広範な採用が見込まれるため、ファイナンス及び財務に関する取引が多数の税務当局による監視にさらされるようになることは明らかである。したがって、各国税務当局との税務紛争のリスクを減じるため、ファイナンス及び財務に関するポリシーを慎重かつ明確に文書化することが極めて重要となる。

2．オペレーティング・モデルに対する BEPS 行動7の影響

　第2章（89頁）で詳述したように、行動7は、恒久的施設（Permanent Establishment、以下「PE」という）認定の人為的回避を防止するために、OECDモデル租税条約第5条及び関連するコメンタリーを改訂し、PEの範囲を従来の定義より拡大することを勧告している。以下では、行動7が中央集権型のオペレーティング・モデルに及ぼす影響について検討する。

　多国籍企業においては、コストの低減とイノベーションを追求するため、バリューチェーン全体を通じた機能が同一の国に配置される分散型のオペレーティング・モデルから、一定の地域レベル又はグローバルで、特定の機能が1つの国に集中化される中央集権型のオペレーティング・モデルへの着実なシフトが起こっている。

（1）中央集権型のオペレーティング・モデルの特徴

中央集権化された一定の機能を有する国際的なオペレーティング・モデルでは、以下のような特徴が概ね共通している：

- １つの場所又は法人への機能とリスクの集中
- 中央の企業（「プリンシパル」）が地域又はグローバルベースで、主要なリスクの統制、戦略的な経営管理機能の実施、並びに、購買、製品開発、及びマーケティング、IT、人事、法務、会計、財務等のサポートサービスに関して、集中化されたサービスの提供につき責任を負う
- 価値のある知的財産の所有権はプリンシパルにある
- プリンシパルは、図表１に示す活動に関して、各国のグループ会社と契約上の取決めを締結することにより事業を運営する：

■図表１

研究開発	プリンシパルに対して、現地グループ会社が限定的リスクの委託研究開発サービスの提供業務を行う
製造	プリンシパルに対して、現地グループ会社が限定的リスクの契約製造会社（Contract Manufacturer）又は委託製造会社（Toll Manufacturer）として業務を行う ・契約製造会社（Contract Manufacturer）の場合は、契約製造会社は原材料の購入及び加工を行い、完成品をプリンシパルに販売する ・委託製造会社（Toll Manufacturer）の場合は、原材料の購入も行わず、生産プロセス全体を通じて、委託製造会社の施設に物理的に所在する在庫をプリンシパルが所有する
販売及びマーケティング	現地グループ会社がリスク限定的販売会社、すなわち、市場リスク、為替リスク、在庫リスクなどのリスクをプリンシパルが負担する（顕名又は非顕名）代理人として業務を行う

（2）中央集権型のオペレーティング・モデルに関連するPEの課題

中央集権型のオペレーティング・モデルに関しては、従来から、プリンシパルのPEが、以下の理由によって、現地国において構成され得るかという点が税務上の課題となっている。

- プリンシパルに対して拘束力のある第三者への義務（法的、経済的、あるいは両方の義務）を生じさせる現地グループ会社の活動
- 現地グループ会社の倉庫におけるプリンシパルの在庫の保持
- 現地製造グループ会社の施設におけるプリンシパルの在庫の保持

第5章　経営上の課題としてのBEPS

- プリンシパルの主たる事業にとって準備的又は補助的な範疇を超えている現地グループ会社の活動
- プリンシパルの事業を遂行するため、あるいはそのサービスを実施するため、頻繁に海外に出張を行うプリンシパルの従業員の活動

■図表2　バリューチェーンを通じた潜在的なPEリスクの識別

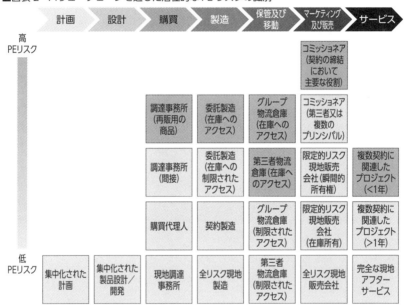

1つの国でこれらの活動が2つ以上起こった場合、これらが相互に補完的で、統一したまとまりのある事業活動の一部を形成しているとみなすことができる場合には、これらは集約されて当該国においてPEを構成するリスクがある。

　図表2は、プリンシパルの税務上の居住地国と源泉地国との間で締結された租税条約が、行動7の勧告による変更を採用した場合に、源泉地国において、濃いグレーで示される活動が実施された場合に発生し得る潜在的なPEリスクを示している。

　行動7以前においては、濃いグレーで示される活動は、適用される租税条約の関連条項のもとでは、明示的に除外されていたか、あるいはPEを

325

構成するに必要とされる規定の閾値を超えないように構築されていたため、一般的にPEは構成されてはいなかった。しかし、行動7以後においては、PE認定の除外リストが縮小され、閾値が引き下げられたことから、これらの活動がPEを構成する可能性がある。

行動7は、中央集権型のオペレーティング・モデルの以下の側面に影響を及ぼす。

- コミッショネア及びそれに類似するアレンジメント（例えば、販売代理店）
- 在庫の保管、配送、又は購買のために外国のプリンシパルにより保有される倉庫などの施設
- 外国のプリンシパルによって所有され、保管、配送、展示、又は加工のために使用される施設において保有されている在庫（例えば、委託製造又は委託在庫）
- 「統一したまとまりのある事業活動の一部を形成する補完的な事業活動」とみられる可能性のある機能が、グループ企業によって、同一国内の同一の場所ないしは異なる場所で実施されるモデル
- プロジェクト又はサービスのための契約が、複数のグループ関連会社に配分されているか、あるいは複数のグループ関連会社によって実施されるモデル

①コミッショネア及びそれに類似するアレンジメント

コミッショネアとは、欧州大陸法におけるいわゆる「間接代理」制度のもとにおける代理人のことを指しており、直接代理とは異なり、本人の名ではなく自己の名で契約を締結し、本人を法的に拘束することはないが、その取引等の経済的効果が本人に直接帰属するという特徴を有しており、日本の商法上の「問屋」に相当するものと一般に解されている。

行動7の勧告ではOECDモデル租税条約の既存の第5条第5項の適用範囲が拡大されており、他国において、その企業のための役割を行う他の者があり、その者が常習的に契約を締結するか、あるいは、当該企業によっ

て重要な修正を受けることなく定常的に締結されている契約に関し、当該契約の締結に帰結するような主要な役割を常習的に果たしている場合には、当該企業は、当該他国においてPEを有するものとみなされる。行動7の勧告では、締結された契約によってプリンシパルに履行義務が生じる限り、プリンシパルが開示されているかどうか、あるいは、当該契約がコミッショネアの名義で締結されているかどうかは重要ではない。

また、新たなPEの定義のもとでは、プリンシパルの従業員が他国に頻繁に出張し、プリンシパルのためにビジネスを行う場合、これらの従業員が常習的に活動に従事する場合には、意図せずして、プリンシパルのPEを構成する可能性がある。

ただし、以下の場合においては、上述の活動によって当該企業のPEは構成されないとされる。

- 当該活動が行動7による改訂後のOECDモデル租税条約第5条第4項で規定される「準備的又は補助的」活動に限定される場合
- 当該活動が行動7による改訂後のOECDモデル租税条約第5条第6項のもとでの「独立代理人」によって行われる場合。

なお、行動7によって「独立代理人」の例外規定は修正されており、プリンシパルのため、あるいはプリンシパルに密接に関連する企業[※2]のために専ら、あるいは、ほぼ専ら活動するコミッショネアは自動的にプリンシパルに従属するものとしてみなされ、PEリスクが生じることになる。

実務的な観点からは、従業員が他国で費やす日数だけではなく、活動の内容を把握することがますます重要になる。しかし、行動7では、閾値を超えたか否かを測定する方法が客観的に特定されていないため、プリンシパルにとっては、いつPEが構成されるのかを判断するということが、依然として実務的な課題として残る。

中央集権型のオペレーティング・モデルのもとでのプリンシパルと現地

※2 他方当事者の実質的持分の50％超、あるいは他方当事者の株式議決権及び株式価値の50％超を有している当事者として定義される

会社の両方の従業員の活動に対する厳格なガイドラインを実施することがより重要となるため、今後、クロスボーダーの営業チームの管理をより厳密なものとする必要がある。例えば、価格設定、割引、取引条件の変更に関する決定権限に関するガイドラインが、PEリスクを管理するために必要となる。

②在庫の保管、配送、あるいは購買のためにプリンシパルにより保有される施設

行動7の影響を受けるもう1つの分野は、プリンシパルによる在庫の保管、配送、又は購買のための施設の使用である。OECDモデル租税条約第5条第4項では、事業の場所が、列挙されている活動のためだけに使用される場合には、当該活動によってPEを構成することはないという例外項目が具体的に定められている。

行動7では、OECDモデル租税条約第5条第4項の文言が修正され、PE認定から除外される例外項目は、準備的又は補助的な性質の活動に限定されるか、事業の固定的な場所の全体的な活動が、プリンシパルの事業の性質に鑑みて、準備的又は補助的な性質である場合に限定される[※3]。したがって、プリンシパルの中核的事業の本質的かつ重要な一部を構成しているのであれば、準備的又は補助的とはみなされず、PE認定の例外とはなり得ない。例えば、購買活動がプリンシパルの活動の本質的かつ重要な部分であると考えられる場合には、調達事務所がPEを構成し得ることになる。

③保管、配送、展示、又は加工のために使用される施設において、プリンシパルによって保有される在庫

関連者又は第三者の倉庫で保管されるプリンシパル所有の在庫については、以下の場合には、PEを構成する可能性がある。

- プリンシパルが、これらの物品の検査及び保守を目的として、在庫が

※3 ただし、当該活動がそれ自体では準備的又は補助的であったとしても、細分化禁止規則の適用によってこの例外が覆る可能性があるということに留意が必要。以下の④の項を参照。

保管されている場所に無制限のアクセスを有している場合。すなわち、プリンシパルが自己のために自由に使用・処分することができる場所を有している、又は
- 在庫を保管する活動が、全体的な事業の本質的かつ重要な一部である場合。すなわち、準備的又は補助的ではない場合。

顧客の施設に所在する委託在庫の所有権をプリンシパルが留保している委託在庫のアレンジメントには、潜在的なPEリスクが生じることになる。プリンシパルはこの委託在庫のアレンジメントを維持すべきかどうか※4、見直しを行う必要性があると思われる。同様に、加工のために委託製造業者で保管されているプリンシパル所有の在庫にも潜在的なPEリスクが生じることになる※5。

よって、倉庫又は委託製造業者へのアクセス及び在庫のコントロールに関する方針と手続を見直して、修正すべきかどうかを見極める必要がある。

④「統合的な事業活動の一部を形成する補完的な事業活動」とみられる可能性のある機能が、グループ企業によって同一国内の同一の場所ないしは異なる場所で実施されるケース

行動7による大きな影響として、各々の活動が単に準備的又は補助的な活動であると主張するために、統合的な事業活動を複数の小さい業務に細分化するなど、PE認定を人為的に回避するために、OECDモデル租税条約第5条第4項の特定の活動に関する例外規定を利用することを防止するための「細分化禁止」規則の導入がある。

細分化禁止規則の影響が意味することは、バリューチェーン上の様々な機能とリスクを同一国内の異なるグループ会社に配分する事業上の理由を立証することができるということがより重要になるということである。多国籍企業の多くは、機能の専門化とマトリックス型組織に移行しており、意

※4 一部の業種においては、他国で事業を行う前提条件となっている場合があるということに留意する必要がある。
※5 プリンシパルによる在庫保有活動がそれ自体では準備的又は補助的であったとしても、細分化防止規則の適用によってこの例外が覆る可能性がある。以下の④の項を参照。

図的な機能の分離、あるいは一国の製造拠点における複数国向けの類似した製品の生産への特化が行われている。これらは、バリューチェーン上の主要活動の法律上及び経営上の細分化と見られるものに対する論理的な理由であるように思われる。

⑤プロジェクト又はサービスの契約が複数の関係グループ会社に配分又は実施される状況

　行動7は、同一プロジェクトやサービスに関連する契約が関連者間で割り当てられており、当該契約の分割がOECDモデル租税条約第5条第3項のもとでのPE認定を回避することを主たる目的とするような状況にも影響を及ぼす。今後は、関連者間で配分されている契約が、同一のプロジェクト又はサービスに関連するものであるがゆえに12か月の閾値を上回り、PEが構成されるかどうかを判定するために「主要目的テスト」(PPT)が当該契約に適用される。したがって、多国籍企業は、当該契約を分割する主たる目的が、第5条第3項のもとでのPE認定の回避ではないということを示す必要がある。よって、実務的には、複数の関連者に契約を分割する主たる理由（例えば、商業上、規制上、法律上の理由）の記録について適切な文書化が必要となる。

　以上の検討を通して明らかになったことは、行動7以後に、既存のオペレーティング・モデルがPEリスクの課題に十分に耐えることのできる強固なものであるか、そして改善の機会が存在するかどうかを評価するには、人々の所在、活動内容、そしてその活動が誰のためであるかということに関する監督・データ収集・文書化の改善が重要になるということである。

3．M&A取引におけるBEPSの影響

　以下では、BEPSがM&Aのディールの価値やストラクチャーなどにもたらす影響を検討する。

　本稿では、全般的に、買収について述べているが、BEPSに関する検討事項は、事業売却、IPO、ジョイント・ベンチャー、その他の資本市場取

引に対して、広範にわたり存在している。
（1）BEPSがM&A取引に及ぼす影響
　BEPSは、デューデリジェンス、ストラクチャリング、バリュエーションなど、ディールのプロセスのあらゆる側面に影響を及ぼす。ディールのクロージング後においても、統合、コンプライアンス及び申告、ストラクチャーの運営と維持などに影響を及ぼす。BEPSがM&A取引に与える主な影響は、以下のように要約できる。

①資金調達コストの増大による取引価値の減少
　行動2（ハイブリッド・ミスマッチ）及び行動4（利子損金算入制限）による税務メリットの縮減によって、買収ファイナンスを通じて得られる価値が減少する可能性がある。

②税務コストと不確実性の増大
　BEPSによって企業及びファンド・ストラクチャー内での税務コスト及び不確実性が増加すると予想されるなかで、BEPSによる税法等の変更が、取引のリスク、ストラクチャー、及び価値に与える潜在的な影響を評価する必要性がある。

③ディール・プライシングに対する下方圧力
　予想される全般的な課税水準の上昇と、課税リスクの範囲拡大によって、ディール・プライシングと投資収益に対する連鎖的な下方圧力は不可避であろう。

④税務リスクを広範に考慮する必要性
　政治家及び主流メディアによる注視のもと、税務に係る風評リスクが高まっているため、取締役会及び投資委員会では、潜在的な税務リスクとコストの評価に対して、より広範なアプローチを取る必要があり、規制及び政治環境の潜在的な変化の文脈においても考慮する必要がある。

⑤維持に対する継続的な注力
　ファンド・ストラクチャー及び保有ストラクチャーなど、潜在的に税務リスクが増大する分野において、投資家はストラクチャーがオペレーショ

ナルなパラメーターに従ったものであるかどうかを定期的に評価する必要がある。

⑥ディールにおける税務上の事項の重視

上記の要因は、取引のプロセスにおける税務上の事項の優先順位の引上げと重点化の必要性を示している。

（2）BEPSがM&A取引主体に及ぼす影響

①ファンド系投資家

プライベート・エクイティ・ファンド、年金基金、政府系ファンドなどのファンド系投資家は、実体（substance）及びストラクチャー維持に対する要求レベルの引上げによる租税条約の利用制限、並びに、ファンド運営活動が惹起する潜在的なPEリスクの高まりなどにより、ファンド・レベル及びファンドの保有ストラクチャー・レベルで、主として、行動6（租税条約濫用防止）及び行動7（PE）の影響を受ける可能性がある。

また、行動13（企業情報の文書化）は、コンプライアンス及び報告に係る義務の増大と複雑化につながり、特にファンド系投資家にとっては、ファンド、保有者、マネジメント及び投資先の法人の各レベルでの国別報告書が要求され、結果として、コストに影響が及ぶ可能性がある。

②事業会社

事業会社は、第2章で詳述した行動7によるオペレーティング・モデルの選択肢に対する制約、行動8-10（移転価格税制と価値創造の一致）のもとでの各関連者間での利益配分の自由度低下、行動5（有害税制）によるパテントボックスやその他の優遇税制の制限などを通じて、事業統合などの柔軟性に影響がある。

（3）BEPS以後のM&Aに対するアプローチ

①リスクの把握と受容

買収対象企業の将来の税率の正確な推定はより困難になり、この不確実性の買収価格に対する適切な修正を獲得することのできる投資家に対して機会が生じることになる。

②プロセスの複雑性の受容

　M&A取引において予想される潜在的なBEPSの影響の幅広さによって、投資家の意思決定プロセスにおける財務及びオペレーション上の複雑性を増加させる。取締役会及び投資委員会に対して取引の意思決定に必要な事実が提示されるようにするためには、ディールのタイムラインへのこれらの複雑性の織込み、及び税務チームとのオープンなコミュニケーションチャネルの確保などが必要になる。

③リスクに対する先見性

　税務デューデリジェンスは、過去だけではなく、ますます将来に焦点を当てたものとなるが、これには各国におけるBEPS勧告の国内法への導入についての様々なシナリオのもとで生じる可能性のあるリスクの探索が含まれる。これらの不確実性は相当の長期にわたって存在するとみられるため、買収後においてリスク及びストラクチャーを定期的にレビューすることによって、投資家は必要に応じて方針の変更が可能になる。

④リスクの広範な検討

　財務的な影響にのみ焦点を当てるのではなく、幅広い視野のリスク評価が取締役会及び投資委員会から求められることになる。このため、風評リスク、規制面及び政治的な環境変化のリスクを含める必要がある。

⑤統合計画

　投資家が既存のオペレーション（保有ストラクチャー、出資ストラクチャー、IP、サプライチェーンを含む）に対するBEPSの影響を単独ベースで検討する際には、例えば、買収対象企業の移転価格方針と国別報告書における足跡が、グループの既存の注意深く適用された移転価格方針を損なうということがないかどうかなど、提案されている取引が既存の事業に及ぼす影響、また逆に、既存の事業が取引に及ぼす影響を考慮する必要がある。

⑥事業活動の再評価

　BEPSによる税率の上昇によって、場合によっては、既存の事業部門の

財務的業績が損なわれる可能性がある。目標とする資本収益率（ハードルレート）をもはや達成できない場合には、事業売却、活動の閉鎖、整理、縮小を余儀なくされる可能性もある。

資料

平成 29 年度税制改正大綱抜粋（BEPS 関係）

平成29年度税制改正大綱抜粋（BEPS関係）

国際課税

1　外国子会社合算税制等の総合的見直し

（国　税）

内国法人の特定外国子会社等に係る所得の課税の特例（いわゆる「外国子会社合算税制」）等について、次の見直しを行う。

(1) 合算対象とされる外国法人の判定方法等

① 外国関係会社の判定における間接保有割合について、内国法人等との間に50％超の株式等の保有を通じた連鎖関係がある外国法人の判定対象となる外国法人に対する持分割合等に基づいて算定することとする。

② 居住者又は内国法人と外国法人との間にその居住者又は内国法人がその外国法人の残余財産のおおむね全部を請求することができる等の関係がある場合におけるその外国法人を外国関係会社の範囲に加えるとともに、その居住者又は内国法人を本税制による合算課税の対象となる者に加える。

③ 外国関係会社が特定外国子会社等に該当するかどうかを判定するための租税負担割合基準を廃止する。

(2) 会社単位の合算課税制度

① 適用除外基準

会社単位の合算課税制度における適用除外基準について次の見直しを行った上で同制度の発動基準（以下「経済活動基準」という。）に改め、経済活動基準のうちいずれかを満たさない外国関係会社について、会社単位の合算課税の対象とする。

イ　事業基準

　航空機の貸付けを主たる事業とする外国関係会社のうち、本店所在地国においてその役員又は使用人が航空機の貸付けを的確に遂行するために通常必要と認められる業務の全てに従事していること等の要件を満たすものについては、事業基準を満たすものとする。

ロ　実体基準及び管理支配基準

　保険業法に相当する本店所在地国の法令の規定による免許を受けて保険業を営む一定の外国関係会社（以下「保険委託者」という。）の実体基準及び管理支配基準の判定について、その外国関係会社のその免許の申請等の際にその保険業に関する業務を委託するものとして申請等をされた者で一定の要件を満たすもの（以下「保険受託者」という。）が実体基準又は管理支配基準を満たしている場合には、その外国関係会社は実体基準又は管理支配基準を満たすものとする。

ハ　所在地国基準

　製造業を主たる事業とする外国関係会社のうち、本店所在地国において製造における重要な業務を通じて製造に主体的に関与していると認められるものの所在地国基準の判定方法について、所要の整備を行う。

ニ　非関連者基準

（イ）非関連者との間で行う取引の対象となる資産、役務その他のものが、関連者に移転又は提供されることがあらかじめ定まっている場合には、その非関連者との間の取引は、関連者との間で行われたものとみなして非関連者基準の判定を行う等の見直しを行う。

（ロ）保険業を主たる事業とする外国関係会社が保険受託者に該当する場合における非関連者基準の判定について、その外国関係会社がその外国関係会社がその外国関係会社に係る保険委託者との間

　　　　で行う取引は関連者取引に該当しないものとする。
　　（ハ）航空機の貸付けを主たる事業とする外国関係会社については、非関連者基準を適用することとする。
　　ホ　経済活動基準を満たすことを明らかにする書類等の提出等がない場合の推定
　　　　国税当局の当該職員が内国法人にその外国関係会社が経済活動基準を満たすことを明らかにする書類等の提出等を求めた場合において、期限までにその提出等がないときは、その外国関係会社は経済活動基準を満たさないものと推定する。
　②　適用対象金額の計算
　　　適用対象金額から控除する受取配当に係る持分割合要件（25％以上）について、主たる事業が原油、石油ガス、可燃性天然ガス又は石炭（以下「化石燃料」という。）を採取する事業（その採取した化石燃料に密接に関連する事業を含む。）である外国法人でわが国が締結した租税条約の相手国に化石燃料を採取する場所を有するものから受ける配当等にあっては、10％以上とする。
　③　適用免除
　　　外国関係会社の当該事業年度の所得に対して課される租税の額のその所得の金額に対する割合（以下「租税負担割合」という。）が20％以上である場合には、会社単位の合算課税の適用を免除する。
(3)　一定所得の部分合算課税制度
　①　部分合算課税の対象所得の範囲
　　　部分合算課税の対象となる所得は、次のとおりとする。
　　イ　利子
　　（注）次の利子については、対象から除外する。
　　　（イ）本店所在地国においてその役員又は使用人が金銭の貸付け等を的確に遂行するために通常必要と認められる業務の全てに従事していること等の要件を満たす外国関係会社が関連者等に対

して行う金銭の貸付けによって得る利子
　　（ロ）上記（イ）の要件を満たす外国関係会社の関連者等である他の外国関係会社が上記（イ）の要件を満たす外国関係会社に対して行う金銭の貸付けによって得る利子
　　（ハ）本店所在地国の法令に準拠して貸金業を営む外国関係会社で、本店所在地国においてその役員又は使用人が貸金業を的確に遂行するために通常必要と認められる業務の全てに従事していること等の要件を満たすものが金銭の貸付けによって得る利子
　　（ニ）外国関係会社が行う事業に係る業務の通常の過程で得る預金利子
　ロ　配当等
　（注）持分割合25％以上等の要件に満たす法人から受ける配当等（その支払を行う法人において損金算入される配当等を除くものとし、主たる事業が化石燃料を採取する事業（その採取した化石燃料に密接に関連する事業を含む。）である外国法人でわが国が締結した租税条約の相手国に化石燃料を採取する場所を有するものから受ける配当等にあっては、持分割合要件を10％以上とする。）については、対象から除外する。
　ハ　有価証券の貸付けの対価
　ニ　有価証券の譲渡損益
　（注）持分割合25％以上等の要件を満たす法人の株式等に係る譲渡損益については、対象から除外する。
　ホ　デリバティブ取引損益
　（注）次のデリバティブ取引損益については、対象から除外する。
　　（イ）ヘッジ目的で行われることが明らかなデリバティブ取引等に係る損益
　　（ロ）本店所在地国の法令に準拠して商品先物取引業又はこれに準ずる事業を行う外国関係会社で、本店所在地国においてその役

員又は使用人がこれらの事業を的確に遂行するために通常必要
　　　と認められる業務の全てに従事していること等の要件を満たす
　　　ものが行うこれらの事業から生ずる商品先物取引等に係る損益
　ヘ　外国為替差損益
（注）外国関係会社が行う事業（外国為替相場の変動によって生ずる
　　　差額を得ることを目的とする事業を除く。）に係る業務の通常の
　　　過程で生ずる外国為替差損益については、対象から除外する。
　ト　上記イからヘまでに掲げる所得を生ずべき資産から生ずるこれら
　　の所得に類する所得
（注）ヘッジ目的で行われることが明らかな取引に係る損益について
　　　は、対象から除外する。
　チ　有形固定資産の貸付けの対価
（注）次の対価については、対象から除外する。
　　（イ）主として本店所在地国において使用に供される有形固定資産
　　　　等の貸付けによる対価
　　（ロ）本店所在地国においてその役員又は使用人が有形固定資産の
　　　　貸付けを的確に遂行するために通常必要と認められる業務の全
　　　　てに従事していること等の要件を満たす外国関係会社が行う有
　　　　形固定資産の貸付けによる対価
　リ　無形資産等の使用料
（注）外国関係会社が自己開発した無形資産等及び外国関係会社が相
　　　当の対価を支払って取得し、又は使用許諾を得た上で一定の事業
　　　の用に供している無形資産等に係る使用料については、対象から
　　　除外する。
　ヌ　無形資産等の譲渡損益
（注）外国関係会社が自己開発した無形資産等及び外国関係会社が相
　　　当の対価を支払って取得し、又は使用許諾を得た上で一定の事業
　　　の用に供している無形資産等に係る譲渡損益については、対象か

ら除外する。
ル　外国関係会社の当該事業年度の利益の額から上記イからヌまでに掲げる所得種類の所得の金額及び所得控除額を控除した残額に相当する所得
（注）上記の所得控除額は、外国関係会社の総資産の額、減価償却累計額及び人件費の額の合計額に50％を乗じて計算した金額とする。
② 部分適用対象金額の計算
　部分合算課税の対象となる金額は、外国関係会社の当該事業年度の次に掲げる金額の合計額とする。
イ　上記①イからハまで、チ、リ及びルに掲げる所得の金額の合計額
ロ　上記①ニからトまで及びヌに掲げる所得の金額の合計額（当該合計額が零を下回る場合には、零）
③ 部分適用対象金額に係る欠損金の繰越控除
　外国関係会社の当該事業年度開始の日前7年以内に開始した各事業年度において生じた上記②ロに掲げる金額が零を下回る部分の金額に相当する金額がある場合には、当該事業年度の上記②ロに掲げる金額の計算上、控除する。
④ 金融子会社等に係る部分合算課税
イ　部分合算課税の対象所得の範囲
　本店所在地国の法令に準拠して銀行業、金融商品取引業又は保険業を営む外国関係会社で、本店所在地国においてその役員又は使用人がこれらの事業を的確に遂行するために通常必要と認められる業務の全てに従事していること等の要件を満たすもの（以下「金融子会社等」という。）について、部分合算課税の対象となる所得は、上記①にかかわらず、次のとおりとする。
（イ）金融子会社等の異常な水準の資本に係る所得
（ロ）上記①チに掲げる所得

(ハ) 上記①リに掲げる所得

(ニ) 上記①ヌに掲げる所得

(ホ) 上記①ルに掲げる所得

ロ　部分適用対象金額の計算

　　部分合算課税の対象となる金額は、上記②にかかわらず、金融子会社等の当該事業年度の次に掲げる金額のうちいずれか大きい金額とする。

(イ) 上記イ（イ）に掲げる所得の金額

(ロ) 上記イ（ロ）、（ハ）及び（ホ）に掲げる所得の金額並びに上記イ（ニ）に掲げる所得の金額（当該金額が零を下回る場合には、零）の合計額

ハ　部分適用対象金額に係る欠損金の繰越控除

　　金融子会社等の当該事業年度開始の日前7年以内に開始した各事業年度において生じた上記イ（ニ）に掲げる所得の金額が零を下回る部分の金額に相当する金額がある場合には、当該事業年度の上記イ（ニ）に掲げる所得の金額の計算上、控除する。

⑤　適用免除

イ　外国関係会社の当該事業年度の租税負担割合が20％以上である場合には、部分合算課税の適用を免除する。

ロ　部分合算課税に係る少額免除基準のうち金額基準を2,000万円以下（現行：1,000万円以下）に引き上げる。

ハ　部分合算課税の少額免除に係る適用要件について、少額免除基準を満たす旨を記載した書面の確定申告書への添付要件及びその適用があることを明らかにする資料等の保存要件を廃止する。

(4) 特定の外国関係会社に係る会社単位の合算課税制度

① 合算対象となる外国関係会社

　　外国関係会社のうち次に掲げるものについて、会社単位の合算課税の対象とする。

イ 次に掲げる要件のいずれも満たさない外国関係会社
（イ）その主たる事業を行うに必要と認められる事務所等の固定施設を有している（保険業を営む一定の外国関係会社にあっては、これらを有している場合と同様の状況にある場合を含む。）こと。
（ロ）その本店所在地国においてその事業の管理、支配及び運営を自ら行っている（保険業を営む一定の外国関係会社にあっては、これらを自ら行っている場合と同様の状況にある場合を含む。）こと。
（注）国税当局の当該職員が内国法人にその外国関係会社が上記（イ）又は（ロ）の要件を満たすことを明らかにする書類等の提出等を求めた場合において期限までにその提出等がないときは、その外国関係会社は上記（イ）又は（ロ）に掲げる要件を満たさないものと推定する。
ロ 総資産の額に対する上記（3）①イからヌまでに掲げる所得の金額の合計額の割合（金融子会社等にあっては、総資産の額に対する上記（3）④イ（イ）に掲げる所得の金額又は上記（3）④イ（ロ）から（ニ）までに掲げる所得の金額の合計額のうちいずれか大きい金額の割合）が30％を超える外国関係会社（総資産の額に対する有価証券、貸付金及び無形固定資産等の合計額の割合が50％を超える外国関係会社に限る。）
ハ 租税に関する情報の交換に非協力的な国又は地域として財務大臣が指定する国又は地域に本店等を有する外国関係会社
② 合算対象所得の計算
合算対象所得の計算は、上記（2）の会社単位の合算課税制度における適用対象金額の計算と同様とする。
③ 適用免除
上記①イからハまでに掲げる外国関係会社の当該事業年度の租税負担割合が30％以上である場合には、会社単位の合算課税の適用を免

除する。
(5) 外国関係会社に係る財務諸表等の添付

内国法人は、次に掲げる外国関係会社に係る財務諸表等を確定申告書に添付しなければならない。

① 租税負担割合が20％未満の外国関係会社

② 租税負担割合が30％未満の外国関係会社（上記（4）①イからハまでに掲げる外国関係会社に限る。）

(6) 二重課税調整

① 内国法人が上記（2）から（4）までの合算課税の適用を受ける場合には、外国関係会社に対して課されるわが国の所得税の額、復興特別所得税の額及び法人税の額の合計額のうち上記（2）から（4）までの合算課税制度により合算対象とされた金額に対応する部分の金額に相当する金額について、その内国法人の法人税の額から控除する。

② 投資法人等が外国関係会社から受ける配当等の額のうち、その投資法人等の配当等を受ける日を含む事業年度及びその事業年度開始の日前10年以内に開始した各事業年度においてその外国関係会社につき合算対象とされた金額の合計額に達するまでの金額は、その投資法人等の所得の金額の計算上、益金の額に算入しない。

(7) その他

上記の見直しのほか、内国法人に係る外国子会社合算税制について所要の措置を講ずる。

(8) 関連制度の整備

居住者に係る外国子会社合算税制、特殊関係株主等である内国法人等に係る特定外国法人に係る所得の課税の特例等の関連制度につき、上記の見直しを踏まえた所要の措置を講ずる。

（注）上記の改正は、外国関係会社の平成30年4月1日以後に開始する事業年度から適用する。

(地方税)

　個人住民税、法人住民税及び事業税について、内国法人の特定外国子会社等に係る所得の課税の特例（いわゆる「外国子会社合算税制」）等の総合的見直しに関する国税の取扱いに準じて所要の措置を講ずる。
(注) 上記の改正は、外国関係会社の平成30年4月1日以後に開始する事業年度から適用する。

【補論】今後の国際課税のあり方についての基本的考え方

1　問題意識

　グローバル化の進んだ現代において、国際的なつながりを無視して経済は成り立たない。アベノミクスの取組みにより育ちつつある経済好循環の萌芽を持続的な成長へとつなげるためにも、日本企業による健全な海外展開は不可欠である。これを促進することで、海外成長市場の果実を日本国内の成長へ取り込んでいかなければならない。

　他方で、経済のグローバル化は税制にとってのリスクも伴う。本年4月に明らかになった「パナマ文書」等が示唆する海外への資本や財産の移転等を通じた租税回避は、公平な競争条件や納税者の税制への信頼を揺るがす大きな問題であり、断固とした対応が必要である。

　国際課税のあり方は、このような「海外の成長の日本経済への還元」及び「国際的な脱税、租税回避への対応」のいずれの課題にも極めて重要な影響を与える。国際課税は、経済のグローバル化や経済活動の複雑化・多様化が進む中で、経済発展に貢献する健全な企業活動を支援しつつ税源を守るという、国家の基盤に関わる課題である。したがって、今後、関連の税制改正に取り組むに当たっては、グローバル経済の構造変化や日本経済の位置づけ等を踏まえた基本方針を明確にした上で、整合的・戦略的に検討することが必要である。

2　グローバル経済・日本経済の構造的変化

　今後のわが国の国際課税のあり方を考えるに当たっては、まず、背景となるグローバル経済や日本経済の構造的変化を、質と量の双方の観点から長期的・巨視的観点を持って捉えることが必要である。

　グローバル経済の様相の変化を20年という時間軸で観察すると、①新興国・途上国の経済規模や存在感の拡大、②様々な税制上の優遇措置を持つことで知られる経済規模の小さな国・地域を経由地とするクロスボーダーの直接投資の増加、③オフショアセンターへの資本蓄積及び④自国での知的財産開発の取組みと比べ多額の知的財産由来の使用料を受け取っている国の登場という四つの変化が確認できる。

　わが国と海外との資本移動についても、グローバル経済の変容と相まって、過去20年で以下のような変化が観察できる。まず、日本の対外直接投資残高は20年前の約5倍となる153兆円に、証券投資は約4倍となる410兆円にまで拡大し、現在、日本は世界における主要な資本輸出国であり、世界最大の対外純資産保有国となっている。この結果、海外から受け取る利子・配当等も過去20年で約4倍に拡大するなど、経常収支改善に大きく貢献している。なお、日本からの直接投資残高の伸びが最も大きな国は、過去20年のGDP成長が顕著な中国及び様々な税制上の優遇措置を持つことで知られるオランダとなっている。証券投資残高について見ても、アメリカに次ぐ二番目の投資先として60兆円を超える資金が投じられているケイマン諸島が存在感を高めている。知的財産については、わが国で生み出された知的財産の海外での利用増等を背景に、クロスボーダーの知的財産使用料収支が過去20年で3,400億円の支払超から世界第3位の水準である2.4兆円の受取超へと大幅に増加し、経常収支の黒字に寄与している。他方、日本の知的財産使用料の純支払額が最も多い国は、アジアの軽課税地国として知られるシンガポールとなっている。

3 今後の国際課税のあり方に関する基本的考え方

　グローバル経済や日本経済に見られる上記の構造的な変化を踏まえると、わが国の国際課税のあり方を検討するに当たって、以下の三つの視点が重要となる。

　まず、世界経済における存在感を高める新興国・途上国については、国際課税に係るルールメイキングへの関与を深めるとともに、自ら参加して決めたルールを確実に遵守させることが重要となる。自国のみを利するのではなく、決められたルールを尊重する国際協調が実現すれば、海外展開を試みる企業のビジネス展開上の不確実性が軽減されるとともに、公平な競争条件が確保される。この点、「BEPSプロジェクト」が、OECD加盟の先進国だけでなく、G20メンバーである新興国の参加も得つつわが国の主導的役割の下で進められてきたことは極めて重要である。この貴重な国際協調の潮流を着実にわが国経済や企業の利益に結びつけるべく、「BEPSプロジェクト」の合意事項の実施フェーズにおいても、わが国は引き続き、範を示しながら着実に取り組んでいく必要がある。その上で、他の国・地域による合意事項の着実かつ一貫した実施を促し、租税回避防止に向けた国際的な取組みの実効性向上をリードしていかなければならない。

　第二に、金融資産や知的財産の国境を越えた取引が量的に拡大し、質的にも多様化する中で、国際課税のルールは、資本や知識・技術の一大輸出国であるわが国の重要な制度インフラとして、日本企業の健全な海外展開促進とその果実の国内経済への還流という好循環を支え、所得収支やサービス収支の黒字拡大等を通じて、日本経済の発展に貢献できる。一方、その過程で発生する意図せぬ「副作用」にも留意しなければならない。すなわち、海外への投資や技術移転は、企業競争力の向上や投資先の市場環境の活用といった事業目的で行われるべきであり、税負担の軽減を目的とすべきではない。例えば、日本のインフラや良質な労働力を活用した研究開発という実体ある活動を通じて生み出された知的財産が、海外につくった実体のないペーパーカンパニーへと移されるという「知の国外流出」とも

いえる状況が発生すれば、課税機会の喪失だけでなく、日本の知的財産の保全を阻害することになりかねない。日本経済全体にとっても、本来知的財産使用料を受け取る立場であったものから、使用料を支払う立場となることから、サービス収支の悪化を招き、日本の経済成長にとってのマイナス要因をつくる。以上を踏まえ、国際課税に関連する制度の見直しに当たっては、「グローバル企業の経済活動が行われた場所と、税が支払われるべき場所とを一致させる」との「BEPSプロジェクト」が示した考え方に則して、日本企業の健全な海外展開を支援しつつ、租税回避を効果的に抑制していくことが必要である。その際、特に知的財産に由来する経済活動の場所については、研究開発等を通じた価値創造の場所と、開発された知的財産を活用した収益事業が行われる場所という二つが想定されることに留意する必要がある。また、「経済活動が行われる場所」と「税が支払われるべき場所」とを一致させるとの「BEPSプロジェクト」が示した基本的考え方が、世界標準として定着するよう、各国に働きかけを続けることも必要である。

第三に、オフショアセンターへの多額の資本蓄積に対しては、各国の税務当局間における情報交換ネットワークの拡大と強化等を通じて税の透明性を向上させるグローバルな取組みの実効性を高めていくことで、こうした国・地域が租税回避等の温床とならないようにしなければならない。

このような視点から、今後、国際課税のあり方を考えるに当たっては、①健全な企業活動を支えるグローバルに公平な競争条件の確立（BEPSプロジェクト」の合意事項の着実な実施に係る国際協調の促進）、②健全な海外展開を歪める誘因の除去（経済活動や価値創造の場と税が支払われるべき場所の一致）及び③税に関する透明性の向上に向けた国際的な協調という三つの基本方針の下で臨む。これにより、健全な企業活動を促進してく必要がある。

4　個別の制度改革に当たっての視点

(1) これまでの取組み

　　わが国は、これまでも、国際的な議論の動向や先進国における近年の傾向を踏まえ、「日本企業の積極的な海外展開支援を通じた国際競争力の強化」と「租税回避への対応」という二つの政策的要請のバランスを取りながら、国際課税に関する制度改正を実施してきた。これは、おおむね、上記3の基本方針に沿ったものといえる。

　　具体的には、平成21年度税制改正で「外国子会社配当益金不算入制度」を導入し、日本企業による積極的な海外展開と、その果実の日本経済への還流を支えてきた。この制度により、日本企業の海外子会社が得た利益に対する課税は進出先国の課税で完結し、日本の親会社に配当してもしなくても日本では基本的に課税されない。このため日本企業は、事業活動の場所や配当戦略を自由に決定できる。

　　行き過ぎた国際的な租税回避への対抗手段としては、平成24年度税制改正で「過大支払利子税制」（所得金額に比して過大な利子を関連者間で支払うことを通じた租税回避を防止）を導入した。更に、「BEPSプロジェクト」で各国が協調して導入することとされたことを受け、多国籍企業のグローバルな活動状況に関する報告書（所得・資産・従業員数・税額等の項目を国別に集計する「国別報告書」等）の国税当局への提供制度を平成28年度税制改正で導入した。

　　また、税に関する透明性向上に向けた国際協調の取組みとしては、国外の金融口座を利用した租税回避に効果的に対応するため、オフショアセンターを含む100を超える国・地域が協調し、非居住者が保有する金融機関の口座情報を自動的に交換する国際的な枠組みが合意された。わが国も平成27年度税制改正において所要の法改正を実施し、平成30年から交換を開始する。

(2) 今後の取組み

　　今後も引き続き、上記3の基本方針に沿った改正を着実に進めていく。

特に、実施フェーズに移行した「BEPS プロジェクト」について、その合意事項の着実な実施に係る国際協調の促進は重要である。わが国としても、引き続き、税制改正並びに租税条約等の締結及び改正を通じて段階的かつ着実に合意事項を実施し、グローバルに公平な競争条件の確立を進めていく（上記3①）。また、一連の制度改革を通じて、企業と協力して、税務リスクやコンプライアンスコストが低い環境をつくるとともに、企業グループ全体の税務・財務管理や資源配分の最適化に向けた国際税務部門の体制強化やグローバルなコーポレートガバナンスの向上に向けた企業努力を後押しする。あわせて、職員の増員等を通じた国税当局の体制及び機能の向上を目指す。

① 平成29年度税制改正に当たり対応する事項

　平成29年度税制改正においても、「BEPS プロジェクト」の議論を踏まえ、「外国子会社合算税制」の抜本的な改正を行う。これにより、企業の健全な海外展開を促進しつつ、公平な競争条件を損なう租税回避には従来よりも効果的に対応できるようにする。また、この改正により前述した「外国子会社配当益金不算入制度」と相まって、健全な海外展開を歪める誘因の除去（上記3②）に大きく貢献すると期待される。

　具体的には、外国子会社を通じた租税回避リスクを、子会社の租税負担割合や会社全体の事業実体の有無といった「会社の外形」によって判断するアプローチから、個々の所得の内容や稼得方法といった「所得の内容」に応じて把握するアプローチへと改める。その際、企業にとっての予見可能性に留意するとともに、租税回避に関わっていない企業の子会社に過度な事務負担が発生しないよう、所要の措置を講ずる。これにより、外国子会社の租税負担割合が一定以上であれば経済実体を伴わない所得であっても一律・自動的に合算せず申告も求めない一方、一定の航空機リース事業等、実体ある事業から得た所得であっても会社単位で合算課税してしまう場合があるという、現行制度の問

題点に対処する。また、税に関する透明性向上（上記3③）に関する国際協調の観点から、透明性向上に向けた進捗が見られない国・地域に対して、他のG20諸国と足並みを揃えて「防御的措置」を講ずることができるよう、当該国・地域に所在する子会社に合算課税を発動する制度を上記の改正の一環として導入する。

② 中期的に取り組むべき事項

今後、「移転価格税制」についても、知的財産等の無形資産を、税負担を軽減する目的で海外へと移転する行為等に対応すべく、「BEPSプロジェクト」で勧告された「所得相応性基準」の導入を含め、必要な見直しを検討する。また、「過大支払利子税制」についても、「BEPSプロジェクト」の勧告を踏まえた見直しを検討する。更に、国税当局が租税回避スキームによる税務リスクを迅速に特定し、法制面・執行面で適切に対応できるよう、その開発・販売者あるいは利用者に税務当局へのスキーム情報の報告を義務付ける「義務的開示制度」について、「BEPSプロジェクト」の最終報告書、諸外国の制度や運用実態及び租税法律主義に基づくわが国の税法体系との関係等も踏まえ、わが国での制度導入の可否を検討する。その際、国税当局が効果的かつ適時に必要な情報を入手するための最適な既存・新規制度の組み合わせも検討する。

索 引 INDEX

欧 文

【A】
Action Plan on Base Erosion and Profit Shifting ・・・・・・・・・・・・・・ 4, 19
Addressing Base Erosion and Profit Shifting ・・・・・・・・・・・・・・・ 3, 19
AOA ・・・・・・・・・・・・・・・・・・・・・・・・・・・・・・・・・ 229, 240

【B】
B2B ・・・・・・・・・・・・・・・・・・・・・・・・・・・・・・・・・ 25, 176
B2C ・・・・・・・・・・・・・・・・・・・・・・・・・・・・・・・・・ 25, 176
Base Erosion and Profit Shifting ・・・・・・・・・・・・・・・・・・・・・ 3
BEPS ・・・・・・・・・・・・・・・・・・・・・・・・・・・・・・・・・ 3, 4
BEPS アソシエイツ ・・・・・・・・・・・・・・・・・・・・・・・・・・ 78
BEPS イニシアティブ ・・・・・・・・・・・・・・・・・・・・・・・・ 216, 299
BEPS 行動計画 ・・・・・・・・・・・・・・・・・・・・・・・・・ 4, 19, 22
BEPS 最終報告書 ・・・・・・・・・・・・・・・・・・・・・・・・ 4, 11, 15
BEPS の兆候（BEPS Indicators）・・・・・・・・・・・・・・・・・ 129
BEPS パッケージ ・・・・・・・・・・・・・・・・・・・・・・・・・・ 175
BEPS プロジェクト ・・・・・・・・・・・・・・・・・・・・・ 2, 4, 11, 174
BEPS 包摂的枠組み ・・・・・・・・・・・・・・・・・・・・・・・・・ 18

【C】
C2C ・・・・・・・・・・・・・・・・・・・・・・・・・・・・・・・・・ 25
CbCR ・・・・・・・・・・・・・・・・・・・・・・・・・・・・・・・・ 145
CCA ・・・・・・・・・・・・・・・・・・・・・・・・・・・・・ 107, 108, 109
CFC 合算税制 ・・・・・・・・・・・・・・・・・・・・・・・・・・・・ 27
CFC 所得 ・・・・・・・・・・・・・・・・・・・・・・・・・・・ 51, 55, 60
CFC 税制 ・・・・・・・・・・・・・・・・・・・・・・・・・・・・・ 12, 50
CFC の定義 ・・・・・・・・・・・・・・・・・・・・・・・・・・・・・ 51
CFC ルール ・・・・・・・・・・・・・・・・・・・・・・・・・・・・・ 50

【D】
D/NI ・・・・・・・・・・・・・・・・・・・・・・・・・・・・・・・・・ 38
DEMPE（Development、Enhancement、Maintenance、Protection 及び Exploitation）・・ 103
Double Irish with a Dutch Sandwich ・・・・・・・・・・・・・・・・・・ 6, 36

【E】
EBITDA ・・・・・・・・・・・・・・・・・・・・・・・・・・・・ 12, 64, 210
EU Public CbCR ・・・・・・・・・・・・・・・・・・・・・・・・・・・ 309
E コマース ・・・・・・・・・・・・・・・・・・・・・・・・・・・・・ 25

【F，G】
FATCA ・・・・・・・・・・・・・・・・・・・・・・・・・・・・・・・・ 2

352

索 引

G20/OECD BEPS 包摂的枠組み・・・・・・・・・・・・・・・ 175
【I】
ICT・・・・・・・・・・・・・・・・・・・・・・・・・・・・ 24
Interest on Net Equity（INE）・・・・・・・・・・・・・・・・ 269
International VAT/GST Guidelines・・・・・・・・・・・・・・ 33
【J】
JITSIC ネットワーク・・・・・・・・・・・・・・・・・・・ 140
【L】
LOB（Limitation on Benefits）ルール・・・・・・・・・・・ 82, 271
【M】
Multilateral Competent Authority Agreement（MCAA）・・・・・・・ 219
Multilateral Agreement・・・・・・・・・・・・・・・・・・ 268
【O】
OECD 移転価格ガイドライン・・・・・・・・・・・・・・・・ 100
OECD 租税委員会・・・・・・・・・・・・・・・・・・・・ 4, 127
OECD モデル租税条約・・・・・・・・・・・・・・・ 12, 46, 80
【P】
PE・・・・・・・・・・・・・・・・・・・・・・・ 8, 51, 89, 323
PE 概念・・・・・・・・・・・・・・・・・・・・・・・・・ 30
PE なければ課税なし・・・・・・・・・・・・・・・・・・・ 89
PE への利益帰属・・・・・・・・・・・・・・・・・・・・・ 98
PPT（Principal Purpose Test）ルール・・・・・・・・・・・・ 271
【R】
R&D 活動・・・・・・・・・・・・・・・・・・・・・・ 128, 131
【S】
SPE・・・・・・・・・・・・・・・・・・・・・・・・・・ 135
Swiss Trading Company・・・・・・・・・・・・・・・・・・・ 9
【V】
VAT・・・・・・・・・・・・・・・・・・・・・・・・・ 28, 33

■ 日本語

【あ】
アーニングス・ストリッピング・・・・・・・・・・・・・ 264, 265
一次対応（primary response）・・・・・・・・・・・・・・・・ 43
一貫性（coherence）・・・・・・・・・・・・・・・・・ 13, 14, 37
一般的租税回避防止規定（GAAR）・・・・・・・・・・・・・ 86
移転価格税制・・・・・・・・・・・・・・・・ 12, 71, 100, 182
移転価格文書化制度・・・・・・・・・・・・・・・・・・・ 182
迂回利益税（Diverted Profits Tax）・・・・・・・・・・ 221, 227, 291

353

欧州委員会（European Commission）	294
欧州議会（European Parliament）	297
欧州理事会（European Council）	214, 298
オタワ会議	24
オフショア	2, 44
オペレーティング・モデル	323, 324
親子会社指令	290, 301

【か】

外国子会社合算税制	9, 12, 23, 50, 206
外国子会社配当益金不算入制度	47, 180
外国税額控除	22
過少資本税制	22, 71
過大支払利子税制	22, 71, 209
簡易アプローチ	116
企業単位アプローチ	55, 58
既存の国際税務原則の改訂（reinforced international standards）	12, 16
義務的開示制度	13, 137
キャッシュ・プーリング	320
キャッシュ・ボックス（cash box）	113, 266
行政協力指令	214, 290, 302
共通アプローチ（common approaches）	12, 16
行郵税	231
居住国課税	22
国別報告事項	182, 184, 186, 188
国別報告書（Country-by-Country Reporting（CbCR））	13, 142, 145, 148, 184
グループ比率ルール	65, 69
経済活動基準	207
経済的に重要なリスク（Economically Significant Risk：ESR）	113, 319
契約の分割	83, 98
源泉税	8, 26, 32
源泉地国課税	22
恒久的施設	8, 12, 89
公正な競争条件（level playing field）	15, 211
子会社方式	184, 189
コストシェアリング	6, 7, 247
国家補助（State Aid）	295, 302
固定比率	12, 64
固定比率ルール	12, 64, 65, 67, 72, 322
コミッショネア	90, 326
コミッショネア・アレンジメント	89, 90

索　引

コモディティ取引	12, 115, 121

【さ】

細分化禁止規則	96, 97, 287, 329
作成・保存義務	198
三層構造文書	142, 144, 153
仕入税額控除制度	178
シェアードサービス	115
事業概況報告事項	182, 183, 192, 194
事業者向け電気通信利用役務の提供	177
事業者免税点制度	179
事業体アプローチ	62
事前確認制度（APA）	157, 160
実体アプローチ	55, 57
実体性（substance）	13, 14
質問検査規定	202, 205
自発的情報交換	78
受動的所得	9, 55, 61, 207
主要国首脳会議（G7伊勢志摩サミット）	175
主要目的テスト（PPT）	82, 83, 321, 330
純支払利子	12, 66, 210
準備的又は補助的	91, 93, 327
消費者向け電気通信利用役務の提供	177
条約漁り	16, 80, 134
条約方式	149, 189
所得相応性基準	102, 105, 210
推定課税規定	198, 201, 202
スペシャル・タックス・レジーム	87
税源浸食と利益移転	3
税源浸食と利益移転への対応	4, 19
制度適用免除基準	206
セービング条項	86
セーフハーバー	57, 120, 281
相互協議	13, 23, 155, 156
総収入金額	143, 185, 264
租税回避スキーム	137
租税回避防止指令	48, 300, 303
損金算入配当	38, 48, 181
損金不算入利子	65

355

【た】

多国籍企業と税務当局のための移転価格算定に関する指針
　（OECD 移転価格ガイドライン）・・・・・・・・・・・・・・・・・100
多数国間協定・・・・・・・・・・・・・・・・・・・・・・13, 169, 321
タックス・ヘイブン・・・・・・・・・・・・・・・・・・・・2, 27, 133
ダッチサンドイッチ・・・・・・・・・・・・・・・・・・・・・・・6, 7
ダブルアイリッシュ・・・・・・・・・・・・・・・・・・・・・・・6, 7
チェック・ザ・ボックス・ルール・・・・・・・・・・・・・・・6, 9, 40
仲裁制度・・・・・・・・・・・・・・・・・・・・・・・・・・・・166
超過利潤アプローチ・・・・・・・・・・・・・・・・・・・・・55, 58
調整所得金額・・・・・・・・・・・・・・・・・・・・・・72, 73, 210
ディスカウント・キャッシュ・フロー法（DCF 法）・・・・・104, 105, 210
低付加価値役務提供・・・・・・・・・・・・・・・・・・・・115, 117
適格支出・・・・・・・・・・・・・・・・・・・・・・・・・・76, 77
適用除外基準・・・・・・・・・・・・・・・・・・・・・・・207, 209
デ・ミニミス基準・・・・・・・・・・・・・・・・・・・・・・54, 70
電気通信利用役務の提供・・・・・・・・・・・・・・・・・・・35, 176
電子経済・・・・・・・・・・・・・・・・・・・・12, 24, 25, 29, 32, 176
同業者調査規定・・・・・・・・・・・・・・・・・・・・・・198, 201
同時文書化義務規定・・・・・・・・・・・・・・・・・・・・183, 197
透明性と確実性（transparency and certainty）・・・・・・・・・・13, 14
登録国外事業者・・・・・・・・・・・・・・・・・・・・・・・・・178
登録国外事業者制度・・・・・・・・・・・・・・・・・・・・・・・178
特定多国籍企業グループ・・・・・・・・・・・・・・・・184, 188, 193
特典制限条項・・・・・・・・・・・・・・・・・・・・47, 82, 83, 321
独立価格比準法（CUP 法）・・・・・・・・・・・・・・・・・104, 121
独立企業間価格・・・・・・・・・・・・・・・・・・・・・・・27, 143
独立企業原則・・・・・・・・・・・・・・・・12, 100, 102, 111, 124, 151
独立代理人・・・・・・・・・・・・・・・・・・・・・・・89, 92, 327
トリーティショッピング・・・・・・・・・・・・・・・・271, 278, 283
トリガー税率・・・・・・・・・・・・・・・・・・・・・・61, 62, 206
取引アプローチ・・・・・・・・・・・・・・・・・・・・・・・・・62
取引単位アプローチ・・・・・・・・・・・・・・・・・・・・・58, 59
取引単位営業利益法（TNMM）・・・・・・・・・・・・・・・・・・104
取引単位利益分割法・・・・・・・・・・・・・・・・・・・・100, 123

【な】

二重課税・・・・・・・・・・・・・・・・・・・4, 60, 86, 155, 160, 320
二重居住者・・・・・・・・・・・・・・・・・・・・・・・・・46, 84
二重居住性のある事業体・・・・・・・・・・・・・・・・・・・・・46
二重非課税・・・・・・・・・・・・・・・・・・・・・4, 36, 46, 81, 86

索 引

ネクサス・・・・・・・・・・・・・・・・・・・・・・・・・・・・・・	29, 30, 31
ネクサス・アプローチ・・・・・・・・・・・・・・・・・・・・・	58, 76, 322
能動的所得・・・・・・・・・・・・・・・・・・・・・・・・・・・・	55, 62

【は】

バイ・イン・・・・・・・・・・・・・・・・・・・・・・・・・・・・	107
ハイブリッド・エンティティ・・・・・・・・・・・・・・・・・・	36
ハイブリッド金融商品・・・・・・・・・・・・・・・・・・・・・・	38
ハイブリッド事業体による支払い・・・・・・・・・・・・・・・・	38
ハイブリッド・ミスマッチ・・・・・・・・・・・・・・・・	12, 16, 23, 36, 38
パテントボックス税制・・・・・・・・・・・・・・・・・・・・・・	75
バリューチェーン・・・・・・・・・・・・・・・・・・・・・・・・	124, 126
ビジネスモデル・・・・・・・・・・・・・・・・・・・・・・・・・	24, 99, 320
評価困難な無形資産（HTVI）・・・・・・・・・・・・・・・・	102, 105, 210
費用分担契約・・・・・・・・・・・・・・・・・・・・・・・・・・・	101, 107
ファイナンス・カンパニー・・・・・・・・・・・・・・・・・・・	320
不動産化体株式・・・・・・・・・・・・・・・・・・・・・・・・・・	84
プリンシパル・・・・・・・・・・・・・・・・・・・・・・・・・・・	90, 324
プレミアム・リターン・・・・・・・・・・・・・・・・・・・・・・	114
プロモーター・・・・・・・・・・・・・・・・・・・・・・・・・・・	137, 138
分類別アプローチ・・・・・・・・・・・・・・・・・・・・・・・・	55
ベストプラクティス（best practice）・・・・・・・・・・・・・	12, 16, 158
ベストプラクティス・アプローチ・・・・・・・・・・・・・・	64, 65, 71, 322
防御ルール（defensive rule）・・・・・・・・・・・・・・・・・・	43
包摂的枠組み（inclusive framework）・・・・・・・・・・・・・・	18, 175
ボトムアップ・アプローチ・・・・・・・・・・・・・・・・・・・	44, 48

【ま】

マスターファイル・・・・・・・・・・・・・・・・	13, 143, 149, 183, 192, 323
ミスマッチの輸入・・・・・・・・・・・・・・・・・・・・・・・・	41, 42
みなし利益率・・・・・・・・・・・・・・・・・・・・・・・・・・・	241
ミニマム・スタンダード（minimum standard）・・・・・・・	12, 15, 81, 155
無形資産・・・・・・・・・・・・・・・・・・・・・・	5, 23, 100, 101, 103, 182
無形資産の定義・・・・・・・・・・・・・・・・・・・・・・・・・・	102, 210
モニタリング・・・・・・・・・・・・・・・・・・・・・・・・・・・	155, 165, 167
モニタリング・システム・・・・・・・・・・・・・・・・・・・・	165

【や】

有害税制フォーラム・・・・・・・・・・・・・・・・・・・・・・・	75, 78
有害な税の競争報告書・・・・・・・・・・・・・・・・・・・・・・	75, 80
優遇税制・・・・・・・・・・・・・・・・・・・・・・・・・・・・・・	10, 75, 76, 322

【ら】

リーマン・ショック・・・・・・・・・・・・・・・・・・・・・・・	2

357

利益分割法（PS法）・・・・・・・・・・・・・・・・・・・・・・・	104
理事会（Council）・・・・・・・・・・・・・・・・・・・・・・・・	295
リスク・フリー・リターン・・・・・・・・・・・・・・・・・・・	114, 266
リスク・プレミアム・・・・・・・・・・・・・・・・・・・・・・・	316
リスクと資本・・・・・・・・・・・・・・・・・・・・・・・・・・	23, 111
リバースチャージ方式・・・・・・・・・・・・・・・・・・・・・	177
リバース・ハイブリッド事業体・・・・・・・・・・・・・・・	40, 41, 44
両国の国内法で取扱いが異なる課税上の透明体・・・・・・・・・	46
リンキング・ルール・・・・・・・・・・・・・・・・・・・・・・	43, 48, 321
リングフェンス・・・・・・・・・・・・・・・・・・・・・・・・・	75
ルーリング・・・・・・・・・・・・・・・・・・・・・・・・・・・	11, 78
ルックスルー・・・・・・・・・・・・・・・・・・・・・・・・・・	39
連結財務諸表・・・・・・・・・・・・・・・・・・・・・・・・・・	116, 185
ローカルファイル・・・・・・・・・・・・・・・・・	13, 143, 151, 183, 197, 323

編集・執筆者紹介

【編集責任者】

アレックス　ポストマ（Alex Postma）

EY グローバル　インターナショナルタックスサービス　グローバルリーダー
EY グローバルの国際税務部門のリーダー。EY で 30 年以上にわたり国際税務関連業務に従事。現在は東京を拠点とし、貿易取引フロー、BEPS、租税政策、税務執行を含む、国際税務課題についてグローバルな視点からアドバイスを提供。

ジョナサン　スチュアート スミス（Jonathan Stuart-Smith）

EY 税理士法人　国際税務部　リーダー
企業のストラクチャリング、M&A、資金調達、組織再編、サプライチェーン プランニング、知財プランニング及び租税条約問題等について豊富な実績を有す。アジア及び日本のグローバル タックス デスク リーダーを兼務。

須藤　一郎（すとう　いちろう）

EY 税理士法人　移転価格部　リーダー
主に金融機関の移転価格アドバイザリー業務に従事。

【執筆者（五十音順）】

池田　真之（いけだ　さねゆき）　担当：第 2 章　行動 3

EY 税理士法人　国際税務部　シニアマネージャー
国内及び海外の組織再編やタックス・ヘイブン対策税制に係るアドバイザリー業務をはじめ、税務デュー・ディリジェンス及び税務ストラクチャリングに係るアドバイザリー業務にも従事。

伊東　寛明（いとう　ひろあき）　担当：第1章

EY税理士法人　国際税務部　エグゼクティブディレクター

日系及び外資系の多国籍企業向けの税務コンサルティング業務に従事。クロスボーダー取引に係る国際税務を専門としており、外資系企業の日本進出及び日系企業の海外進出に係る税務アドバイスを提供。

井上　裕記（いのうえ　ひろき）　担当：第2章　行動15

EY税理士法人　国際税務部　シニアマネージャー

1997年　アーンスト アンド ヤング ニューヨーク事務所入所。2002年よりEY税理士法人東京事務所に在籍し、主に日本企業の海外事業に係る税務アドバイス業務を担当。

上田　憲治（うえだ　けんじ）　担当：第4章　ASEAN

EYシンガポール　国際税務、トランザクション　タックス部　パートナー

M&Aや企業組織再編を中心に、デュー・ディリジェンス業務、ストラクチャリング、実行支援業務に従事。2015年6月よりシンガポールで日系企業向けの税務アドバイスとジャパン　タックス　デスクを担当。

禹　承燁（う　すんよぶ）　担当：第4章　韓国

EY韓国　JBS＆間接税部門　リーダー

PwC Samil、Kim&Chang法律事務所、Uryu & Itoga法律事務所で日本企業の韓国子会社に関連する各種コンプライアンス及び税務諮問、transfer pricing（移転価格スタディー、APA）、合併税務諮問、税務調査立会などの業務を担当。その後、2015年10月にEY韓英JBS＆Indirect tax leaderとして就任。

大堀　秀樹（おおほり　ひでき）　担当：第2章　行動2、4
EY税理士法人　国際税務部　シニアマネージャー
日系ICT企業において、グローバルなバリューチェーン構築や税務マネジメントに貢献。EYでは、数多くの日系企業グループの税務ポジションについて、BEPS行動対応の観点からの数量分析を実施。

金子　茂宏（かねこ　しげひろ）　担当：第2章　行動1
EY税理士法人　国際税務部　シニアマネージャー
国内外の種々の業種企業に対する国際税務及び国内税務に関するアドバイザリー業務に従事。

カーンズ　裕子（かーんず　ゆうこ）　担当：第4章　オーストラリア
EY税理士法人　事業開発部　ディレクター
日系企業の移転価格税務調査対応従事をきっかけにオーストラリア法人税務歴20年のChartered Tax Adviser。現在は日本で日系企業のグローバル税務管理体制の構築と効率化のサポートに注力。

坂出　加奈（さかいで　かな）　担当：第4章　中国
EY中国　移転価格部　パートナー
日本・中国、双方の国における税務、移転価格プロジェクトの経験を有する。現在、アーンスト アンド ヤング中国にて、事前確認、中国税務調査、移転価格文書化、移転価格プランニング等のサービスに従事。

佐藤　佳子（さとう　よしこ）　担当：第2章　行動14
EY税理士法人　移転価格部　エグゼクティブディレクター
広範囲な税務コンサルティングの経験を有し、移転価格、クロスボーダー取引、米国インバウンド国際課税等の様々な国際税務プロジェクトに従事。事前確認手続、移転価格調査対応、相互協議対応の経験が豊富。

塩谷　克子（しおや　かつこ）　担当：第2章　行動7
EY税理士法人　国際税務部　パートナー
外資系及び日系多国籍企業のクロスボーダー取引に係る国際税務コンサルティング業務に20年以上にわたり従事。専門は不動産関連業、私募不動産ファンドやその国内外投資家に対する税務ストラクチャリング等。

J　ミューア　マクファーソン（J. Muir Macpherson）
　担当：第2章　行動11
EY米国　ピープル　アドバイザリー　サービス部　シニアマネージャー
ジョージタウン大学マクドナー・スクール・オブ・ビジネスで教鞭をとった後に、ブルームバーグにて各国の経済政策分析に従事。EY米国では、統計学の知見に基づき、グローバル企業に対する業務改善のための分析手法の開発・導入、ビッグデータを利用した経済政策・租税政策の影響度分析に実績を有する。

ショム　チャブリア（Shome Chhabria）
EY税理士法人　国際税務部　インドタックスデスク　マネージャー
インド企業による日本への投資に関する税務サービスを提供。EYインドにて、企業のストラクチャリング、M&A、資金調達、組織再編等について豊富な実績を有す。

武末　朝生（たけすえ　あさお）　担当：第4章　欧州　及び第5章
EY税理士法人　国際税務部　シニア　マネージャー
英国駐在経験を有し、特に、日系企業の欧州事業並びに欧州多国籍企業の対日投資等に係る国際税務サービスの経験が豊富で、Brexit関連のアドバイスも提供。

谷口　景介（たにぐち　けいすけ）　担当：第 2 章　行動 2

EY 税理士法人　ファイナンシャル・サービス部　マネージャー

銀行、証券、アセットマネジメント、投資顧問、保険、投資ファンドといった幅広い金融機関を対象に、主に金融商品及び金融取引を対象とした税務コンサルティング業務及びコンプライアンス業務に従事。

南波　洋（なんば　ひろし）　担当：第 2 章　行動 5、12　及び第 3 章

EY 税理士法人　ビジネス　タックス　サービス部　エグゼクティブディレクター

長年にわたり国内多国籍企業及び外資系企業の税務コンサルティング業務に従事。近年は、税制改正の情報収集・分析業務が主たる業務。日本公認会計士協会国際租税専門部会委員。公認会計士。

西口　阿弥（にしぐち　あや）　担当：第 4 章　ブラジル

EY ブラジル　税務部　パートナー

12 年間、ブラジル、サンパウロ市で個人税務コンサルティングやコンプライアンス業務に従事。日系企業への税務全般にアドバイスを提供。ブラジル税務のジャパンデスクのリーダー。

西田　宏之（にしだ　ひろゆき）　担当：第 2 章　行動 2、4

EY 税理士法人　国際税務部　パートナー

国内外の大手金融機関、大手生命保険会社等の経営統合、持株会社設立のプロジェクト、税務ガバナンス構築支援等に従事。クロスボーダー M&A や組織再編税制・連結納税に関連する高度な税務プランニングに強みを有す。

西　康之（にし　やすゆき）
　担当：第2章　行動8、9、10、13　及び第3章
EY税理士法人　移転価格部　パートナー
1999年大阪国税局入局後、2002年以降、大手税理士法人にて多国籍企業に対する移転価格アドバイザリー業務、移転価格調査及び事前確認の税務当局対応業務に従事。経済産業省の移転価格関連の調査プロジェクトにも関与。

野本　誠（のもと　まこと）　担当：第4章　米国
EY米国　国際税務部・日本企業サービス部　パートナー
1990年より、米国で事業を展開する多業種の日系多国籍企業にサービスを提供。法人組織再編、連結納税規則、パートナーシップ税制、租税条約等をはじめとする米国税務、並びに国際税務問題に関するアドバイスに多くの経験を有す。

秦　正彦（はた　まさひこ）　担当：第4章　米国
EY米国　国際税務部・日本企業サービス部　パートナー
日本企業の海外進出に税務面から30年近くアドバイスを提供。法人税、組織再編、パススルー、クロスボーダー案件その他多数に関与。日本企業サービス部税務グローバル・米州統括パートナー。

日野　朝子（ひの　あさこ）　担当：第2章　行動11

EY税理士法人　ビジネス　タックス アドバイザリー部　マネージャー

EY米国タックス　パフォーマンス　アドバイザリー部（TPA）において、税務業務改善サービス、特にテクノロジーとデータ面でのアドバイザリー業務に従事。2014年日本帰国後、EY税理士法人にてTPAに従事。BEPSを軸として、日系多国籍企業における税務管理体制構築サービスを、人、プロセス、そしてテクノロジーを焦点に提供。

福澤　保徳（ふくざわ　やすのり）　担当：第2章　行動11

EY税理士法人　グローバル　コンプライアンス アンド レポーティング部　パートナー

20年以上、外資系・日系多国籍企業の税務コンプライアンス及びコンサルティング業務に従事。専門は国際税務、日系多国籍企業への海外子会社に関する税務管理体制構築支援等。

古屋　宏晃（ふるや　ひろあき）　担当：第4章　米国

EY米国　移転価格部　プリンシパル

米国及び日本において移転価格調査、事前相談、相互協議及び文書化業務に従事。日系多国籍企業をはじめ、様々な米系及び欧州系多国籍企業に対してアドバイスを提供。

森本　琢也（もりもと　たくや）
　担当：第4章　メキシコ、チリ、コロンビア

EY米国　国際税務部　シニアマネージャー

国際税務、特に米国、メキシコ移転価格税制において10年以上のキャリアを有す。過去には米国企業、日系企業を中心に移転価格コンサルティングや、文書化、税務調査対応、APAを中心としたアドバイスを展開。

梁　芝穆（やん　じもく）　担当：第4章　韓国

EY韓国　グローバル　コンプライアンス　アンド　レポーティング部　シニアマネージャー

日本、欧米企業の韓国子会社に関連する各種コンプライアンス及び税務諮問、移転価格スタディーなどの業務を担当。

米村　智恵子（よねむら　ちえこ）　担当：第2章　行動6

EY税理士法人　国際税務部　エグゼクティブディレクター

国際税務及びトランザクション関連のアドバイザリー業務専門。多国籍企業の税務プランニングやクロスボーダーの組織再編に関するアドバイザリー経験が豊富。

法人紹介

EYについて

EYは、アシュアランス、税務、トランザクション及びアドバイザリーなどの分野における世界的なリーダーです。世界150か国以上に21万人以上の構成員を擁し、グローバルネットワークを駆使することにより、日本企業がどこに拠点を構えていても、シームレスかつ一貫性のあるサービスを提供しています。私たちの深い洞察と高品質なサービスは、世界中の資本市場や経済活動に信頼をもたらします。EYは、様々なステークホルダーの期待に応えるチームを率いるリーダーを生み出すことにより、構成員、クライアント、そして地域社会のために、よりよい社会の構築に貢献しています。

EY税理士法人について

EY税理士法人は、EYメンバーファームです。税務コンプライアンス、クロスボーダー取引、M&A、組織再編や移転価格などにおける豊富な実績を持つ税務の専門家集団です。グローバルネットワークを駆使して、各国税務機関や規則改正の最新動向を把握し、変化する企業のビジネスニーズに合わせて税務の最適化と税務リスクの低減を支援することで、よりよい社会の構築に貢献します。詳しくは、www.eytax.jp をご覧ください。

本書は、一般的な参考情報の提供のみを目的に作成されており、会計、税務及びその他の専門的なアドバイスを行うものではありません。EY税理士法人及び他のEYメンバーファームは、皆様が本書を利用したことにより被ったいかなる損害についても、一切の責任を負いません。具体的なアドバイスが必要な場合は、個別に専門家にご相談ください。

サービス・インフォメーション
─────────────────────── 通話無料 ───
① 商品に関するご照会・お申込みのご依頼
　　　TEL 0120（203）694／FAX 0120（302）640
② ご住所・ご名義等各種変更のご連絡
　　　TEL 0120（203）696／FAX 0120（202）974
③ 請求・お支払いに関するご照会・ご要望
　　　TEL 0120（203）695／FAX 0120（202）973

●フリーダイヤル（TEL）の受付時間は、土・日・祝日を除く
　9:00～17:30です。
●FAXは24時間受け付けておりますので、あわせてご利用ください。

詳解　新しい国際課税の枠組み
（BEPS）の導入と各国の税制対応
　― 企業への影響と留意点 ―

平成29年3月15日　初版発行

編　著　EY税理士法人
発行者　田　中　英　弥
発行所　第一法規株式会社
　　　　〒107-8560　東京都港区南青山2-11-17
　　　　ホームページ　http://www.daiichihoki.co.jp/

BEPS対応　ISBN 978-4-474-05694-7　C2033（5）

ⓒ 2017 Ernst & Young Tax Co. All Rights Reserved.